LA VIE NE SE DANSE JAMAIS SEUL

MARIE JOUDINAUD

LA VIE NE SE DANSE JAMAIS SEUL

roman

ARCHIPOCHE

Collection « Instants suspendus »
dirigée par Virginie Fuertes

Retrouvez Marie Joudinaud sur les réseaux sociaux :
Sur Instagram : @marie_joudinaud

Notre catalogue est consultable à l'adresse suivante :
www.archipoche.com

Éditions Archipoche
92, avenue de France
75013 Paris

ISBN 979-1-0392-0489-7

Murs, ville,
Et port,
Asile
De mort,
Mer grise
Où brise
La brise,
Tout dort.

Dans la plaine
Naît un bruit.
C'est l'haleine
De la nuit.
Elle brame
Comme une âme
Qu'une flamme
Toujours suit !

Victor Hugo, « Les Djinns »,
Les Orientales, 1829

PARTIE 1

La lune est haute ce soir, et ronde. Elle jette ses rayons blancs dans l'obscurité de la nuit, jouant avec les étoiles cette même scène depuis toujours. Au loin, par-delà la ville et son port, dont les mâts se dressent, noirs et fiers, comme une forêt déshabillée de sa parure de feuilles, l'astre contemple son reflet dans une mer qu'il colore d'argent. Le vent s'est tu, et la nature entière s'est endormie dans la douceur, un peu humide et encore salée des embruns de l'océan.

Je suis là depuis de longues années : les saisons passent et se ressemblent autant qu'elles diffèrent. Chaque matin, je m'éveille avec l'aurore et guette les premiers rires, les premiers mots qui résonneront entre mes murs, mais depuis peu, c'est surtout le craquement des ardoises que je perçois à travers le sifflement du vent.

Susanne fait ce qu'elle peut, je ne l'ignore pas, mais je sens la rouille s'insinuer en moi, la nature reprendre ses droits. Le lierre n'a pas été taillé depuis des mois. Chaque nuit, son ombre gagne un peu de terrain sur la façade, mordillant une à une mes pierres grises et rugueuses auxquelles il s'accroche furieusement. Il s'attaque aux volets du premier étage maintenant, ceux qui sont presque à l'angle : il a commencé par glisser un tentacule timide sur le bois rêche et fatigué, et comme s'il constatait que nul n'allait freiner sa course, les autres tentacules l'ont rejoint en quelques heures. Certains volets ont presque totalement disparu sous l'épais feuillage, et la plante s'aventure vers les autres fenêtres, déployant gracieusement ses longs doigts de verdure. Elle s'agrippe à ma roche, qu'elle engloutit sournoisement. Je la laisse progresser, impuissante et démunie : la plante finira par m'avaler si personne ne l'empêche.

Les ardoises résistent tant qu'elles le peuvent aux coups de vent qui font rage depuis quelque temps, mais certaines ont malgré tout baissé les bras et se sont laissé choir le long de la toiture jusqu'à la gouttière bouchée par les aiguilles de pin et les feuilles mortes. On ne s'en rend pas compte lorsqu'on passe devant moi, en longeant le trottoir sur la place, mais il pleut déjà dans la tour qui domine l'angle ouest de la maison.

Pourtant, ce qui me tue plus encore que les assauts du temps et du vent, c'est la tristesse qui m'a envahie ces dernières années. Et, cette fois, j'ai peur que la fin approche.

1

Thaïs

À travers l'œil-de-bœuf, le bec contre le carreau poussiéreux, une tourterelle les observait attentivement. Jing lui jeta un regard en coin, avant de reprendre ses échauffements, le long du mur, contre la barre sur laquelle il avait posé sa cheville. À quelques mètres de lui, Thaïs effectuait des mouvements d'assouplissement à même le sol, les mollets enroulés dans d'épaisses jambières en laine chinée. Pour cette séance de répétitions avant la première qui se tiendrait quelques semaines plus tard à Bastille, elle avait revêtu un costume semblable à celui qu'elle porterait sur scène, une robe longue et ample, dont la soie douce et flamboyante ondulait au gré des mouvements de son corps.

Alexis Korniloff, l'illustre chorégraphe qui l'avait choisie pour interpréter la figure d'Anna Karénine dans l'adaptation musicale du non moins célèbre Grégoire Bellanger, souhaitait reprendre quelques scènes qu'il jugeait encore imparfaites, raison pour laquelle il avait convoqué les danseurs à 9 heures ce dimanche matin. Ces derniers travaillaient sur ce spectacle depuis des mois, sans relâche : avoir l'occasion de danser une telle pièce était unique, tant Korniloff parvenait à magnifier les artistes. Ils en avaient conscience et auraient répété toutes les heures du jour et de la nuit si leur corps le leur avait permis.

Après avoir jeté un dernier regard à la troupe qui s'animait devant elle dans l'immense studio de répétition en rotonde niché sous les toits de l'opéra Garnier, la tourterelle, que Thaïs contemplait d'un œil absent, déploya ses ailes et disparut dans le lointain d'un ciel maussade. Un instant, la ballerine imagina qu'elle se faufilait à travers la fenêtre pour se fondre à son tour dans les nuages. Elle déroula ses jambes, les écarta à la manière d'un pantin désarticulé et se pencha en avant pour plaquer sa joue contre le sol lisse et froid. Elle baissa ses paupières quelques secondes, tenta de faire le vide en elle, comme elle en avait l'habitude avant chaque répétition. En laissant le silence prendre toute la place au fond d'elle, Thaïs recentrait son énergie sur les efforts qui l'attendaient : elle mobilisait ainsi chacun de ses muscles, chacun de ses tendons, chaque cellule de son organisme pour porter son corps vers la perfection. Elle allongea la pointe de ses orteils, courba son coup de pied, sentit les ampoules s'ouvrir malgré les pansements glissés au bout de ses chaussons, réprima une légère grimace et se releva doucement. Puis elle étira sa colonne vertébrale, pencha son visage d'un côté et de l'autre, sentit craquer ses cervicales.

— Ça va, Thaïs ?

L'étoile sursauta et se tourna vers Jing, son partenaire. En lisant une légère inquiétude au fond de ses yeux, elle sourit et hocha la tête doucement :

— Oui, ça va, je suis juste un peu fatiguée, j'ai mal dormi.

— Et on n'a pas commencé !

Les deux danseurs poursuivirent leur séance d'échauffement, ponctuée par l'arrivée progressive des autres protagonistes de la scène qui les saluèrent et entamèrent également leur préparation silencieuse.

Thaïs se plaça le long de la barre, à côté de son ami. Sa silhouette gracieuse se reflétait dans les miroirs qui s'élevaient de l'autre côté de la rotonde : elle déplia ses jambes et entama des déroulés, poussant ses muscles le plus loin possible, toujours plus haut, pour les préparer à l'enchaînement qui les attendait. Elle avait noué ses longs cheveux blonds en un chignon serré, relevé sur le haut de son crâne, et retiré ses bijoux. Dénuée de tout artifice, à l'exception de cette longue robe rouge qui flottait au rythme de ses gestes, elle entra progressivement dans le rôle qu'elle devait incarner, celui d'une femme audacieuse, indépendante, tiraillée entre le devoir et la passion et, pour finir, profondément meurtrie. Jing, qui jouait le personnage de Vronski, l'amant frivole pour qui Anna quitterait tout, s'éloigna de la barre et commença à développer les mouvements de la scène que Korniloff voulait leur voir répéter. Concentré, il affichait un visage anguleux, au milieu duquel ses yeux en amande, d'un noir profond semblaient engloutir tout ce sur quoi ils se posaient. Ses muscles saillaient au travers de ses vêtements, esquissant une carrure à la fois fine et imposante, parfaitement dessinée : lorsqu'il se mouvait, le spectateur avait l'impression d'observer une statue prendre vie tant ses mouvements semblaient simples et évidents.

Thaïs ne tarda pas à le rejoindre et ils reprirent ensemble le pas de deux réclamé par le chorégraphe pour la énième fois : Vronski et Anna se rencontraient dans le wagon d'un train à l'arrêt en gare de Moscou. Tous les autres danseurs disparaissaient progressivement pour faire place au couple vedette, en se fondant dans un décor minimaliste grâce au savant jeu de lumière qui faisait l'une des particularités de Korniloff.

La danseuse se rappellerait toute sa vie le premier spectacle du chorégraphe auquel elle avait eu la chance d'assister : elle avait dix-huit ans et cela avait été une révélation. Alors jeune prodige, le Russe s'était imposé comme l'un des virtuoses de sa génération. Dans ses spectacles, la lumière tenait un rôle essentiel. Alexis jouait avec elle, il la façonnait pour faire apparaître les danseurs, les perdre, les envelopper. Thaïs avait été éblouie par cet *Ulysse*, auquel elle avait eu l'honneur d'assister à Garnier, et à partir de ce moment-là, elle avait orienté tous ses efforts vers cet ultime objectif : danser pour le grand Alexis Korniloff.

En quelques années, ce dernier s'était transformé en légende vivante : chacune de ses créations était un monument, il était invité sur toutes les scènes du monde. Mais l'exigence et la renommée de la compagnie de l'Opéra l'attiraient plus particulièrement et l'année où Thaïs avait obtenu sa place de coryphée*, elle avait eu la chance que le grand Alexis Korniloff vienne créer l'une de ses œuvres majeures sur la scène parisienne. Elle avait participé aux auditions, la peur au ventre et l'espérance au cœur, et contre toute attente – Thaïs était l'une des plus jeunes danseuses à se présenter – le Russe l'avait immédiatement choisie pour interpréter l'un des grands rôles de son ballet, *Circé*.

Le temps avait poursuivi sa marche, mais lorsqu'elle songeait à ces auditions, Thaïs ne pouvait empêcher ses lèvres de s'étirer. Jusqu'à sa mort, elle s'en souviendrait comme l'un des jours les plus décisifs de son existence. Depuis, elle figurait parmi les solistes préférés du grand Korniloff. Jing, son ami de toujours, l'avait rejointe dans ce cercle très prisé, et lorsque le chorégraphe avait annoncé vouloir monter *Anna Karénine* à Bastille, le choix des deux danseurs avait été rapide.

Cette fois, ce qui avait séduit Thaïs, au-delà de la fascination qu'exerçait sur elle ce jeu de lumière, c'était l'objet du ballet. Elle avait découvert Tolstoï peu de temps après avoir accédé au titre de première danseuse de la compagnie. Elle avait alors entamé la lecture d'*Anna Karénine* à la veille d'une tournée en Russie, sur les conseils de sa sœur des années auparavant. Elle avait littéralement englouti l'ouvrage, avant d'enchaîner avec *Guerre et Paix*, qu'elle avait au moins autant aimé. À son retour en France, elle s'était offert l'intégrale de l'auteur russe dans la collection de la

* Grade appartenant au corps de ballet de l'Opéra de Paris.

Pléiade, et plongeait régulièrement dans les aventures d'Anna, Kitty, Lévine, et tous ces personnages inoubliables qu'elle avait le sentiment de connaître tant ils lui paraissaient réels : leurs failles, leurs doutes, leurs angoisses dressaient le portrait d'une humanité profondément vivante.

Alexis Korniloff connaissait évidemment l'amour de Thaïs pour la belle héroïne russe. Lorsque Thaïs avait appris qu'il s'apprêtait à chorégraphier son histoire, elle n'avait pas cédé à la tentation de l'appeler pour l'interroger, elle s'était contentée de se présenter aux auditions, comme tout le monde. Elle ne s'était pas posé trente-six questions : si l'une des étoiles de l'Opéra devait incarner Anna, cela ne pouvait être qu'elle. Et Alexis le savait. Il n'avait pas essayé de lui en parler, lui non plus, ni en amont des répétitions, ni depuis qu'elles avaient débuté. Ils travaillaient avec passion, comme s'il ne s'était jamais rien passé entre eux. C'était sans doute la meilleure chose à faire, pour eux-mêmes et pour la troupe dans son ensemble.

Jing, qui savait tout d'elle, l'avait interrogée : avait-elle influencé le choix du Russe ? Avait-il pensé ce rôle pour elle ? Elle s'était contentée de hausser les épaules, elle n'en savait rien, et à vrai dire cela ne l'intéressait pas. Ce qu'elle voulait, c'était danser, faire corps avec Anna, livrer la beauté de son personnage aux spectateurs sur cette musique entêtante, envoûtante. Tout le reste était anecdotique. Avec les années, son amour pour la danse n'avait fait que croître. Les artifices qui accompagnaient parfois le métier, cette aura qui l'enveloppait depuis qu'elle avait été nommée Étoile, tout cela lui semblait maintenant futile. Seule la danse comptait.

Et ce matin, alors qu'ils devaient répéter ce fameux pas de deux qu'ils connaissaient pourtant sur le bout des doigts et des orteils, alors qu'il les harcelait depuis des semaines pour que la chorégraphie constitue un moment de grâce, le grand Korniloff leur faisait – une nouvelle fois – l'honneur de son légendaire retard. Thaïs jeta un œil à l'horloge qui surplombait la porte : plus de vingt minutes qu'ils auraient dû commencer. Bien que discret, ce mouvement imprévu déconcentra Jing dont la main manqua celle de sa partenaire et retomba dans le vide. Thaïs grimaça, l'enchaînement était interrompu.

— Désolée…

Elle se pencha quelques secondes pour reprendre son souffle tandis que son partenaire glissait délicatement sa main contre son omoplate.

— Tu ne m'as vraiment pas l'air en forme. Tu es certaine que tout va bien ?

— Tu as vu l'heure qu'il est ?

Les yeux du danseur s'écarquillèrent, il balbutia :

— Mais tu sais bien qu'il est *toujours* en retard.

La façon dont il prononça « toujours », en détachant les deux syllabes pour les appuyer, acheva d'agacer Thaïs.

— Eh bien, j'en ai marre ! C'est irrespectueux. Tu t'imagines, toi, arriver avec vingt-cinq minutes de retard à l'une de ses répétitions ? Pardon, à l'une de ses convocations ? Tu te figures la tête qu'il ferait ?

Abasourdi, Jing tendit une gourde à Thaïs :

— Mais qu'est-ce qui te prend ?

La ballerine avala deux minuscules gorgées, mais rien n'y fit : elle était exaspérée. Elle referma la bouteille métallique en secouant la tête et ajouta :

— Si dans cinq minutes il n'est pas là, je rentre chez moi.

Autour d'eux, un cercle s'était formé, silencieux et interloqué. C'était la première fois qu'on entendait la danseuse tenir ce genre de discours. D'un naturel généralement calme et posé, elle avait rarement un mot plus haut que l'autre. Jing voulut l'apaiser en la prenant par les épaules, mais elle se débattit, et se retourna vers la barre qu'elle empoigna en murmurant :

— On est là pour danser, pas pour attendre le Messie.

Elle avait à peine terminé sa phrase que la porte de la rotonde s'ouvrit sur Alexis Korniloff. Le brouhaha qui s'était emparé du studio s'interrompit aussitôt.

Sans un mot, le chorégraphe s'avança au milieu des danseurs. Grand et sculptural, il se distinguait par la pâleur de sa peau, constellée de taches de rousseur. Au-dessus d'un visage aux traits fins et réguliers, il arborait une épaisse chevelure brune qui brillait d'insondables reflets. À la moindre imperfection, ses yeux noirs et profonds vous transperçaient comme deux poignards ; quant à sa voix, grave, presque éraillée, elle ne s'élevait jamais, contraignant chacun à l'attention la plus absolue.

Il marcha d'un pas lent et majestueux jusqu'à Thaïs, qu'il embrassa sur les deux joues. Puis il tendit la main à Jing et demanda :

— Ça va Jing, tu te sens prêt ?

Le danseur déglutit péniblement. La présence d'Alexis Korniloff avait tendance à le paralyser. Il n'avait pourtant plus grand-chose à prouver au monde de la danse, mais le magnétisme du chorégraphe l'intimidait viscéralement. Juste avant de danser et de retrouver les sensations et les émotions qui le faisaient vibrer au rythme de la musique, il se sentait redevenir le petit garçon maladroit, qui avait commencé la danse à l'âge de dix ans sous les sarcasmes et les huées des écoliers qui le voyaient entrer dans le studio de danse et qui s'empressaient de le railler. En réalité, il avait encore du mal à prendre conscience du parcours qu'il avait accompli depuis cette lointaine époque. Il se ressaisit :

— Très bien, merci, je suis d'attaque.

Sans un mot à l'égard de Thaïs dont il avait pourtant perçu l'agacement, Alexis se plaça au milieu des danseurs auxquels il rappela ses consignes dans un français impeccable, à peine teinté de cet accent russe dont il était pourtant si fier. La danseuse soupira.

Elle allait danser.

Enfin.

Après tout, n'était-ce pas le principal ?

2

Susanne

Susanne jeta ses bottes sur le paillasson et grimpa l'escalier après avoir claqué la porte derrière elle. Quel temps ! La pluie tombait déjà depuis plusieurs semaines, sans interruption, et ne semblait pas près de s'arrêter. Elle monta les marches quatre à quatre et poussa un soupir de soulagement en constatant que le seau qu'elle avait placé sur le palier, exactement sous la fuite, n'était pas encore plein. Puis elle s'assit sur le parquet pour reprendre son souffle : elle avait couru depuis sa voiture, craignant que le récipient qu'elle avait oublié de vider le matin même ait débordé, déversant ainsi son eau froide dans un escalier transformé en cascade. Elle posa sa main sur le haut du mur en se relevant : l'humidité s'était infiltrée à travers les ardoises et gagnait maintenant le granit. Les travaux qu'elle repoussait depuis des années devenaient inévitables. Elle consultait suffisamment son compte en banque pour savoir qu'elle aurait du mal à se les offrir. Pourtant, si elle voulait que cette bâtisse reste habitable, elle n'y couperait pas. Elle redescendit doucement après avoir remplacé le seau par une bassine vide.

Arrivée sur le palier du premier étage, elle toqua à la porte de la chambre de sa fille, sur laquelle figurait en plein milieu un panneau sens interdit. Charmant. Sans réponse, elle entrouvrit et passa la tête dans l'interstice. Voyant que Clara n'était pas encore rentrée, elle se glissa dans l'antre de l'adolescente. Elle tira les rideaux pour laisser entrer dans la pièce le peu de lumière de cet après-midi gris, admira la vue, l'une des plus belles de la Kea : au-delà des arbres du jardin, par-delà le mur couvert de lierre qui l'enserrait, la mer apparaissait immense, infinie, balayée par le vent et le soleil de la fin de l'orage.

Elle entrouvrit la fenêtre pour aérer, ramassa les vêtements qui traînaient par terre, tira légèrement sur la couette ornée de motifs de toile de Jouy qui recouvrait lit Empire, remit le capuchon des feutres abandonnés sur le bureau, jonché de livres ouverts et de cahiers fermés. Elle redressa le cadre au milieu duquel Clara avait glissé une photo d'elles deux qui avait été prise pendant les vacances, l'été précédent. Elles avaient du sable collé dans les cheveux, du soleil sur la peau et dans les yeux. Elles étaient belles et heureuses, insouciantes. Comme souvent, la nostalgie s'empara de Susanne.

Elle jeta les vêtements dans le panier à linge sale qui gisait dans un coin de la pièce, décrocha la photo et se laissa tomber sur le lit de sa fille. Elle passa ses doigts sur le visage de Clara, si douce, si volontaire malgré cette impression qu'elle donnait d'être toujours ailleurs. Les années avaient filé sans qu'elle s'en rende compte : elle avait la sensation d'avoir fermé les yeux quelques secondes seulement... Et pourtant, en relevant les paupières, le bébé qui avait métamorphosé sa vie s'était transformé en une grande et belle jeune fille qui entrait dans l'adolescence.

Où étaient-elles passées ces nuits sans sommeil durant lesquelles elle l'avait bercée pendant des heures ? Où étaient-ils passés ces jours de rentrée en maternelle, ces matins où elle voyait la petite fille s'engouffrer derrière une porte sinistre, les yeux un peu tristes et effrayés, courageuse toutefois comme toujours, empaquetée dans une blouse trop grande, et portant sur ses microscopiques épaules un sac à dos trop lourd ? Ces journées de révision dans le salon de la Kea, tandis qu'Oma l'emmenait marcher sur la plage ou manger une gaufre sur le port, un cerf-volant à la main ? Susanne revoyait la silhouette de sa mère faisant voler celle de l'enfant au bout de ses bras si maigres en riant. L'émotion s'installa dans le fond de sa gorge. Clara avait bouleversé sa vie, mais elle avait aussi bousculé celle de ses parents qui l'avaient éperdument aimée.

Susanne s'adossa au mur et regarda autour d'elle. Ses parents avaient insisté pour que la petite fille soit installée dans cette chambre quand elle avait arrêté de l'allaiter. Ils avaient débarrassé les affaires de sa mère, les centaines de tubes de peinture, les toiles vierges et les chevalets, pour les installer dans une pièce plus petite au rez-de-chaussée : « J'y serai tout aussi bien ! »

Puis ils avaient profité d'un week-end où Susanne et Clara étaient parties rendre visite au père du bébé pour retapisser entièrement l'ancien atelier : ils avaient choisi un papier peint rose et blanc, doux et poétique sur lequel d'immenses montgolfières s'envolaient vers des nuages vaporeux. Ils avaient aménagé la chambre dans le plus grand secret et Susanne avait découvert le joli cocon en rentrant à la Kea, le dimanche soir. Elle en avait eu les larmes aux yeux. « C'est pour que tu comprennes que tu seras toujours chez toi dans cette maison… » avait-elle entendu son père susurrer à l'oreille du bébé avant de le déposer dans le petit lit à barreaux patiemment repeint.

Depuis, Susanne avait proposé à sa fille de changer le papier qui faisait un peu enfantin pour la jeune fille qu'elle était en train de devenir. « Hors de question », s'était-elle contentée d'affirmer en braquant ses yeux d'un vert profond dans ceux de sa mère, comme si cette dernière avait dit une énormité. Intérieurement, Susanne exultait. Elle chérissait ces montgolfières qui lui rappelaient des jours heureux. Elle pensait à ses parents et à la façon dont ils l'avaient aidée à faire face à sa nouvelle vie.

En regardant en arrière, Susanne se sentait fière des choix que cette naissance l'avait conduite à faire. Si on lui avait donné la possibilité de tout recommencer depuis le début, elle n'aurait pas agi différemment. Elle ne regrettait rien. L'arrivée de Clara l'avait contrainte à affirmer ses envies très tôt, à se montrer radicale et à assumer l'ensemble de ses actes, à faire preuve d'une indépendance digne et farouche. En tombant enceinte le soir de ses vingt et un ans, elle avait tiré un trait sur l'insouciance de la jeunesse certes, mais grâce à l'aide de sa famille et parce que devenir mère l'avait comblée d'une façon insoupçonnée, elle n'éprouvait aucune amertume.

Bien sûr, il y avait eu des moments de doute, de peur et des difficultés. Bien sûr, elle s'était sentie seule, incomprise et abandonnée lorsque Valentin avait décidé que ses courses et son ambition avaient plus de valeur à ses yeux que cet être microscopique qui lui tendait les bras. Bien sûr, elle s'était demandé ce que le destin lui aurait réservé si leurs chemins ne s'étaient jamais croisés, si Clara n'avait pas pointé le bout de son nez. Mais avec les années, elle avait fini par décider que seule la réalité comptait. Elle avait embrassé sa vie telle qu'elle était. Avec le temps, elle s'était même laissé surprendre et aujourd'hui, malgré tout ce par quoi elle était passée, elle se sentait satisfaite et reconnaissante, libre et affranchie.

Elle aimait son métier, ses élèves, leur insolence et leur innocence, leur jeunesse et leur énergie. Elle aimait sa fille dont la maturité l'époustouflait chaque jour davantage. Elle aimait sa maison, son jardin, cette île où elle avait grandi. La Kea avait été le refuge dont elle avait eu besoin, mais c'était maintenant plus qu'un foyer : des liens indéfinissables, impalpables, l'unissaient à ces pierres, à leur rugosité, leur histoire, comme si le granit avait absorbé une part d'elle-même, en contrepartie de la force qu'il lui insufflait. Susanne le savait, elle ne se sentirait jamais chez elle qu'à la Kea. La maison avait beau tomber en ruine, il lui serait impossible de la quitter. Elle faisait tout ce qu'elle pouvait pour la maintenir dans un état à peu près convenable, même si elle savait que c'était insuffisant.

Clara semblait partager l'amour de Susanne pour leur vieille maison abîmée, et cela la rendait profondément heureuse. La Kea était bien trop grande pour elles deux. Elle en avait conscience mais elle avait fait son choix : elle ne déménagerait que si le toit lui tombait sur la tête.

Le claquement de la porte d'entrée la fit sursauter.

— Maman ? Je suis rentrée !

Susanne sauta sur ses pieds et lissa le dessus de lit de la paume de la main avant de remettre la photo dans son cadre et de se glisser sans bruit en dehors de la chambre de sa fille qui grimpait déjà les escaliers.

— Ça a été aujourd'hui ? Mais tu es trempée !

Clara avait retiré ses bottes, ses chaussettes imbibées d'eau laissaient des empreintes sur le parquet ciré et ses cheveux défaits gouttaient sur ses épaules.

— J'étais sur mon vélo au moment de l'averse.

— Tu aurais dû t'abriter.

La jeune fille leva ses yeux clairs au ciel et se dirigea vers la salle de bains sans un mot. Repoussant à peine la porte, elle commença à se dévêtir.

— Tu as beaucoup de devoirs pour demain ?

— Maman… Laisse-moi tranquille.

— Pardon de m'intéresser à toi.

Susanne ramassa la serviette avec laquelle sa fille avait séché sa longue chevelure de feu et la reposa sur le radiateur à côté de la machine à laver.

— Ne la mets pas là, ça laisse des traces de rouille.

Ce fut au tour de Susanne de lever les yeux au ciel.

— Tu ne crois pas que tu exagères ?

— Pas du tout, vérifie par toi-même !

Par acquit de conscience, Susanne reprit le morceau de tissu et le déplia. Une traînée orange maculait désormais le textile dans toute sa longueur. Clara afficha un sourire narquois :

— Je te l'avais bien dit, mais comme tu ne me crois jamais… Il est grand temps qu'on les fasse ces travaux. Je descends.

Clara avait enfilé un pantalon de survêtement et un ample t-shirt à bretelles. Elle dévala les marches après avoir déposé un baiser sur la joue de sa mère qui gardait les yeux fixés sur la tache de rouille. Bientôt, les notes d'un piano se mirent à résonner depuis les profondeurs de la Kea. Susanne soupira : elle éprouvait l'étrange sensation d'avoir déjà vécu pareil moment.

3

Thaïs

Assise face au miroir qui surmontait sa coiffeuse, Thaïs posa les yeux sur les cartes qu'elle avait glissées entre le verre et son encadrement de bois verni. Il y avait des invitations, des félicitations, des sollicitations : on la conviait à un vernissage, on la remerciait pour une représentation, on lui proposait un spectacle. Depuis quelque temps, elle se sentait étouffer sous cette montagne d'attentions qui, du moins était-ce son impression, l'éloignaient de son art. Elle contempla le plateau du petit meuble où gisaient sa trousse de maquillage et une paire de pointes dont elle devait recoudre un élastique, puis elle décrocha chaque carte, chaque mot doux et les jeta dans la corbeille à papier à ses pieds. Elle se sentit moins à l'étroit. Derrière les cartes, une photo ancienne avait été épargnée de son soudain coup de balai. La jeune femme s'en saisit et la regarda scrupuleusement en murmurant :

— Où es-tu passée ?

Elle reposa le cliché contre le miroir et se démaquilla.

Ils avaient tant travaillé cet après-midi que la transpiration avait fait couler la légère touche de mascara qu'elle s'octroyait chaque matin, imprimant de longues traînées noires sur ses joues qui lui parurent plus creuses encore que d'habitude. Ils avaient repris la scène de la rencontre dans le train, pour la centième – si ce n'est la millième – fois ! Maintenant qu'elle était seule dans sa loge, face à son reflet, Thaïs pouvait bien l'admettre : elle se sentait à bout.

Alexis ne savait pas ce qu'il voulait. Il leur faisait faire, défaire, refaire leurs mouvements, auxquels il trouvait toujours à redire. Ils tournaient en rond et lorsqu'il avait annoncé, dépité, la fin de la répétition, elle s'était éclipsée sans même le saluer. Elle se sentait perdue. Trahie par cet homme dont elle ne comprenait plus l'acharnement. Pour la première fois, ses jeux de lumière semblaient artificiels aux yeux de la danseuse. Concentré sur les projecteurs et leurs rayons, Korniloff ne voyait plus les mouvements. Il errait dans une recherche sans but, obsédé par sa soif d'originalité. Il paraissait en oublier la musique et les corps qui dansaient sous ses yeux. En cela, Thaïs avait la désagréable sensation qu'il déshonorait tout ce qu'il avait accompli jusque-là. Quant à son impression d'égarement, elle émanait du sentiment d'être la seule à penser que le grand Alexis Korniloff maltraitait sa propre créativité. Les autres danseurs ne montraient aucun signe de faiblesse, aucun geste de tension. Jing la regardait avec stupeur lorsqu'il percevait son agacement, lui avec qui elle partageait tout depuis leurs jeunes années au Conservatoire. Que lui arrivait-il ?

Pourquoi l'amertume et la rage l'envahissaient-elles alors que ce rôle, celui d'une héroïne qu'elle aimait tant, aurait dû représenter un moment de satisfaction professionnelle et artistique intense, un instant de grâce dans son parcours ?

Une nouvelle fois elle passa le coton sur ses yeux rougis par la frustration et l'effort. Une sorte d'écœurement s'était niché dans le fond de sa gorge, elle avait envie de crier de toutes ses forces.

Était-ce à cause de ce qui s'était passé avec Alexis ? Leur collaboration devenait-elle finalement impossible ? Ils avaient pourtant déjà travaillé ensemble depuis leur rupture, sans que cela ne la gêne outre mesure. Au départ, la situation avait été étrange, mais ils avaient su rester professionnels et le respect qu'ils se portaient l'un à l'autre leur avait permis de tourner la page.

Ou bien, se montrait-elle trop autoritaire, voire possessive, vis-à-vis d'*Anna Karénine* ? Après tout, l'œuvre était sujette à interprétation, elle n'en avait pas le monopole, Alexis était libre de l'adapter comme il le souhaitait. Thaïs était entière et passionnée, comme beaucoup de danseurs ayant gravi les plus hautes marches de la compagnie, mais son tempérament était-il en train de lui jouer des tours ?

Elle se releva et passa son visage sous l'eau fraîche. Par la fenêtre, elle observa les passants qui s'agglutinaient sur le boulevard Haussmann, devant les portes des grands magasins. Les trottoirs fourmillaient d'une foule noire et compacte en cette fin d'après-midi de janvier : les soldes avaient démarré depuis le début de la semaine, le Printemps et les Galeries Lafayette ne désemplissaient pas. Les femmes portaient des manteaux amples, une écharpe autour du cou, un chapeau de feutre à larges bords parfois. Dans leurs mains, sur leurs épaules, de grands sacs multicolores se balançaient au gré de leur pas. Elles riaient, parlaient, se faufilaient dans la foule, semblaient heureuses et insouciantes. Au milieu des visiteurs, ceux qui travaillaient dans le quartier parlaient au téléphone en souriant. Ils déambulaient d'un pas assuré, de ces gens qui connaissent la capitale sur le bout des doigts. Thaïs tourna la poignée de sa fenêtre pour l'entrouvrir. Le brouhaha de la ville emplit la pièce en même temps qu'une brise fraîche la revigora. Il fallait qu'elle se ressaisisse, qu'elle serre les dents face à Alexis, comme tout le monde.

Mais s'il se trompait ? N'était-ce pas son rôle de le lui signifier ? Elle ne pouvait s'empêcher de penser qu'il était en train de louper Anna, de manquer l'œuvre dans son ensemble, sans rendre compte de sa poésie et de sa puissance. Elle retira sa robe en soie rouge et enfila des vêtements confortables pour aller s'étirer avec Jing qui devait l'attendre dans le couloir en se rongeant les ongles d'inquiétude, mauvaise habitude dont il n'était jamais parvenu à se défaire depuis son arrivée en France. Elle s'apprêtait à sortir lorsqu'on toqua à la porte.

— Thaïs ? C'est moi, Alexis.

Les battements du cœur de la danseuse accélérèrent subtilement. Elle passa une main sur son front avant de s'approcher du battant de la porte qu'elle entrouvrit. Accoudé au chambranle, le colosse aux cheveux de jais lui sourit discrètement et demanda :

— Je peux entrer ?

Elle s'effaça et ouvrit la porte en grand.

— Je t'en prie.

En jetant un œil dans le couloir, Thaïs aperçut Jing qui l'attendait, comme elle le pensait. Il lui adressa un clin d'œil avant de lui tourner le dos pour aller s'étirer.

Alexis Korniloff était si grand que la loge ne semblait pas à sa mesure. On avait l'impression qu'il allait se briser la nuque et percer le plafond en se tenant droit. Habitué des lieux, il se laissa tomber sur le canapé. Thaïs croisa les bras et s'assit à son tour sur son fauteuil, qu'elle orienta vers le chorégraphe. Comme elle n'avait pas envie d'avoir l'air décontractée, elle garda le silence et fixa le Russe dans le blanc des yeux. Ce dernier détourna le regard et observa la pièce, en fixant chaque objet que Thaïs avait placé là pour faire de cet endroit un lieu particulier où elle puisse se sentir chez elle. Le chorégraphe s'adossa finalement contre le canapé, et présentant à la danseuse la paume de ses mains, il demanda :

— Peux-tu m'expliquer ?

Thaïs haussa les épaules.

— Que veux-tu que je t'explique ?

— Ce qui t'arrive.

— Je ne vois pas de quoi tu parles, je vais très bien, merci.

— Ne me prends pas pour un idiot, Thaïs. Je te connais et je sais très bien que quelque chose ne tourne pas rond.

La danseuse se mordit l'intérieur de la joue.

— Tu peux être plus explicite ?

Alexis rit en levant la tête vers le plafond :

— Arrête, Thaïs ! Tout le monde voit bien ton manège. Je voudrais comprendre pourquoi tu te comportes ainsi.

Plus crispée de seconde en seconde, la danseuse resta muette. Alexis se leva et s'approcha d'elle, il passa derrière le fauteuil et posa les mains sur ses épaules. Le contact de ses doigts sur sa peau éveilla des souvenirs qu'elle avait soigneusement enfouis. Elle se dégagea et se leva à son tour pour se placer devant la fenêtre. Alexis reprit :

— Dis-moi, Thaïs. Je ne vais pas pouvoir t'aider si tu ne me réponds pas. Tu as un problème ?

Elle se tourna vers lui, estomaquée :

— Parce que tu te figures que j'ai besoin d'aide ?

Elle avait parlé bien plus fort qu'elle l'avait souhaité. Alexis soupira, enfonça ses mains dans ses poches et répondit :

— C'est toi qui danses Anna, pas moi ! Et ce que je vois, c'est que tu ne la danses pas comme tu le devrais.

Thaïs secoua la tête. Elle contempla l'homme qui lui faisait face, cet homme qu'elle avait sincèrement aimé autrefois, et qui lui semblait maintenant étranger. Au fond de sa gorge, la nausée revint. Elle inspira profondément avant de répondre :

— Pourquoi serait-ce moi, le problème ?

Alexis ricana :

— Parce que tu es la seule à te plaindre.

— Non, je suis la seule à le montrer, c'est différent. Je suis la seule à laquelle tu ne fasses pas peur, Alexis, la seule que tu n'intimides plus. Je te connais trop bien pour me taire.

Le chorégraphe s'était assis sur l'accoudoir du canapé. Il baissa la tête et demanda :

— Alors nous en sommes là ? C'est ça, le problème ? Le passé ? Ce qui nous a liés ? Tu ne parviens pas à me pardonner ?

Thaïs éclata de rire. Était-ce du toupet ou de la grossièreté ? Elle n'aurait su y répondre mais un point lui semblait clair : elle allait lui dire ses quatre vérités. Après tout, n'était-ce pas pour son franc-parler qu'il était venu la trouver dans sa loge ? N'attendait-il pas qu'elle se livre en toute sincérité ? Elle s'installa face à lui et répondit calmement :

— Alexis, permets-moi d'être tout à fait honnête avec toi. Mon manque de motivation ne vient pas de ce que nous avons vécu. Du moins, je ne le pense pas. J'ai été très amoureuse de toi, c'est vrai, mais je ne le suis plus. Tout est terminé et c'est ainsi. Non, la réalité est autre. Je crois que tu sabordes ta création. Je crois que tu n'as d'yeux que pour tes lumières, que tu en oublies la musique, le texte d'*Anna Karénine* et tes danseurs. Je crois que tu te trompes de chemin, que tu te fourvoies.

Exaspéré, Alexis poussa un juron dans sa langue natale et se releva d'un bond. Vexé et humilié, sa fierté avait été atteinte.

— Je ne comprends pas ce que tu dis. Je travaille comme je l'ai toujours fait. Il n'y a rien de nouveau dans ma façon de concevoir la danse.

— Peut-être est-ce là, le problème ! Tu traites *Anna Karénine* de la même manière qu'*Ulysse* alors que ces deux univers n'ont rien en commun ! Mais tu es bien trop concentré sur tes lumières pour t'en rendre compte…

— C'est ma signature, le sens de mes spectacles, tu le sais bien !

— Oui, mais je pense que cette fois, c'est trop.

Alexis croisa les bras sur son torse et regarda la danseuse droit dans les yeux.

— Tu as tort. En revanche, il me semble que tu ne parviens plus à travailler avec moi. Tu cherches des excuses absurdes pour occulter la vérité. Contrairement à ce dont j'étais persuadé, tu n'es peut-être pas la personne qu'il me faut pour incarner Anna.

Abasourdie, Thaïs rétorqua :

— Si c'est ce que tu crois… Je te laisse le soin de trouver quelqu'un d'autre.

Puis elle se leva et se dirigea sereinement vers la porte de la loge qu'elle ouvrit après avoir saisi son sac d'échauffement sur le canapé. Elle désigna le couloir au Russe et, sans le regarder, elle expliqua :

— Pardonne-moi, Alexis, mais je dois aller m'étirer. Jing m'attend, nous allons en rester là.

Korniloff la suivit sans un mot. Il passa la main dans sa chevelure d'ébène et disparut au fond du couloir. Thaïs referma la porte de sa loge. En posant ses doigts sur la poignée, elle s'aperçut qu'ils tremblaient. Bien que soulagée d'avoir livré ce qu'elle avait sur le cœur, elle sut instantanément que son coup de sang ne serait pas sans conséquence. S'il était un roi à l'Opéra, elle ne tarderait pas à incarner l'esclave déchue.

4

Susanne

— Clara, dépêche-toi ! On va être en retard !

Susanne pesta une nouvelle fois avant de voir sa fille apparaître en haut des marches qu'elle dévala en affichant un sourire contrit. Cette dernière saisit le manteau pendu au perroquet et franchit le seuil de la porte que sa mère referma en poussant un énième soupir. Puis, la tête enfoncée dans les épaules, elle se précipita vers la voiture. La pluie tombait dru depuis plusieurs jours, comme c'était souvent le cas pendant la période hivernale. Elle traversa le parking de la place du Marché, suivie de sa mère qui se protégeait grâce à son sac de cours qu'elle portait au-dessus de la tête, et s'engouffra dans la Twingo déverrouillée.

Susanne glissa son barda dans le coffre puis elle s'installa au volant et mit le contact. La vieille Renault s'ébranla une première fois, et le moteur cala avant même qu'elles aient pu quitter la place de parking. La conductrice jura et réitéra la manœuvre. À nouveau, le moteur toussota, le pot d'échappement pétarada, et la voiture retomba finalement dans le silence. Évidemment, elle se montrait toujours capricieuse les jours où elles étaient en retard… Passablement agacée, Susanne inspira profondément, puis elle tenta de mettre le contact une dernière fois. Enfin, le moteur s'embrasa, les essuie-glaces balayèrent le pare-brise, la voiture s'ébroua et se mit à rouler sous les trombes d'eau.

Clara demanda à sa mère :

— Tu as vidé le seau en haut de l'escalier ?

— Oui, je l'ai même mis dans une bassine pour gagner un peu de temps.

Susanne jeta un regard vers la Kea, avant de tourner à l'angle de la place pour gagner la route de la côte. À travers la fenêtre, elle observa l'eau qui glissait le long des ardoises jaunies par le lichen, et l'imagina s'introduire sournoisement dans la charpente pour achever sa chute dans le seau qui l'attendait devant la porte du grenier. Avant les vacances de Pâques, elle ferait venir le couvreur. Elle y avait songé une bonne partie de la nuit, en entendant le tonnerre gronder au-dessus de Saint-Guirec. La réfection d'une partie du toit devenait nécessaire. Elles se serreraient la ceinture quelques mois, voilà tout. Et si les travaux s'avéraient plus coûteux qu'elle l'imaginait, elle emprunterait auprès de la banque. Elle ne pouvait plus reculer.

À leur gauche, le long de la route fouettée par les embruns, la côte de granit déchirée luttait vaillamment face à l'assaut des vagues qui se fracassaient contre la roche noire, dans un hurlement sourd. Le vent soufflait avec une telle force que des gerbes d'écume couraient sur l'asphalte.

Clara serrait son sac à dos contre son buste, et regardait à travers la fenêtre d'un air absent. Susanne demanda :

— Tu as des interros aujourd'hui ?

La jeune fille secoua la tête sans détourner les yeux du paysage déchaîné. Susanne se faisait un point d'honneur à ne pas s'immiscer dans le travail de sa fille. Depuis son entrée en sixième, elle la laissait gérer son cahier de textes en toute autonomie et ne lui venait en aide que si Clara le lui demandait, ce qui était rare. À vrai dire, cette dernière ne rencontrait pas de difficulté majeure en classe, elle n'était pas parmi les meilleurs, mais ses résultats se révélaient globalement honorables. Susanne ne voulait pas se montrer trop pesante vis-à-vis de sa fille, elle savait que c'était le risque lorsqu'on est parent d'un enfant unique et tâchait d'éviter cet écueil du mieux qu'elle le pouvait.

Sur cette partie du littoral, relativement préservée, on devinait parfois un toit d'ardoises coincé entre les arbres, perdu au milieu de la lande déserte, une fenêtre éclairée par la chaleur d'une lampe de chevet en cette heure matinale. La petite Twingo poursuivit sa route, bercée par les musiques sans âge de la radio locale qui peinait à se faire entendre dans la tempête. La silhouette du phare, rouge et blanc, jaillit bientôt à travers la brume, un peu plus loin sur la gauche, surplombant terre et mer depuis son promontoire, à l'extrémité de l'étroite jetée qui marquait le sud-ouest de l'île. Un véhicule apparut soudain en sens inverse. Elles reconnurent la voiture de Mireille, la tenancière du Skipper, un café où Susanne avait ses habitudes, sur le port. Elle aimait y emmener Clara le week-end pour y déguster des moules, y boire un verre avec Henry ou les collègues qu'elle appréciait. Le 4x4 fit des appels de phare auxquels la Renault répondit par un bref coup de klaxon.

L'atmosphère était si encombrée qu'on ne distinguait pas l'horizon au-delà du phare et de la jetée. On se trouvait dans cette période de l'année que Susanne appréciait, contrairement à la plupart des habitants de l'île. Le ciel avait beau se peindre en gris et noir, la lumière restait vive et mordorée, ce qui offrait aux paysages de Saint-Guirec des contrastes particulièrement saisissants. Bien sûr, le froid et l'humidité vous assaillaient, piquant vos yeux et vos oreilles, gelant le bout de vos doigts, mais pour Susanne, le spectacle des levers du soleil sur le port effaçait ces menus désagréments.

Peu après le phare, le collège des Dunes se découpa sur la droite de la route côtière. Les bus qui faisaient le ramassage scolaire à travers toute l'île avaient débarqué leurs passagers sur le parking derrière le haut portail en fer forgé. Déjà, ils entamaient leur manœuvre pour regagner le dépôt qui se situait dans les terres. Susanne pesta en consultant sa montre, elles étaient encore plus en retard que ce qu'elle pensait. Elle se gara le plus près possible de l'entrée du collège, dans un crissement de pneus qui arracha une grimace à Clara dont elle embrassa la joue pour lui souhaiter une bonne journée. Puis elle s'élança à la suite de sa fille à travers la grande porte en bois gris que les surveillants n'avaient pas encore fermée. Elle devait passer en salle des profs avant de s'installer dans son antre, au troisième étage, afin de faire des photocopies pour sa classe de cinquième avec laquelle commençait sa journée. Susanne salua Sylvie derrière la baie vitrée de l'accueil et grimpa quatre à quatre le grand escalier qui faisait face à la porte, alors que Clara s'était déjà évanouie dans le dédale des Dunes.

Sur le chemin, des élèves gratifièrent leur professeure d'un bonjour. Elle se contenta de sourire à la cantonade, traversa le long couloir qui menait au repaire des enseignants. Au moment où elle poussa la porte, la sonnerie qui marquait le début des cours retentit. Ses collègues s'apprêtaient à filer dans leur salle respective, elle leur fit un signe de la main, glissa une pièce dans la machine à café et se jeta sur la photocopieuse que personne n'utilisait, Dieu merci. Après avoir enclenché ses impressions, elle se débarrassa de son manteau, ouvrit son casier pour y récupérer sa trousse et ses manuels, but quelques gorgées de café, récupéra son tas de photocopies toutes chaudes et s'engagea à travers la porte à la suite des autres professeurs.

Elle détestait être en retard, cela ne lui ressemblait pas d'ailleurs, mais ce matin, Clara avait mis beaucoup de temps à avaler son petit déjeuner, et Susanne devait bien admettre qu'elle-même s'était levée trop tard. Puis il avait fallu vider le seau en haut de l'escalier, le remettre, dégoter une bassine… bref, elle avait été dépassée par le temps ; et ses cinquièmes l'attendaient maintenant en rang d'oignons, devant la porte de la salle de classe.

Susanne enseignait au collège des Dunes depuis quatorze ans. Avant d'y devenir professeure, elle y avait été élève, si bien qu'elle connaissait l'établissement dans ses moindres recoins. Elle emprunta un raccourci connu du seul personnel : un escalier caché dans une tourelle qui évitait d'avoir à regagner le corridor principal et menait directement au troisième étage. En haut des marches, elle s'arrêta quelques secondes pour reprendre son souffle. Au fond du couloir, elle aperçut Marine, l'une de ses élèves qui indiqua à ses camarades que « la prof arrivait ». Susanne sourit. Elle les aimait, ses élèves, surtout les plus jeunes d'ailleurs. Ils étaient encore si tendres, si spontanés, et même lorsque certains avaient traversé des épreuves que des enfants de cet âge n'ont pas à vivre, ils conservaient une forme d'innocence précieuse qui la fascinait. Les vingt-huit préadolescents la saluèrent dans un brouhaha, tandis qu'elle glissait la clé dans la serrure.

Le collège des Dunes était abrité dans une bâtisse du XVIIIe siècle, toute de granit gris et noir, érigée au milieu d'un parc dont la plupart des arbres étaient centenaires. L'imposant édifice s'organisait autour d'une rotonde d'où partaient quatre corps de bâtiment eux-mêmes agencés autour de cours fermées qui revêtaient des allures de cloître. La pierre était froide et humide, mais il régnait dans les couloirs sans âge une atmosphère particulière, qui donnait l'impression de voyager : on se trouvait parfois dans un château écossais, parfois dans un vieux manoir hanté. Toutes les salles n'étaient pas occupées, et certaines ailes du bâtiment tombaient en ruine. Leur accès avait été interdit quelques années plus tôt. On comptait de moins en moins d'élèves à Saint-Guirec, car même si la population de l'île avait tendance à croître, la plupart des jeunes gens partaient en pension sur le continent.

Grâce à son ancienneté, Susanne avait obtenu le droit de choisir sa salle de classe. Cette dernière se trouvait à un angle du bâtiment, et bénéficiait ainsi d'une double exposition, mise en valeur par d'immenses fenêtres qui laissaient voir la côte. En ces jours de tempête, l'enseignante adorait admirer l'océan en furie depuis cette vigie. Elle avait alors l'impression de se glisser dans la peau d'un gardien de phare. Du fait de sa situation, la pièce pouvait se révéler fraîche durant les longs mois d'hiver, mais elle avait toujours constitué l'endroit préféré de Susanne, y compris du temps où elle se trouvait à la place de ses élèves.

Outre l'espace de Susanne et quelques laboratoires de sciences plus ou moins utilisés, le troisième étage abritait le CDI de l'établissement. Doté de salles voûtées et de boiseries dans lesquelles des bibliothèques avaient été aménagées, il s'agissait d'un lieu unique en son genre. Quelques années plus tôt, une chaîne de télévision nationale avait consacré un reportage au collège, l'un des plus anciens établissements insulaires de France encore en activité. Des caméras s'étaient promenées le long des couloirs et à travers son écran, Susanne s'était rappelé la singularité de cet endroit. La bibliothèque avait été particulièrement mise en valeur dans le reportage et, à chaque fois qu'elle y entrait, la bande originale de l'émission lui revenait en tête.

L'enseignante posa ses affaires sur son bureau et avala une gorgée de café en attendant que les élèves s'installent à leur tour. Ils ouvrirent leur sac, en tirèrent manuels et classeur, ainsi que *Voyage au centre de la Terre*, sur lequel ils travaillaient en ce début d'année. Au fond de la classe, Susanne remarqua que l'une des branches de l'arbre en papier crépon qu'elle avait confectionné pour agrémenter le coin lecture, menaçait de choir. Elle demanderait à l'un de ses élèves de l'aider à la remettre d'aplomb à l'heure du déjeuner, ils se montraient toujours enthousiastes lorsqu'il s'agissait de participer à la décoration. Elle patienta encore quelques secondes, fit intérieurement l'appel, remarqua l'absence de Noémie.

Lorsque les adolescents la regardèrent tous sagement, debout à côté de leur bureau en bois, elle leur demanda de s'asseoir et présenta la séance du jour, centrée sur le portrait d'Otto Lidenbrock, l'un des personnages principaux du roman de Jules Verne. Alors, Susanne sentit ses soucis s'évanouir : les travaux de la Kea, la crise d'adolescence dans laquelle allait entrer Clara, la disparition de ses parents qui la meurtrissait encore ; tout fut relégué au second plan et les regards jeunes et innocents qui se fixèrent sur les pages du livre qu'elle leur avait demandé d'ouvrir, prirent soudain, comme chaque matin, toute la place.

5

Thaïs

— Mais que croyais-tu qu'il allait se passer, Thaïs ? Pensais-tu réellement qu'il allait accueillir tes remarques avec un sourire complaisant, ou mieux, en te remerciant ?

La danseuse se laissa tomber sur le canapé en velours, celui-là même sur lequel Alexis s'était avachi la veille lorsqu'ils s'étaient expliqués au sujet d'*Anna Karénine*. Elle s'attendait à des répercussions, bien sûr, mais elle n'avait pas imaginé que le chorégraphe réagirait si vite.

Sa colère l'avait conduit tout droit dans le bureau de Tatiana Champigny, la directrice de la danse de la compagnie de l'Opéra de Paris, à qui il avait annoncé sans détour que le rôle d'Anna ne pouvait être joué par une danseuse qui n'en éprouvait pas profondément l'envie. Tatiana connaissait Thaïs depuis de longues années. Elle était tombée des nues. Thaïs ne souhaitait pas incarner Anna ? Mais elle connaissait le roman de Tolstoï sur le bout des doigts – elle en récitait parfois des passages par cœur –, et elle répétait depuis des semaines ! Un tel retournement de situation lui semblait impensable… Qu'avait-il donc bien pu se passer entre Alexis et son étoile pour qu'il surgisse ainsi, rouge de colère, tremblant d'exaspération ?

La directrice avait commencé par l'écouter calmement depuis le fauteuil rouge qui trônait majestueusement derrière le bureau ancien qu'elle avait fait monter de sa loge au moment où elle avait accepté le poste de directrice. Korniloff éructait. Il faisait les cent pas dans la petite pièce – il était si grand qu'il la traversait en trois enjambées –, passait les mains dans ses cheveux sombres en secouant la tête, ponctuant son discours de jurons russes dont elle ne préférait pas connaître la traduction. Dominant Tatiana de toute sa stature, il avait l'air d'un lion en cage sur le point d'imploser. La directrice ne s'était pas laissée impressionnée. Elle l'avait écouté patiemment, sachant pertinemment que les hommes comme Alexis Korniloff ont toujours besoin de l'attention des autres, d'oreilles soucieuses, capables de leur prêter une écoute sans faille.

Quand il eut terminé sa diatribe, il s'était écroulé sur le fauteuil qui lui faisait face, avait pris sa tête entre ses mains et, un court instant, Tatiana avait cru qu'il allait fondre en larmes ; mais le grand Korniloff s'était ressaisi et l'avait regardée, implorant, avant de murmurer :

— Je crois qu'il faut tout annuler. C'était une mauvaise idée de vouloir monter *Anna Karénine* à Paris.

Et tel un coup de massue, ses derniers mots s'étaient abattus sur Tatiana :

— J'aurais mieux fait de le proposer au Bolchoï.

Un frisson avait parcouru le dos de la directrice. La danseuse étoile, retraitée depuis une petite dizaine d'années, avait senti sa peau se tendre sous la soie de son chemisier. Il était inenvisageable que Korniloff annule le projet. À quelques jours de la générale, ni la réputation de Tatiana ni celle de la compagnie dans son ensemble ne s'en remettrait. Les minutes qui suivraient allaient décider de son avenir et de celui de la centaine de danseurs qui comptaient sur elle. Il fallait remobiliser Korniloff, lui rappeler les raisons pour lesquelles il avait choisi la scène parisienne pour monter son spectacle, la droiture de ses danseurs, leur force, leur rage, leur liberté également, acquise au prix d'un travail acharné et de dures années de labeur, au cours desquelles le sacrifice et l'effort avaient guidé leurs pas. Cette flamme singulière qui animait leurs gestes et leurs regards faisait vibrer les planches de Bastille et de Garnier d'une façon unique, et c'est celle-ci qu'il avait voulu insuffler à *Anna Karénine*. Tatiana devait le lui rappeler coûte que coûte.

Habilement, elle commença par lui laisser le choix de ce départ et juste avant qu'il claque la porte, elle lui rappela les investissements qui avaient été portés par l'Opéra pour son spectacle… Bien entendu, il n'était pas question d'argent mais, inutile de se mentir, Alexis savait bien qu'il était particulièrement difficile de se retirer de ce type d'événements dix jours avant le début des représentations. Était-il prêt à prendre ce risque ? Elle saluait son courage, celui d'être un chorégraphe qui, aux yeux des mécènes et des investisseurs, ne serait pas parvenu à dompter l'une des meilleures compagnies du monde. En constatant que ses épaules s'affaissaient encore davantage, elle poursuivit son argumentation et évoqua Thaïs et Jing, les danseurs que la scène internationale s'arrachait depuis des années. En l'entendant rappeler la personnalité de feu de celle qu'il avait aimée, adulée des amateurs de danse sur tous les continents du monde, il releva un sourcil.

Tatiana avait compris qu'elle ne sauverait pas son étoile, elle décida donc de proposer d'autres noms à Korniloff, ceux des deux remplaçantes de Thaïs. Elles étaient exemplaires, passionnées, elles se seraient damnées l'une et l'autre pour ce rôle, et pour lui. Elles comptaient parmi les futures étoiles de la compagnie et connaissaient le rôle par cœur, comme tous les remplaçants.

Le Russe ne voyait même pas à quoi elles ressemblaient… Tatiana lui montra des photos sur l'écran de son ordinateur. « Mais voyons, Alexis, elles assistent à toutes les répétitions ! » Il haussa les épaules en pinçant les lèvres. La directrice lui proposa d'organiser une nouvelle audition, à huis clos, dès le lendemain matin. Dans l'ombre, elles rêvaient du rôle : elles se surpasseraient pour Alexis. Il fit la moue, et accepta finalement de voir les deux danseuses. Il détestait se sentir contraint, acculé, forcé dans ses décisions, mais le discours de Tatiana avait été suffisamment adroit pour le laisser croire qu'il restait maître du jeu.

Avant de quitter le bureau, il la prit dans ses bras et la remercia de se montrer si compréhensive. Étouffant une dernière invective, il ajouta qu'il ne voulait plus croiser le chemin de Thaïs. Tatiana opina en affichant un sourire entendu sur ses lèvres vermillon, et referma la porte sur le colosse qui disparut à l'angle du couloir. Elle s'écroula dans son fauteuil, alluma une cigarette, plaisir coupable qu'elle s'octroyait depuis qu'elle avait pris sa retraite. Le pire devait pouvoir être évité, mais il lui fallait maintenant prévenir Thaïs qu'elle allait devoir partir en vacances.

— Mais qu'as-tu pu lui dire qui le mette dans cet état ?

Thaïs plongea son visage entre ses mains. Elle avait cédé à son impulsivité, comme souvent, mais cette fois, les conséquences de son attitude lui paraissaient incomparables. Sa carrière était-elle brisée pour de bon ? Danserait-elle à nouveau pour les meilleurs chorégraphes ou la cantonnerait-on à des rôles mineurs, des spectacles vus et revus, des œuvres anecdotiques ? Et dans l'immédiat, Tatiana lui parlait de vacances… Qu'entendait-elle par là ? Thaïs vivait pour la danse depuis des années, comment pourrait-elle s'arrêter ne serait-ce qu'une semaine ? Elle eut la sensation qu'on lui demandait de ne plus respirer.

Tatiana précisa :

— Tant que Korniloff est à Paris, je te demande de prendre tes distances avec l'Opéra. Autrement dit, je ne veux pas te croiser dans les couloirs durant ces prochains mois. Je suis désolée Thaïs, je sais à quel point ce spectacle comptait pour toi, mais je n'ai pas le choix. Si Korniloff annule *Anna Karénine*, toute la compagnie en pâtira.

Thaïs braqua ses yeux clairs sur l'ancienne étoile, celle qui avait été son modèle pendant l'adolescence. Son cœur se contracta. Ce sentiment de trahison qui l'avait envahie plus tôt la submergea. Comment était-ce possible ? Elle avait tout donné à la compagnie et à cette femme en face de qui elle se tenait. Et cette dernière lui demandait maintenant de disparaître ? Abasourdie, elle rétorqua.

— Tu voudrais que je me sacrifie ?

La directrice leva les yeux au ciel et répondit en secouant la tête :

— Ne monte pas sur tes grands chevaux avec moi, Thaïs. Prends tes responsabilités et comprends la situation dans laquelle tes propos m'ont mise. Korniloff ne veut plus te voir dans son spectacle et je n'ai d'autre option que de lui céder, tu le sais très bien. Je te demande donc de m'écouter et d'en profiter pour prendre un moment pour toi. Depuis des années, tu enchaînes les spectacles et les répétitions. Ton rythme n'est pas raisonnable, tu le sais pertinemment, et pour être honnête, il me semble que tu n'aurais pas réagi si vivement si tu n'avais pas été surmenée. Tu as tiré sur la corde ces derniers temps, alors profite de ces quelques semaines pour te ressaisir. Réfléchis, va voir du pays, passe du temps avec tes amis et reviens-nous en pleine forme.

Une masse s'était formée dans le fond de la gorge de la danseuse. Les sanglots approchaient mais elle ne devait pas pleurer. Surtout pas. Pas devant Tatiana. Elle ne pouvait se désavouer à ce point. Thaïs inspira profondément, se forçant au calme, avant de reprendre :

— Tu me demandes de me sacrifier, et avec le sourire. Tu admettras que c'est tout de même culotté de ta part !

La directrice s'assit à côté de son étoile et murmura :

— Mais qu'est-ce qui t'a pris exactement ? Tu le connais bien pourtant, tu savais qu'il allait s'emporter.

Thaïs ferma les yeux, puis elle se releva et se dirigea vers la fenêtre à travers laquelle elle regarda pensivement.

— Je suis persuadée de ce que je lui ai dit. Il en fait trop autour de la mise en scène et ne se concentre pas suffisamment sur la danse. C'est un ballet qu'il monte, pas un numéro de cirque. Ses jeux de lumière sont merveilleux, je l'ai toujours reconnu. Mais c'est lorsqu'ils magnifient les corps et les mouvements qu'ils prennent tout leur sens. Avec *Anna Karénine*, Alexis tend au maniérisme et ces mêmes lumières sont excessives. Elles retirent à la musique et à la chorégraphie une grande part de leur poésie.

Thaïs croisa les bras sur sa poitrine et acheva :

— J'ai seulement voulu l'aider, crois-moi. Je le connais bien, comme tu me le rappelles, et je sais que je suis la seule à pouvoir lui dire ce genre de choses. Naïvement, j'ai cru que son orgueil ne s'en offusquerait pas.

Tatiana observait son amie, désemparée et impuissante. Elle comprenait les mots de Thaïs, mais cette dernière avait sous-estimé la fierté de son ancien amant, et son franc-parler l'avait malheureusement piégée. Intimement, elle était persuadée de ce qu'elle lui avait dit un peu plus tôt : la danseuse était fatiguée et prendre soin d'elle quelques semaines lui serait salvateur. En guise de conclusion, elle se leva à son tour et se dirigea vers la porte de la loge. Avant de l'ouvrir, elle se retourna une dernière fois vers Thaïs et murmura :

— Je suis désolée.

Puis elle disparut.

Thaïs se mordit le poing jusqu'à laisser l'empreinte de ses dents sur sa peau. Elle aurait aimé retourner le contenu de sa loge mais elle se contenta de jeter son sac contre le mur en poussant un grognement de rage. Le sang battait dans ses tempes, il lui sembla même que sa vue se brouillait. Elle qui s'était habituée à maîtriser la moindre de ses émotions crut que ses nerfs allaient la trahir. Exaspérée, pleine de hargne et de fureur, elle se changea à toute vitesse et quitta la pièce en claquant la porte, telle une furie.

En ne la voyant pas apparaître, alors qu'ils avaient convenu de s'étirer ensemble, Jing commença par s'étonner. L'inquiétude prit le dessus lorsqu'il constata que Thaïs ne se trouvait pas dans sa loge et qu'elle ne répondait pas au téléphone. Il patienta quelques heures et décida de se rendre chez son amie.

Jing connaissait bien la petite porte étroite à côté de laquelle une étiquette affichait « Thaïs Loiseau », au dernier étage d'un immeuble haussmannien qui se situait à quelques rues de Garnier. Il sonna une première fois, puis une seconde, et enfin, la porte s'ouvrit d'un coup sur Thaïs. Ébahi par la violence avec laquelle elle avait tiré le battant, Jing resta figé quelques secondes. Il faillit ne pas reconnaître la danseuse : son visage affichait des yeux rouges et gonflés, des traits tirés, un teint cireux. Ses lèvres ordinairement charnues s'étaient crispées : elles tremblaient légèrement, tout comme la main qu'elle avait posée sur le chambranle. Jing quitta sa torpeur et demanda :

— Tu me laisses entrer ?

La danseuse soupira et ouvrit la porte en grand avant de tourner le dos à son ami, de traverser lentement le petit couloir qui faisait office d'entrée, et de s'asseoir en tailleur sur l'épais tapis qui couvrait le parquet du salon.

Jing retira sa veste, la posa sur le canapé et proposa :

— Je te fais un thé ?

Thaïs haussa les épaules et reprit ses exercices d'étirement. Jing passa devant elle et se dirigea vers la cuisine qui ouvrait sur le salon. Il avait passé de nombreuses soirées dans cet appartement, durant leurs jeunes années dans la compagnie, à l'époque où ils ignoraient s'ils allaient réussir à gravir les échelons de la prestigieuse troupe. Le temps était passé mais le souvenir restait toujours aussi vif.

Jing était arrivé de Hong Kong la veille de ses seize ans. Il avait intégré le Conservatoire de danse de Paris pour une année probatoire à l'issue de laquelle on lui avait proposé de rester.

Nul ne savait quelle mouche avait piqué cet adolescent lorsqu'il avait décrété à son père – il avait perdu sa mère deux ans plus tôt des suites d'un cancer contre lequel elle s'était battue vainement – qu'il voulait le quitter pour étudier son art à l'autre bout du monde dans l'un des établissements les plus sélectifs qui soient. À Hong Kong, il se sentait à l'étroit et son professeur de danse l'avait d'ailleurs soutenu dans ce projet particulièrement ambitieux. Elle avait convié son père pour lui révéler l'inestimable potentiel qu'elle percevait en son fils, mais ce dernier avait commencé par s'opposer farouchement à ce départ. Le premier argument présenté par le père de Jing était d'ordre financier. Comment pourrait-il payer une scolarité à l'autre bout du monde ? Jing et son enseignante s'étaient renseignés. Ils avaient fureté sur Internet, ils avaient suivi différentes pistes, téléphoné, constitué des dossiers en tout genre, et découvert qu'avec les possibilités de bourses proposées par le Conservatoire, le coût de cette fameuse scolarité n'excéderait pas celui d'un parcours à Hong Kong. Bien sûr, il faudrait aussi payer les billets d'avion, qui permettraient à la famille de se réunir une fois par an, mais en s'y prenant à l'avance, le père de Jing avait convenu qu'ils pourraient se permettre une telle dépense. L'obstacle financier avait donc été écarté assez rapidement.

Son père s'était ensuite interrogé sur les capacités de son fils. Avait-il réellement le niveau pour briguer une place dans une telle école ? Mme Liu, l'enseignante de l'adolescent, avait multiplié les heures de cours et Jing avait considérablement progressé en peu de temps. Paris était devenue l'obsession du jeune homme, alors qu'il n'avait jamais mis les pieds en France et ne parlait pas un mot de la langue. Au lycée, les garçons se moquaient ouvertement de lui, mais les filles l'admiraient et l'encourageaient, particulièrement Chan qui assistaient à ses répétitions, les larmes aux yeux.

Qu'était-elle devenue ? Les premières années de son arrivée en France, ils s'étaient écrit des mails, mais la distance avait fini par l'emporter sur l'amitié et ils avaient arrêté de se donner des nouvelles.

Le dernier argument de son père avait été d'ordre affectif. Il lui avait avoué qu'il aurait le cœur brisé s'il partait loin. Cet obstacle avait été le plus difficile à franchir. Jing ne voulait peiner personne, il aimait follement son père et le quitter lui retournait les entrailles. Mais il avait le sentiment qu'autre chose l'appelait : sa destinée l'attendait en haut de la rue de la Paix à Paris, dans le marbre et les dorures de l'Opéra. Il en était certain, il devait l'accepter et le comprendre. La veille de l'anniversaire de son fils bien-aimé, le père l'avait finalement laissé s'envoler l'âme en mille morceaux.

En atterrissant au Conservatoire de danse de Paris, Jing connaissait à peine deux mots de français, ce qui l'avait isolé dans un premier temps. Après quelques semaines, alors qu'il percevait que son niveau était encore bien inférieur à celui des autres élèves, il s'était découragé. N'avait-il pas mis la barre trop haut ? C'est ce moment que Thaïs avait choisi pour entrer dans sa vie. Arrivée dans l'établissement en milieu de parcours, comme lui, elle avait perçu sa détresse et ses doutes, et lui était venue en aide. Leur amitié s'était formée très vite, dans l'urgence et l'intensité, et vingt ans plus tard, elle n'avait rien perdu de son éclat.

Lorsque la théière fut prête, Jing la posa sur la table basse que la danseuse avait poussée devant la fenêtre, puis il brancha son téléphone sur l'enceinte du salon et fit résonner les premières notes d'une chanson de

Joan Baez dont les deux amis raffolaient. Enfin, il s'installa à côté d'elle, à même le sol, et se penchant vers son amie, il demanda :

— Alors, tu me racontes ?

Elle porta le thé brûlant à ses lèvres. Au contact du liquide, sa peau se contracta de douleur, mais elle ne réagit pas. Alors, elle expliqua brusquement :

— Tatiana m'a virée.

Jing fronça les sourcils :

— Comment ça, « virée » ? Ce n'est pas possible, voyons !

Thaïs leva les yeux au ciel :

— Non, mais c'est tout comme.

— Mais que s'est-il passé, Thaïs ?

La danseuse raconta la conversation qu'elle avait eue avec Alexis, quelques minutes après leur répétition le matin même. Il avait perçu son agacement, elle avait tenté de le lui expliquer ; mais il s'était braqué, n'avait rien voulu entendre, persuadé que Thaïs nourrissait trop d'aigreur à son égard pour émettre quelque avis objectif vis-à-vis de son art. Pourtant, cette dernière pensait sincèrement ce qu'elle lui avait livré, malgré l'amertume qu'elle pouvait ressentir en pensant à leur relation ancienne. Après tout, ils étaient l'un et l'autre passés à autre chose, elle était intimement convaincue que ses sentiments n'avaient pas pris le dessus. Non, elle s'était contentée de donner un avis purement professionnel. C'est l'artiste perfectionniste qui avait parlé, et non l'amante délaissée. L'esprit de Tolstoï ne soufflait pas à travers la création de Korniloff, et s'il continuait à s'obstiner ainsi, elle lui prédisait une catastrophe : assurément, le spectacle décevrait son public. Thaïs évoqua également les propos de Tatiana, on lui demandait de disparaître pour apaiser le courroux du prodige.

Jing l'écouta attentivement. Il la comprenait, mais comme toujours, Thaïs se montrait peut-être excessive. De son côté, il avait lu *Anna Karénine*, et même s'il avait aimé suivre la destinée de l'héroïne russe, il n'avait pas éprouvé la passion de Thaïs à son sujet, ce qui avait des conséquences sur le regard qu'il portait sur le travail d'Alexis. Sans doute était-il moins sensible à l'imperfection de l'adaptation qu'il proposait, et bien qu'il ait parfois perçu une forme de lourdeur dans les choix du chorégraphe, il était moins pessimiste quant au succès du spectacle. Pour lui, le public serait au rendez-vous quoi qu'il advienne.

Il tenta de partager ce point de vue avec Thaïs, mais à peine avait-il prononcé quelques mots que son amie se renferma. Un léger voile teinta ses yeux de glace, son corps tout entier se crispa et elle s'éloigna de Jing pour regarder à travers les carreaux de la fenêtre avant de soupirer. Dans la rue, aux pieds de son immeuble, un groupe de jeunes gens entama « La Bohème » d'Aznavour, à tue-tête. Les mots du chanteur rebondirent sur les façades de pierre, une fenêtre s'ouvrit, on leur demanda de se taire, ils éclatèrent d'un rire joyeux, insouciant, et reprirent le refrain de plus belle. Thaïs se redressa.

Elle n'allait pas se laisser abattre. Ce n'était pas la première fois qu'on la décevait, ni la première fois qu'elle avait le sentiment qu'on lui avait planté un poignard dans le dos, et ce ne serait sans doute pas la dernière. Elle allait affronter la réalité – une vie sans l'Opéra, du moins pendant quelques mois –, faire preuve de résilience, emprunter des chemins de traverse et poursuivre sa route, à sa manière, seule, comme toujours. Jing s'approcha de son amie. Il tenta de l'attirer contre lui, mais elle résista alors il se contenta de passer son bras sur son épaule. Il contempla le profil de la danseuse, sa Thaïs, si fière, presque orgueilleuse, si dure vis-à-vis d'elle-même, si indépendante. Puis il demanda :

— Veux-tu que je me retire du projet, Thaïs ?

La danseuse manqua de s'étouffer en avalant de travers. Elle leva les yeux au ciel et répliqua :

— Mais non, voyons ! Je ne vais pas t'implorer de couler avec moi. Ce serait bien trop égoïste… Mais j'aimerais que tu me donnes ton avis : crois-tu que je sois allée trop loin ? Penses-tu que je me trompe totalement ?

Le danseur haussa les épaules. Il ne savait comment répondre à son amie. Elle avait usé de son caractère entier qui faisait toute sa noblesse, sa passion, mais cette fois, cela s'était retourné contre elle.

— Sais-tu ce que tu vas faire ?

Un gouffre s'ouvrit sous les pieds de Thaïs. Prise d'un vertige, elle se sentait aspirée vers les profondeurs d'un insondable abîme.

— Je n'en sais absolument rien.

6

Susanne

Susanne tira la porte qui s'ouvrit dans un grincement. Des frissons parcoururent sa colonne vertébrale. Elle n'était pas montée au grenier depuis des mois, voire des années. Elle détestait cet endroit parce qu'il renfermait trop de souvenirs contenus dans de vieux cartons poussiéreux, entassés les uns sur les autres de façon anarchique. Elle fit quelques pas, le bois craqua sous ses pieds. Comme les deux lucarnes situées de part et d'autre de la toiture ne suffisaient pas à éclairer l'ensemble de l'immense grenier, elle posa le doigt sur l'interrupteur. Des ampoules qui pendaient des poutres en bois foncé s'allumèrent en grésillant, révélant les vestiges du passé emmagasinés là depuis de longues années. Susanne se mordit le poing pour éviter que sa gorge ne se contracte. Elle détestait cet endroit, et pourtant, cela n'avait pas toujours été le cas. Venues de sa mémoire, des silhouettes surgirent des lames du parquet, comme les génies s'échappent de la lampe dans les contes des *Mille et une Nuits*.

Petite, avec sa sœur, elles y passaient beaucoup de temps. Elles s'étaient même aménagé un genre de cabane dans un coin de cette immense pièce à l'impressionnante hauteur sous plafond, entassant sur les étagères d'une bibliothèque abandonnée leurs trésors les plus précieux. Par terre, elles avaient déroulé un vieux tapis rongé par les mites, installé des coussins glanés dans la petite brocante qui se tenait tous les mardis sur la place du Marché, devant la Kea, l'été. Un paravent branlant aux influences asiatiques protégeait ce refuge du regard de leurs parents qui s'aventuraient parfois dans ce lieu hors du temps, pour dénicher un bibelot oublié dans une caisse sans âge. Elles y avaient passé des après-midis entiers à s'inventer des vies, se raconter des histoires d'enfant, jouer à la poupée, imaginer des recettes de gâteaux plus ou moins délicieux, avant de les tester en compagnie de leur mère, dans la cuisine, au rez-de-chaussée de la Kea. C'est ainsi qu'était née la fameuse tarte aux fraises Tagada… Comme tous les enfants du monde, elles avaient échangé des promesses, conclu des pactes, prêté serment dans ce grenier.

Rien ne subsistait aujourd'hui de leur cabane de fortune. Les trésors avaient fini au fond d'une benne des années plus tôt, en même temps que le tapis et les coussins. Un jour de colère, Susanne avait débité la bibliothèque en petit bois pour alimenter le poêle de la cuisine. Quant au paravent, il s'en était mieux sorti et avait reçu l'honneur d'une seconde vie. Doté de nouvelles tentures à rayures, il reposait maintenant aux Dunes, dans la pièce où l'on remisait les décors et les costumes de l'atelier théâtre que Susanne animait depuis plusieurs années. Rien ne restait donc de ces jours heureux, hormis l'odeur et les sons qui la transportaient toujours dans le passé.

La cabane merveilleuse avait disparu, mais les vieilleries que ses parents avaient accumulées tout au long de leur vie étaient restées, amoncelées dans un désordre épouvantable. Des cartons à moitié éventrés d'où dépassaient de multiples parapluies, des abat-jours, des portemanteaux, les maquettes de bateaux abîmées que son père adorait réparer pendant ses heures de repos. Et puis, il y avait d'anciennes malles de voyage qu'ils avaient longtemps collectionnées, et qui contenaient maintenant leurs vêtements. Elle n'avait pas eu le courage de trier leurs affaires au moment de vider leur chambre après leur disparition. Elle s'était contentée de remplir ces encombrantes valises de tous leurs effets personnels, et de les cacher dans ce grenier où elle devait désormais faire de l'ordre.

Susanne songea que l'endroit ressemblait à la caverne magique d'Ali Baba. Quel que soit l'objet sur lequel elle posait les yeux, son esprit s'envolait malgré elle, quelques secondes. Des images furtives lui apparaissaient, des éclats de rire et des voix enjouées résonnaient dans ses oreilles, et son cœur se serrait.

La disparition de ses parents avait été un choc, un cataclysme dont elle ne se remettrait sans doute jamais vraiment. Contempler ces bibelots, ces malles et ces cartons les lui rappelait avec une vivacité qui réveillait sa blessure profonde. Cinq ans s'étaient écoulés depuis le drame, mais l'accident avait profondément marqué les mémoires, et chaque année au moment de la date anniversaire les journaux locaux publiaient un article en hommage aux défunts.

Ce soir-là, le ferry qui reliait Saint-Guirec à La Turballe avait quitté le port alors que le vent soufflait déjà violemment. Le capitaine, un homme qui avait grandi sur l'île et connaissait bien la côte, avait pensé pouvoir gagner le continent avant que la tempête n'éclate. Mais la mer s'était soudainement creusée, et le bateau s'était trouvé en difficulté. La navette de la SNSM avait quitté Saint-Guirec dès le premier appel radio. En arrivant sur place, on avait découvert le bateau retourné, lourdement endommagé. Aucun des vingt passagers et membres d'équipage n'était parvenu à embarquer à bord du canot de sauvetage à temps, tous avaient péri noyés, piégés à l'intérieur du ferry. À l'heure où la sécurité régit la plupart de nos conduites, il paraissait impensable qu'un tel événement advienne. Ce jour-là, la mer avait su rappeler son caractère impitoyable et cruel. On avait interrogé la sûreté de ces ferrys, une enquête avait été menée – elle avait duré des mois –, sans qu'on ne parvienne à comprendre si le capitaine avait fait preuve d'imprudence. Les experts avaient fini par conclure à l'accident, pur et simple, l'avarie matérielle due aux conditions climatiques extrêmes.

Les parents de Susanne se trouvaient à bord du ferry. Ils l'avaient prévenue qu'ils se rendaient sur le continent au moment d'embarquer seulement, par texto. Elle n'avait pas pu leur dire adieu, le choc avait été terrible, et le sentiment d'injustice intense. Pendant de nombreuses nuits, elle s'était réveillée en sursaut, les imaginant enfermés dans la cabine du bateau, tentant de sortir et comprenant que la mort venait. Il avait été dit que tout s'était produit très vite et que la plupart des passagers avaient sans doute perdu connaissance au moment où le ferry s'était retourné, qu'ils n'avaient vraisemblablement pas souffert. Susanne s'était accrochée à cette idée et les cauchemars s'étaient espacés.

Si, depuis ce temps, la peine s'était adoucie, le manque persistait cependant ; et Susanne n'avait jamais plus quitté son île. L'idée même de se retrouver enfermée dans un ferry la terrorisait.

Elle tenta de balayer ces idées noires en les chassant d'un mouvement de la main, puis elle inspira profondément et s'avança vers les fameuses malles. Elle avait téléphoné au couvreur quelques jours plus tôt, et ils avaient convenu d'un rendez-vous au cours duquel l'artisan observerait la charpente et l'état du toit afin d'établir un devis. S'ils s'accordaient sur le montant des travaux, ceux-ci pourraient commencer dès le printemps. Pour établir l'état des lieux, le couvreur devrait avoir accès à la lucarne afin de monter sur le toit, ce qui s'avérait impossible compte tenu de l'effroyable quantité de babioles et de cartons qui se trouvaient à ses pieds, sans parler des fameuses malles. Pleine de bonne volonté, Susanne se retroussa les manches et entama de déblayer le monceau d'affaires accumulées devant elle. Les sacs-poubelles qu'elle avait emportés ne tardèrent pas à se remplir.

Pour accomplir sa tâche, en ce samedi matin, Susanne avait attendu que Clara se réfugie au sous-sol, dans le studio de danse que son père avait aménagé une vingtaine d'années plus tôt. Comme cette dernière avait laissé la porte ouverte, la douce mélodie des notes de piano sur laquelle l'adolescente effectuait ses enchaînements parvenait à ses oreilles et lui réchauffait le cœur. La présence de sa fille lui paraissait souvent rassurante. Il suffisait qu'elle la regarde ou hume son parfum pour sentir ses forces décupler.

Susanne opéra de façon méthodique, tentant de maintenir à distance, autant qu'elle le pouvait, tous les souvenirs qui l'assaillaient. Elle déplaça les malles, les regroupa au centre du grenier, près des vieux cartons qu'elle n'avait pas encore rouverts, de façon à dégager l'accès à la lucarne, dans la partie gauche des combles. Le couvreur serait ainsi en mesure d'installer son échelle pour accéder à la fenêtre, puis au toit, et d'observer la charpente. Susanne leva la tête et constata que des taches noires constellaient certaines poutres. Elle pria pour que l'humidité n'ait pas fait trop de ravages…

Elle avait bien trop attendu avant d'envisager ces travaux, elle ne l'ignorait pas. Ses parents n'auraient jamais laissé leur maison se délabrer de cette façon. Entre cette maudite fuite, la peinture de l'escalier qui s'écaillait, l'électricité qui se montrait parfois capricieuse et tous les menus travaux qu'elle ne réalisait jamais, faute de temps et d'argent, elle voyait bien que la Kea ne ressemblait en rien à ce qu'elle avait été jadis. Depuis combien de temps n'avait-elle pas taillé le lierre ? On ne distinguait presque plus les pierres de la façade, engloutie par le monstre végétal et au second étage, on ne parvenait plus à ouvrir les volets de certaines chambres. Ce n'était pas gênant car personne n'occupait les pièces en question, mais Susanne savait que sous la plante grimpante, le bois s'abîmait considérablement, tout comme le granit de la façade.

Elle avait également laissé la nature reprendre ses droits dans le jardin. Elle tondait parfois la pelouse, mais en cinq ans, elle ne s'était jamais occupée, ni des arbres, ni des massifs. Avec son salaire, elle n'était plus en mesure de payer le jardinier qui venait chaque semaine du vivant de ses parents, et s'était persuadée que ce manque d'entretien conférait au jardin un style anglais dont le romantisme ne lui déplaisait pas. Le vieux chêne, immense et majestueux, s'inclinait du côté de la maison et compte tenu de la violence des tempêtes qui se levaient parfois sur Saint-Guirec, il représentait une menace pour la maison qu'elle ne devait pas prendre à la légère. Elle savait qu'il fallait le faire élaguer, mais elle n'avait pas encore téléphoné à l'entreprise qui s'en chargeait, et dont elle avait trouvé les coordonnées dans le secrétaire de sa mère, au rez-de-chaussée.

Susanne n'avait jamais imaginé quitter la Kea. Certes, elle ne parvenait pas à prendre soin d'elle comme elle l'aurait dû, mais elle la chérissait, et à ses yeux, rien n'était plus important.

Bercée par la mélodie lointaine qui s'envolait des entrailles de la vieille bâtisse, Susanne listait intérieurement tous les travaux qu'elle savait nécessaires, lorsque ses yeux se posèrent sur une vieille malle en osier grossier qu'elle reconnut instantanément. Elle avait tellement voulu l'oublier qu'elle n'y avait pas vraiment songé en entrant dans le grenier. À dire vrai, elle ne se rappelait plus où elle l'avait cachée cinq ans plus tôt. Elle s'en approcha pourtant, souleva le couvercle, comme mue par une volonté qui n'était pas la sienne. Les objets apparurent dans la pénombre, se découpant sur le tissu bigarré dont l'intérieur de la malle était tapissé. D'abord tétanisée, Susanne s'agenouilla finalement pour saisir la photo posée sur le dessus du contenu de la malle. Elle reconnut les sourires édentés, les regards, les visages heureux. Elle se rappelait cet après-midi au cours duquel on avait pris le cliché sur la Plage Blanche. Elles avaient tenté de faire voler leur cerf-volant pendant des heures, mais le vent ne soufflait pas suffisamment ce jour-là. Elles avaient couru de long en large, persuadées qu'elles finiraient par y parvenir. En fin de journée, une brise légère s'était levée et la précieuse toile multicolore s'était envolée au-dessus de leur tête, encouragée par leurs rires et leur joie. Quel âge avait-elle alors ? Neuf ans ? Dix ans ? Oui, c'était environ trois ou quatre ans avant les auditions qui avaient tout changé. En fermant les yeux, elle pouvait presque sentir sous ses doigts le grain du tissu avec lequel le cerf-volant avait été confectionné. Elle leva vite les paupières, reposa la photo et souleva un paquet d'enveloppes retenues par une ficelle : elle pensait pourtant les avoir jetées… Elle les caressa du bout de l'index, lut son nom, l'adresse, soigneusement calligraphiées sur le papier jauni, puis elle les plaça de côté et poursuivit son exploration. De la malle, elle exhuma ensuite des portraits, des dessins, un foulard, des carnets, autant d'objets qu'elle avait voulu cacher cinq ans plus tôt. La colère montait au fond de son cœur. Pourtant, elle ne parvenait pas à détacher les yeux de tous ces souvenirs éparpillés sur le sol. Ils lui rappelaient des moments heureux, malgré l'aigreur et l'amertume que la suite des événements avait fait naître en elle.

Soudain, une voix résonna dans l'escalier, et l'extirpa de ses pensées. Au sous-sol, la mélodie s'était tue.

— Maman, Henry est arrivé !

Susanne sursauta. Mais, oui ! Henry ! Elle lui avait proposé de venir déjeuner ! Comment avait-elle pu l'oublier ? Elle regarda sa montre et constata que les heures avaient filé bien plus vite qu'elle ne le pensait. En reconnaissant les pas de sa fille dans l'escalier, elle fut prise d'une panique subite, et jeta en vrac les photos, les foulards et les portraits dans le fond de la malle dont elle rabattit violemment le couvercle, comme Pandore devant sa boîte maléfique.

La silhouette de Clara apparut dans l'encadrement de la porte du grenier. Elle aussi détestait cet endroit. Restant sur le seuil, le visage sombre, elle demanda :

— Tu as besoin d'aide ? Henry est en bas.

Susanne la regarda. Elle portait un legging bleu, des chaussons de danse en cuir noir, et un t-shirt ample sur lequel figurait une silhouette de ballerine - un cadeau datant de Noël, que son père lui avait fait parvenir depuis les Caraïbes où il s'entraînait pour une nouvelle course au large. Elle avait relevé ses longs cheveux roux sur le haut de sa tête en un chignon strict dont s'échappaient toutefois quelques mèches rebelles et la peau rosée de ses joues révélait qu'elle sortait d'une séance d'exercices intenses. Susanne sourit et désigna l'un des sacs-poubelles devant l'entrée.

— Oui, merci. Tu veux bien descendre le sac qui est là ?

La jeune fille s'en saisit tandis que Susanne se relevait en prenant appui sur la malle en osier qui geignit à côté d'elle. Il lui restait encore un peu de travail, mais elle avait suffisamment avancé pour que le couvreur puisse accéder au toit. Elle avança vers la porte derrière sa fille, éteignit la lumière et s'engouffra dans les escaliers emportant les sacs-poubelles pleins, pour retrouver Henry qui l'attendait au pied des marches, une bouteille de cidre à la main, et son fidèle husky, Iceberg, sur les talons.

Dans la poche de son épais pull le paquet d'enveloppes jaunies, qu'elle avait déterré de la malle, se balançait au gré de ses pas.

7

Thaïs

Thaïs passa la main dans ses cheveux ; à nouveau, la surprise arrêta son geste. L'avant-veille, sur un coup de tête et parce qu'elle ne reconnaissait plus son reflet enflé de larmes dans le miroir, elle s'était rendue dans un salon de coiffure où elle avait demandé une coupe très courte « à la garçonne », répondant à un fantasme qu'elle nourrissait depuis ses dix-huit ans. Intérieurement, elle avait jubilé pendant que le coiffeur œuvrait, à la manière d'une adolescente désobéissant pour la première fois à ses parents, et lorsque celui-ci lui avait montré le résultat, elle avait senti le parfum d'un nouveau départ.

Elle chaussa ses lunettes de soleil et, d'une main habile, sortit de son sac à main un paquet de cigarettes fraîchement acheté au bureau de tabac. Encore un acte révolutionnaire. Sans lâcher le volant, elle en alluma une, aspira quelques bouffées en ouvrant la fenêtre côté passager. À la radio passait une chanson de Daniel Balavoine qu'elle entonna à tue-tête dans le microscopique habitacle de sa Fiat 500.

Elle connaissait bien la route qui s'ouvrait devant elle. Elle ne l'avait pas empruntée depuis plusieurs années, mais elle la retrouvait comme si son dernier séjour dans la région datait de quelques jours seulement. Elle roulait depuis plus de cinq heures maintenant. Elle s'était arrêtée dans une station-service pour boire un café et prendre de l'essence après deux heures de trajet, et s'approchait enfin de sa destination. Désormais, chaque arbre le long de la départementale, chaque virage, chaque rond-point éveillait en elle une vision familière, un souvenir, une anecdote. Elle avait beau avoir enfoui son passé sous des années de passion et de travail, il resurgissait malgré elle.

Jing lui avait suggéré ce voyage improvisé. Elle avait commencé par imaginer se rendre en Italie, à Milan puis à Rome où elle aurait flâné en mangeant des glaces, mais elle s'était revue jeter une pièce dans la fontaine de Trevi en compagnie d'Alexis et l'idée lui avait paru moins attrayante : il était hors de question que ses souvenirs la hantent comme une mauvaise romance. Elle avait songé au nord de l'Europe, où elle aurait randonné avec plaisir, mais généralement, elle passait ce type de vacances avec Jing et là encore, étrangement, la solitude l'avait effrayée. Elle s'en était ouverte à lui la veille, dans un café de la rue de la Paix, à deux pas de Garnier, juste avant d'aller chez le coiffeur, entre deux répétitions d'*Anna*. C'est lui qui avait eu cette idée :

— Et si tu allais chez toi, Thaïs ? Tu ne crois pas que ce serait enfin le moment ?

Elle n'y avait même pas pensé. Elle avait éclaté de rire, il avait haussé les épaules et fini son expresso d'un trait avant de s'éclipser : « Tu connais Korniloff… je dois être à l'heure. » Thaïs était restée quelque temps dans le café chaleureux aux murs couverts de boiseries et de gravures anciennes. Le granit froid et lugubre ? Les bourrasques salées de la Plage Blanche ? Les petites rues du port, tristes et fanées ? Très peu pour elle. Non, ce dont elle avait besoin, c'était d'une grande ville, son animation, son fourmillement, ses trottoirs noirs de monde où elle se fondrait, se perdrait et s'oublierait.

Cependant, l'idée avait trotté dans sa tête toute la nuit. Une multitude de souvenirs avaient fondu sur elle, son cœur déjà meurtri s'était un peu plus abîmé encore. Elle avait dormi d'un sommeil agité, les pierres de la maison avaient peuplé ses rêves. Les images avaient ressurgi et grâce aux mots de Jing, un désir était né, un désir empreint de sensations oubliées : la caresse des couvre-pieds en satin qui habillaient chaque lit de la maison ; l'odeur du feu de cheminée qui ne quittait jamais le rez-de-chaussée, hiver comme été, et qu'elle n'avait jamais retrouvé ailleurs, tant il avait imprégné les murs ; le cri du vent dans la serrure, les craquements de l'escalier en bois la nuit qui l'avaient tant effrayée enfant, et qui avaient fini par lui manquer lorsqu'elle était arrivée à Paris. Et puis des silhouettes étaient apparues, sombres et floues, presque nébuleuses, comme revenues d'entre les morts. Ces silhouettes lui souriaient, et un instant, elle avait eu le sentiment que tout pouvait être oublié. Jing avait raison : n'était-ce pas le moment ? Elle avait fini par s'endormir, et au réveil, elle avait fait son sac en quatrième vitesse et s'était précipitée dans le parking avant de changer d'avis.

Et la voilà qui filait sur ces routes sinueuses, en direction d'un endroit dont elle ne savait plus rien. Elle l'avait fui, pendant des années, tirant un trait sur son enfance et ses protagonistes. Qu'espérait-elle trouver là-bas ? Pourquoi s'était-elle si facilement laissé convaincre ? Où était passée cette envie de disparaître qui avait dicté ses faits et gestes ces dernières années ?

Les kilomètres défilèrent et après deux pauses et cinq cents kilomètres, elle se retrouva à l'embarcadère de La Turballe, attendant le navire qui la conduirait, avec sa petite Fiat jaune, sur l'île de Saint-Guirec. Elle flâna quelque temps sur le port, malgré le froid et les bourrasques qui lui fouettaient les joues, puis elle rangea sa Fiat dans la file de voitures avant de s'engouffrer dans le ventre du ferry qui s'ouvrait par l'arrière. La traversée allait durer un peu moins d'une heure, Saint-Guirec se trouvant à une vingtaine de kilomètres de la côte. En empruntant l'escalier qui la mènerait à la cabine, elle songea enfin à ses parents, à leur mort cinq ans plus tôt, dans ces eaux qu'elle allait retraverser pour la première fois depuis. Son cœur se serra, elle repoussa ses pensées morbides et tenta de faire le vide dans son esprit.

Mais c'était peine perdue car tout, ici, évoquait le drame. En arrivant dans la cabine où l'accueillit un membre d'équipage, elle choisit un fauteuil près de la baie vitrée, et contempla l'océan qui s'ouvrait face à elle, immense, tandis que le navire quittait l'embarcadère dans un grondement de sirène. Il n'y avait pas grand monde à bord ce jour-là et les passagers se dispersèrent. Les uns sortirent un livre, les autres pianotaient sur l'écran de leur téléphone : ils connaissaient le trajet, agissaient en habitués des lieux. Au fond de Thaïs des images affluaient. Elle se revoyait petite, effectuant cette même traversée avec sa famille, à genoux sur les bancs du pont, guettant les dauphins qu'on voyait parfois sauter dans les remous causés par le ferry. Elle aussi avait été une habituée, un jour.

Elle imagina sa mère, son père, sur ces mêmes fauteuils, cinq ans plus tôt, piégés dans cet espace fermé ; elle imagina leur terreur en comprenant que tout était perdu, et ferma les yeux, tétanisée. Sa respiration s'accéléra, son souffle manqua tout à coup. Après quelques minutes pendant lesquelles elle se força à inspirer profondément, elle retrouva son calme et sortit sur le pont, à l'air libre. Malgré la houle qui tentait de la déséquilibrer, elle parvint à passer la petite porte métallique et se dirigea vers les garde-corps qui couraient le long de la plateforme. Elle s'y cramponna des deux mains, posa ses yeux sur l'horizon, emplit ses poumons de cet air gelé du large, si vivifiant. Ses jambes tremblaient bien plus encore que dans les coulisses, avant une première.

Puis, dans un ciel gris et brumeux, typique de ces froides journées d'hiver, elle distingua la silhouette de l'île qui se découpait de plus en plus nettement, au large. Bientôt, les balises marquant l'entrée du port, rouge à bâbord, verte à tribord, apparaîtraient elles aussi, et derrière elles, le long du quai, les toits des maisons, l'ardoise d'un bleu presque noir, les façades de granit, leurs volets multicolores.

Véritable bijou d'authenticité, Saint-Guirec avait été protégée grâce à son insularité des hordes de touristes qui s'étaient emparés des côtes bretonnes, et des projets immobiliers dévastateurs qui les accompagnaient. Au fil du temps, elle avait su accueillir les citadins en mal de mer et de nature sans pour autant renoncer à son identité. Son architecture avait été préservée, et son littoral, protégé, de sorte qu'elle conservait des airs de bout du monde. L'été, la population de l'île explosait. De nombreux vacanciers venaient profiter des plages, des criques, des fonds marins d'une richesse inouïe, mais Saint-Guirec restait habitée toute l'année, et ne constituait en rien l'une de ces stations balnéaires qui ne vivent qu'aux beaux jours. C'était d'ailleurs l'une des raisons qui avaient poussé ses parents à s'y installer peu avant sa naissance. Il y avait du monde de janvier à décembre, et durant les années où il y exerça, la salle d'attente de son père fut toujours bondée.

En approchant du port, Thaïs reconnut chaque maison, chaque enseigne sur le quai. Certaines avaient changé, d'autres n'étaient plus, mais elle eut le sentiment de revoir une vieille carte postale oubliée. Le ferry s'avança bientôt le long du débarcadère où l'attendaient deux marins qui saisirent au vol les amarres envoyées par les membres d'équipage. La sirène marquant l'arrivée du ferry retentit. Thaïs ne pouvait plus faire marche arrière. Elle redescendit dans la cale du navire, pleine d'appréhension, s'installa au volant de sa Fiat et déboucha sur le quai en roulant au pas.

La Kea se situait non loin du port et de ses bateaux de plaisance dont les haubans tintaient avec le vent. Elle aperçut bientôt la silhouette de la tour à l'angle de la place, qui dépassait de la ligne des toits. Plus que quelques tournants, et Thaïs arriverait sur le grand parking du marché, face à la maison, là où une partie de son enfance s'était jouée. Elle ralentit et tenta de refréner la masse qui se formait dans le fond de sa gorge. Beaucoup de sensations affluaient, sans doute ravivées par la traversée et la solitude qui s'était abattue sur elle depuis quelques jours. Se retrouver là, sur les traces de cette vie si éloignée de son quotidien parisien, l'effrayait terriblement.

Enfin, elle la vit. Haute, imposante et fière, fidèle à son souvenir. Ses mains s'étaient mises à trembler. Elle poursuivit sa route et gara la voiture. Elle resta assise, des heures ou des minutes, elle ne savait plus, n'osant pas la regarder.

Enfin, elle se tourna vers elle.

Comme vêtue d'un lourd manteau de verdure, la Kea dominait de toute sa hauteur, couverte d'un lierre épais, qui s'était accroché à chaque pierre, chaque volet, chaque fenêtre. Lorsque ses yeux cherchèrent la petite niche qui accueillait une statue de sainte Anne, à la manière des manoirs bretons, ils furent bien incapables de la retrouver. Son cœur frémit, elle se souvenait parfaitement du jour où l'on avait installé la sainte dans sa petite maison de pierre, et du regard plein de joie que leur mère leur avait alors lancé du haut de son escabeau. Elle avait elle-même creusé le trou dans le granit, contre l'avis de leur père, et s'était obstinée à y installer la statuette, obéissant à l'une de ces lubies dont elle avait le secret. Au-dessus de sa tête, la haute tour s'élevait, chapeautée d'une girouette fantaisiste, dénichée dans l'une des innombrables brocantes qu'ils avaient sillonnées pendant leur enfance.

Ses yeux se posèrent sur chaque fenêtre, dont elle savait parfaitement ce qu'elle protégeait, au rez-de-chaussée d'abord, au premier étage et au second. Derrière ces petits carreaux noircis par les ans, se cachaient des mondes dont elle connaissait chaque recoin, chaque bruit, chaque parfum. Elle avait le sentiment que, tapis dans l'obscurité de la maison, ses souvenirs l'attendaient.

Enfin, après avoir passé un moment terrée dans l'habitacle, elle fouilla dans son sac et saisit le trousseau de clés qui l'avait suivie depuis Paris. Puis elle sortit de la voiture, et s'avança vers la façade imposante, et sa lourde porte de bois gris. Elle enfonça sa clé dans la serrure, et plongea dans sa mémoire.

8

Susanne

— « Tout peut sortir d'un mot, qu'en passant vous perdîtes.

Tout, la haine et le deuil ! – Et ne m'objectez pas
Que vos amis sont sûrs et que vous parlez bas*… »

— Stop… Merci ! Mathias, regarde le public, s'il te plaît, regarde tes camarades, regarde-moi… C'est pour nous que tu déclames ton texte, ne l'oublie pas ! Tu dois chercher à nous convaincre du bien-fondé de ce que tu avances… C'est un vrai travail d'argumentation dans lequel tu t'engages, ici !

Ledit Mathias hocha la tête, relevant légèrement le nez du bout de ses chaussures. Élève en seconde, il avait intégré l'atelier théâtre du lycée en début d'année et s'il avait l'air d'apprécier l'ambiance qui y régnait, affronter sa timidité maladive demeurait un combat de tous les instants. Susanne ne voulait

* « Le mot », poème de Victor Hugo extrait de l'ouvrage *Toute la lyre*.

pas le brusquer, mais elle connaissait ces adolescents qui avaient grandi trop vite, ces grandes perches qui ignoraient encore ce qu'ils devaient faire de leurs bras et de leurs jambes. Ils se tenaient debout au milieu de l'estrade, se balançaient d'un pied sur l'autre, cachaient leur regard derrière des mèches de cheveux trop longs et murmuraient leur texte plus qu'ils ne le déclamaient. Généralement, cette première année à l'atelier se révélait difficile pour eux. Ils se montraient hésitants, bousculés par l'enseignante qui voulait les aider à livrer le meilleur d'eux-mêmes, et par leurs camarades plus à l'aise. Lorsqu'ils persévéraient, la mue commençait lors de la deuxième année : la chenille se transformait pour devenir papillon et s'épanouir pleinement en terminale.

Susanne animait l'atelier depuis neuf ans, elle n'avait jamais été déçue par ses élèves. Ils s'investissaient au moins autant qu'elle dans ce projet pour lequel ils se montraient volontaires, jouaient le jeu avec entrain, lui faisaient très rarement faux bond. Pourtant, les débuts avaient été durs. Animée par sa seule passion du théâtre, Susanne manquait d'expérience et de méthode. Elle s'était épuisée, arraché les cheveux, fait un sang d'encre avant les premières représentations. Ne comptant plus ses heures depuis longtemps, elle avait tout de même failli mettre fin à ce projet terriblement chronophage. Mais son enthousiasme, et celui des élèves, avaient eu le dernier mot et huit ans plus tard, elle passait toujours une partie de ses mercredis après-midi dans la salle de théâtre des Dunes, un majestueux auditorium. Ce lieu ne profitait pas qu'aux élèves sur l'île : c'était aussi là que se tenaient certaines conférences organisées par diverses associations, des rassemblements politiques et le gala de danse de fin d'année de M. Boucher, avant qu'il ne prenne sa retraite.

L'atelier théâtre que Susanne avait monté de toutes pièces ne permettait pas seulement de renforcer l'aisance orale – un argument qu'annonçait toujours le proviseur lorsqu'il présentait le projet aux parents d'élèves en début d'année, qui n'en était qu'un parmi de nombreux autres. Avant toute chose, lorsque les élèves y participaient, ils acceptaient d'intégrer une troupe auprès de laquelle ils s'engageaient pleinement. Chacun y jouait son rôle, qui n'avait rien à voir avec la longueur des textes qu'ils devaient apprendre. Susanne insistait bien sur ce point : un spectacle ne fonctionne que par la cohésion et l'entente du groupe dans son ensemble. Les comédiens sont égaux parce qu'ils sont tous indispensables à la représentation finale, au projet global, et c'est la raison pour laquelle leur présence se révélait indispensable à chaque répétition, tout au long de l'année. De cette façon, les membres de la troupe développaient leur esprit d'équipe et leur solidarité. En outre, l'atelier intégrait un temps d'écriture. En effet, chaque année, Susanne commençait par retenir le nom d'un auteur, il revenait ensuite aux jeunes comédiens de s'accorder sur les textes qu'ils désiraient présenter lors du spectacle de fin d'année, et de leur offrir une cohérence. Autrement dit, les élèves devaient écrire le fil rouge de la représentation, jalonné de poèmes, d'extraits romanesques et de scènes de théâtre qu'ils avaient sélectionnés. Ardue, cette tâche se révélait également passionnante, tant pour les élèves que pour leur professeure. Ainsi, cette dernière se laissait souvent surprendre par l'humour de ses petits comédiens, leurs idées, leur enthousiasme. Elle avait alors le sentiment d'apprendre à leur côté, autant qu'ils apprenaient au sien.

Cette année, elle leur avait proposé de travailler sur les mots de Victor Hugo, son auteur classique favori depuis toujours. Au cours du premier trimestre, la jeune troupe avait sélectionné les textes et imaginé la trame du spectacle à partir d'improvisations dont elle se montrait particulièrement friande. Le résultat n'était pas encore parfait mais les améliorations viendraient en même temps qu'ils mettraient en scène le spectacle, entre janvier et avril. Tâtonner se révélait inconfortable, certes, mais ces balbutiements se montraient souvent nécessaires et bien plus fructueux qu'il n'y paraissait.

Au fil des ans, l'atelier théâtre de Mme Lapie avait gagné en notoriété et les représentations de fin d'année attiraient un public toujours plus nombreux. Les élèves réalisaient même une affiche qu'ils placardaient sur les panneaux municipaux, partout dans Saint-Guirec. Ils distribuaient des tracts dans les différents marchés de l'île, sur le port et dans les crêperies. Susanne était fière de cette réussite, mais elle l'était surtout pour les élèves qui tiraient beaucoup de satisfaction de ce travail de longue haleine et se sentaient particulièrement valorisés.

En huit ans, elle avait eu la chance de voir naître deux vocations parmi ses élèves. Adeline avait intégré une prestigieuse école de théâtre après un BTS en communication qu'avaient commencé par lui imposer ses parents, et Matis, un jeune garçon timide et renfermé, avait combattu ses démons grâce à l'écriture. Un matin en début d'année, elle avait trouvé dans son casier, aux Dunes, un exemplaire dédicacé de sa première pièce de théâtre publiée le mois précédent, et n'avait pu contenir son émotion en découvrant qu'une ligne lui était consacrée, dans les remerciements. Depuis, ils s'étaient revus dans le café de Mireille sur le port. Elle avait constaté avec beaucoup de bonheur que le garçon renfermé avait fait place à un jeune homme de vingt ans, épanoui et heureux.

La chenille et le papillon.

Cette année, le groupe se distinguait par une forte hétérogénéité et quelques tensions, apparues dans le courant du premier trimestre, en avaient ébranlé l'atmosphère. Heureusement, la situation s'était apaisée, mais Susanne n'en demeurait pas moins attentive. Elle reprit donc Mathias et l'encouragea une nouvelle fois, avant d'enjoindre Violette, une autre élève de seconde, de prendre sa suite. Les deux apprentis comédiens avaient décidé de se donner la réplique dans ce poème, ce qui était une bonne idée pour rendre le texte plus vivant. L'enchaînement se fit facilement et Susanne put se rasseoir au premier rang pour continuer à les écouter.

Sur le fauteuil à côté d'elle, son téléphone vibra. Tout en écoutant ses élèves terminer leur scène, elle s'en saisit pour s'assurer que Clara ne rencontrait pas de problème. À l'image de nombreux parents, qu'il arrive un malheur à son enfant constituait pour Susanne la plus grande des menaces. Aussi vérifiait-elle toujours ses textos en toute discrétion. Elle consulta l'écran de son téléphone et ne put réprimer un mouvement de surprise. Sur scène, Mathias et Violette hésitèrent quelques secondes en constatant l'étonnement de leur enseignante. À la découverte du prénom qui s'était affiché, le cœur de Susanne se mit à battre à toute vitesse et ses entrailles se nouèrent. Elle interrompit ses élèves et les pria de l'excuser quelques secondes pour consulter le message qu'elle venait de recevoir :

Salut, Susanne, es-tu à la Kea cet après-midi ?

J'arriverai vers 15 h 30.

Thaïs

L'enseignante n'en croyait pas ses yeux. Elle avait même signé le texto, de peur sans doute que Susanne ait effacé son numéro, ce que Dieu seul sait pourquoi, elle n'avait jamais fait ! Elle dut relire le message pour s'assurer qu'elle n'avait pas rêvé.

Mais quel était ce cirque ? Comment ça, elle arrivait à 15 h 30 ? À en juger par l'horloge de l'auditorium, elle serait là dans une trentaine de minutes. C'était un peu tard pour prévenir, non ? Elle n'avait pas remis les pieds à Saint-Guirec depuis quoi… dix ans ? Et voilà qu'elle rappliquait du jour au lendemain sans même se donner la peine de téléphoner ! Pour qui se prenait-elle ? De quel droit débarquait-elle à l'improviste après toutes ces années ? Comment pouvait-elle croire une seule seconde que Susanne l'accueillerait volontiers à la Kea ?

— Ça va, Madame ? Vous n'avez pas l'air bien.

Susanne releva la tête de son téléphone, abasourdie. Elle fronça les sourcils, hagarde. Les élèves s'étaient regroupés autour d'elle, curieux. L'un d'entre eux posa sa main sur l'épaule de l'enseignante.

— Madame ?

Susanne retrouva ses esprits grâce au contact de ces doigts. Voyant tous les regards tournés vers elle, interrogatifs et inquiets, elle revint pleinement à elle. Puis elle enfonça son téléphone dans sa poche sans se donner la peine de répondre à Thaïs et se contraignit à reprendre le fil de la répétition qui devait encore durer une heure et demie.

— Oui, pardon, tout va bien, ne vous en faites pas.

— Vous voulez un verre d'eau ? Vous êtes toute blanche.

— Oui, je veux bien, Thibaut, merci.

Le jeune garçon grimpa quatre à quatre les marches de l'auditorium et revint quelques secondes plus tard, un gobelet en plastique plein à la main. Susanne l'avala d'un trait avant de frapper dans les mains pour signifier que la répétition pouvait reprendre. Le groupe d'élèves s'éparpilla à nouveau dans la salle et Mathias remonta en scène, bientôt rejoint par Violette. Susanne se concentra de toutes ses forces pour accompagner ses élèves : ils avaient besoin de sa présence et de son attention. Elle aurait bien le temps de songer à Thaïs après la répétition, et de lui dire tout ce qu'elle pensait en face, puisque après tout, dans quelques heures, elles seraient à nouveau réunies.

9

Thaïs

La serrure lui résista quelques secondes. Elle dut forcer légèrement, et aussitôt qu'elle eut poussé le battant, un parfum familier pénétra ses narines et l'envahit tout entière. Elle resta interdite devant l'entrée, la porte grande ouverte, sa valise à ses pieds. Devant elle, le passé ressurgissait. Malgré la pénombre dans laquelle baignait le vestibule, elle reconnut la silhouette de la console adossée au mur de droite, les manteaux pendus aux patères en forme de rame que son père avait chinées dans une brocante, l'escalier en colimaçon qui grimpait vers les étages. Par terre, des bottes en caoutchouc jonchaient le carrelage à cabochons noir et blanc. Rien n'avait apparemment changé en dix ans. Un instant, dans la voiture, elle s'était demandé si Susanne habitait encore la Kea puis elle avait songé que si ça n'était pas le cas, elle l'aurait su. Sa sœur n'aurait jamais laissé la maison tomber en ruine et pour toute opération immobilière, elle aurait eu besoin de son accord.

Les battements de son cœur accélérèrent et, pendant quelques secondes, elle crut qu'elle allait claquer la porte et partir en courant. Quelle idée avait-elle eue ? Elle allait s'enfuir mais les bottes avaient piqué sa curiosité. Elles appartenaient sans doute à Clara. Quel âge avait-elle maintenant ? Douze ou treize ans peut-être ? Thaïs prit finalement son courage à deux mains et d'un pas décidé, elle franchit le seuil de la porte.

Après avoir refermé derrière elle, la danseuse se risqua :

— Il y a quelqu'un ?

Elle avait écrit un message à Susanne dans l'après-midi, resté sans réponse. Elle réitéra :

— Susanne ?

L'écho de sa voix, résonnant contre les murs de l'entrée avant de se perdre dans la cage d'escalier, l'entraîna des années en arrière, lorsqu'elle rentrait des Dunes et cherchait de la compagnie pour prendre son goûter avant de se réfugier dans le studio. Avec sa sœur, elles n'avaient généralement pas les mêmes horaires et faisaient souvent le trajet chacune de leur côté le soir. Constatant que personne ne répliquait, elle fit quelques pas dans l'entrée et après avoir déposé sa valise sur la première marche de l'escalier, elle se dirigea vers la cuisine. Elle alluma le plafonnier et s'aperçut que là non plus, rien ne semblait avoir changé. Les murs arboraient toujours les mêmes gravures, les mêmes tableaux de leur mère. Seule la nappe qui couvrait la table ronde avait l'air neuve. Sous ses pieds, elle retrouva la douceur de velours des tommettes, et dans ses oreilles, le bourdonnement rassurant des appareils ménagers.

Elle s'approcha de la porte-fenêtre qui ouvrait sur le jardin, et regarda à travers les carreaux. La nature y avait repris ses droits. Les arbres lui parurent immenses, l'herbe n'avait apparemment pas été tondue depuis des siècles. Elle ouvrit, fit quelques pas sur la terrasse, réprima un frisson. Le vent frais de ce mois de février fouetta son visage, elle sentit ses joues rosir. Le tintement des haubans parvint à ses oreilles par-delà le mur du jardin. Elle ferma les yeux quelques secondes, comme éblouie, s'attendant à percevoir les rires de sa sœur derrière elle, les invectives de leur mère qui pestait contre les casseroles, les cocottes, les poêles et les marmites, tout ce qui de près ou de loin avait un lien avec la cuisine. Elle sourit, les goélands lui répondirent, au-dessus de sa tête, comme avant.

Elle enfonça ses mains dans les poches de son épais manteau, traversa la terrasse et après avoir descendu les quelques marches qui la séparaient du jardin, s'assit sur l'une d'elles et se tourna vers la maison. Les volets du cabinet de son père étaient clos. Le lierre qui habillait la façade les couvrait presque intégralement. Susanne n'avait pas dû les ouvrir depuis longtemps. Elle tenta de se rappeler l'intérieur du cabinet mais sa mémoire se montrait moins fidèle, moins vivace. C'est à peine si la couleur des murs lui revenait, alors qu'elle aurait été en mesure de dessiner chaque recoin de la Kea. La plante grimpante semblait engloutir la façade, à l'étage aussi, certains volets avaient disparu sous ses tentacules verts. Elle n'osait imaginer l'état de la pierre et du bois qu'elle avait colonisés et s'interrogea sur cette absence d'entretien. Susanne avait sans doute ses raisons.

Elle revint ensuite sur ses pas, rentra dans la maison, referma la porte en grelottant. L'odeur du granit la frappa à nouveau de plein fouet, mêlée d'humidité et d'embruns. Elle déambula dans les pièces du rez-de-chaussée, tel un fantôme en quête de souvenirs. Le salon, l'atelier, la salle à manger… tout était conforme à sa mémoire. Elle découvrit quelques nouveautés par endroits : un bibelot, une photo, un livre avaient pris place sur un rayonnage, un guéridon, dans ces lieux figés dont elle n'avait rien oublié.

Elle monta ensuite les escaliers et se dirigea vers la chambre jaune, la sienne. Elle poussa la porte et franchit le seuil sur la pointe des pieds, comme si elle avait craint de réveiller quelqu'un. Elle s'assit sur son lit qui portait encore la couverture en piqué qu'elle avait toujours détestée. Étonnamment, le grain du tissu lui parut différent, plus doux que dans son souvenir.

Dans cette pièce, du rangement avait été fait. En face du lit, son bureau était intégralement couvert de manuels de littérature, de livres scolaires, d'énormes classeurs bien alignés, et les quelques photos qui ornaient encore les murs lorsqu'elle était partie pour Paris avaient disparu. Elle se leva et ouvrit l'armoire ancienne : des draps et des couvertures s'entassaient sur les planches. Les cartes postales qu'elle avait accrochées à l'intérieur des battants avaient été retirées. Sur le bois sombre, seules restaient les traces du Scotch dont elle s'était servie. Elle la referma et, prise d'un étrange pressentiment, redescendit les escaliers et retourna dans la bibliothèque que sa mère avait transformée en atelier à la naissance de sa nièce.

Là, elle posa les yeux sur les tableaux et constata que, contrairement à ce qu'elle avait pensé en passant d'une pièce à l'autre un peu plus tôt, la disposition des œuvres avait été modifiée. Elle se pencha sur les planches des bibliothèques où figuraient quelques encadrements. Là aussi, Susanne avait opéré divers changements. Elle alla dans le salon, s'approcha du piano à queue sur le couvercle duquel auraient dû figurer un ensemble de clichés qu'elle connaissait bien : une photo de son premier gala (la même que celle qu'elle avait accrochée au miroir de sa loge d'ailleurs), une autre de sa première communion sur laquelle elle apparaissait en aube blanche, souriante sur les marches de l'église de Saint-Guirec, un portrait de famille qu'ils avaient pris sur une plage en Martinique lors de l'unique voyage qu'ils avaient fait ensemble. Tout avait disparu. Thaïs reconnut les cadres mais leur contenu avait été remplacé. Les photos représentaient maintenant essentiellement leurs parents et une enfant, sans doute Clara, étant donné l'époustouflante ressemblance de la fillette avec sa sœur. Sur quelques clichés, Susanne apparaissait aussi, auréolée de cette chevelure rousse et épaisse, souriante comme elle l'avait toujours été. Mais elle, Thaïs, ne figurait nulle part. Avait-on effacé toute trace de son passage dans cette maison ?

Tout ce qui lui avait semblé chaleureux et accueillant, tout ce qu'elle avait eu la sensation de retrouver ces dernières minutes, de reconnaître et d'extirper de sa mémoire, lui parut désormais sombre et hostile. Était-elle au bon endroit ? Cette demeure était-elle bien celle dans laquelle elle avait grandi ?

Elle ouvrit les tiroirs du bureau de son père dans le salon, à la recherche d'une preuve tangible de son passage entre ces murs, parmi eux tous. Elle en sortit des feuilles de papier, des ordonnances, des crayons, des lettres, des enveloppes, des cartes… mais rien à son sujet. Prise d'une angoisse soudaine, elle se précipita à l'étage dans la chambre de ses parents, là où ils avaient l'habitude de conserver leurs albums photo. La pièce était en ordre, on devinait que personne n'y avait dormi depuis un moment. Elle s'approcha de la bibliothèque qui accueillait les fameux albums, ceux que leur mère composait chaque fin d'année, « pour garder une trace de notre bonheur », avait-elle l'habitude d'écrire sur la première page de chaque exemplaire. Elle se pencha sur la planche du bas et lut les dates inscrites sur chacune des tranches. L'ouvrage le plus ancien remontait à l'année de la naissance de Clara. Elle les sortit tous, les étala autour d'elle par terre, comme un immense éventail qu'elle aurait déplié, les feuilleta un par un. Thaïs n'apparaissait nulle part. Où étaient les albums de son enfance ? Celui de sa naissance par exemple ? Et celui de la naissance de Susanne ? Elle revoyait encore certains clichés, sur lesquels on l'avait fait porter le nouveau-né : elle y souriait tendrement en jetant au bébé un regard déjà complice. Et les photos de Martinique, où étaient-elles ?

Perdue, elle se releva d'un bond.

Une pièce de la maison devait encore comporter l'empreinte de son passage.

Évidemment.

Elle rangea les albums précipitamment et se jeta dans les escaliers qu'elle dégringola quatre à quatre, retrouvant ses habitudes de petite fille. Elle s'enfonça dans les entrailles de la Kea, et arrivée à la cave, s'engouffra dans ce qui avait été sa tanière. L'obscurité l'accueillit, comme toujours. Elle chercha l'interrupteur à tâtons, ses doigts le trouvèrent et le studio s'illumina soudain.

Alors, Thaïs put respirer à nouveau.

10

Susanne

Après avoir salué les retardataires, Susanne acheva de remettre de l'ordre dans l'auditorium, rangeant les tables et les chaises déplacées pour les besoins de la répétition. Puis elle saisit son sac, éteignit toutes les lumières et monta les marches en direction de la sortie où l'attendait sa Clara.

Comme tous les mercredis après-midi, cette dernière avait profité de ce temps pour s'avancer dans son travail au CDI des Dunes. Les années précédentes, Susanne la déposait ensuite au studio de M. Boucher, où Clara prenait l'un de ses deux cours hebdomadaires avec quelques camarades du collège, férus de danse, comme elle. Mais depuis que leur vieux professeur avait pris sa retraite l'année précédente, personne ne l'avait remplacé et les jeunes danseurs de Saint-Guirec se retrouvaient orphelins. Pour le moment, l'enseignante n'avait pas encore trouvé le moyen de permettre à sa fille de poursuivre sa passion ; et même si voir Clara malheureuse la désolait, l'éloigner de la danse n'était pas pour lui déplaire.

Pourquoi la jeune fille avait-elle jeté son dévolu sur cet art en particulier ? Susanne ne l'avait jamais compris… Elle avait tout fait pour l'en détourner, mais Clara se distinguait par un caractère bien trempé et ses efforts avaient été vains : ni la gymnastique ni l'équitation n'avaient pu rivaliser avec les cours de M. Boucher. Comme sa sœur vingt-cinq ans plus tôt, l'adolescente ne rêvait que de danser. Aussi avait-elle investi l'ancien studio de Thaïs spontanément, peu après le décès de ses grands-parents. Elle avait bien demandé à Susanne pourquoi la Kea disposait de sa propre salle de danse, mais celle-ci avait habilement éludé la question. Trop heureuse de pouvoir s'entraîner chez elle, Clara n'avait pas insisté. La surface de ce studio n'était pas bien étendue, mais la pièce disposait de grands miroirs, d'une barre et d'une petite chaîne hi-fi. Quant au sol, on l'avait recouvert d'un matériau particulièrement adapté à la pratique de la danse. Les parents de Susanne avaient toujours veillé à ce que l'endroit reste propre, au cas où leur fille décide un jour de leur rendre visite. Mais une fois majeure et membre à part entière de la compagnie de danse de l'Opéra, Thaïs n'avait plus jamais franchi le seuil de la Kea.

Leurs parents avaient assisté à certains ballets à Paris, fiers des prouesses de leur fille, de sa grâce et de sa pugnacité. Susanne elle-même l'avait admirée à quelques reprises à Bastille et Garnier, mais il fallait se rendre à l'évidence : leurs séjours parisiens se révélaient toujours décevants car Thaïs n'exprimait aucune joie de les voir. Elle se montrait toujours « pressée », « débordée », « sous l'eau », et ne se donnait même pas la peine de les saluer à la fin des représentations. Les trois Lapie se retrouvaient comme des idiots sur le trottoir, le programme à la main, attendant en vain que leur fille daigne les retrouver. La première fois, ils avaient attendu deux heures entières sur les marches de Garnier, avant de rentrer penauds à l'hôtel, frustrés et tristes de n'avoir pu la féliciter. Très vite, Susanne avait arrêté de venir à Paris. Thaïs ne voulait pas la voir ? Parfait, elle ne se donnerait plus le mal de lui rendre visite. Ses parents avaient persisté, bien sûr, mais elle n'avait pas tardé à se rendre compte qu'ils ne prévenaient même plus leur fille aînée de leur venue, de cette façon, ils s'évitaient la tristesse d'une nouvelle déception. Par le passé, l'enseignante s'était souvent demandé comment sa sœur avait pu faire preuve d'une telle ingratitude envers ceux qui leur avaient tant donné, mais depuis leur mort, elle avait cessé de s'interroger. À ses yeux, Thaïs ne valait plus la peine qu'elle essaie de comprendre quoi que ce soit la concernant.

Susanne avait eu des difficultés à se concentrer pendant la deuxième partie de la répétition de l'atelier théâtre. Elle avait beau vouloir suivre ses élèves et leur jeu, une question l'obsédait : pourquoi Thaïs se montrait-elle après tant d'années ? Quelles étaient ses intentions ? Une immense crainte n'avait pas tardé à poindre en elle. Et si sa sœur souhaitait vendre la Kea ? Si c'était la raison de sa visite ? Rien qu'en imaginant cette possibilité, Susanne sentait son estomac faire des bonds.

Dans ce cas, ce serait la guerre.

Elle s'approcha de sa fille et lui demanda si sa matinée de cours s'était bien passée. Clara haussa les épaules. Elle avait eu une interrogation en mathématiques et, n'ayant jamais apprécié la compagnie des chiffres, l'adolescente ne semblait pas très satisfaite de sa prestation. Elles quittèrent les Dunes en passant par le grand escalier, saluèrent Sylvie dans sa guérite en verre et marchèrent vers la vieille Twingo qui les attendait sur le parking. La pluie avait cessé quelques jours plus tôt mais le froid demeurait mordant. Susanne releva le col de son épais manteau de laine, tandis que Clara enfonçait sa tête dans un bonnet à pompons. Une lumière blanche singulièrement pure et claire régnait sur l'île; à travers les grilles du parc, Susanne remarqua que l'océan s'était calmé. Toutes deux s'engouffrèrent dans la petite voiture et Clara pria tout haut pour que le moteur démarre du premier coup. Le ciel l'entendit apparemment, puisque l'engin s'ébranla sitôt le contact mis. Elles passèrent à travers le portail en fer forgé et s'engagèrent sur la route de la côte en silence. Un peu plus loin, sur leur droite, à quelques centaines de mètres du rivage, tanguant au gré du clapot, un chalutier jetait ses filets dans l'eau poissonneuse. Une nuée de mouettes s'affairait autour de la frégate aux teintes criardes en poussant des hurlements qui parvenaient presque à leurs oreilles. Susanne aimait ces paysages marins, ces bateaux qui bravaient l'écume et le vent, pour rapporter leurs précieuses cargaisons. Elle le savait depuis longtemps : sa place était ici, à Saint-Guirec et jamais elle ne quitterait l'île.

Susanne avait très peu parlé de Thaïs à Clara. Cette dernière connaissait son existence mais cela s'arrêtait là. Comme elle avait retiré toutes les photos sur lesquelles sa sœur apparaissait, après le décès de leurs parents, Clara posait peu de questions à son sujet. Par moments, Susanne pensait même qu'elle l'avait oubliée.

Après avoir dépassé le phare, celle-ci prit enfin la parole :

— Clara, ma chérie, je voulais te dire… Ne sois pas surprise en arrivant à la maison, une invitée nous y attend, je pense.

La jeune fille fronça les sourcils. La Kea accueillait parfois des amis de sa mère, d'anciens camarades d'école ou d'université installés sur le continent, mais ces derniers venaient l'été, quand le soleil brille et que l'air est doux, jamais en plein mois de février. Elle demanda :

— Je la connais ?

Susanne déglutit difficilement, puis elle inspira profondément et répondit :

— Tu la connais, mais tu ne l'as pas vue depuis très longtemps. À dire vrai, je ne pense pas que tu te souviennes d'elle. En fait, elle ne m'a pas prévenue de son arrivée… Enfin, elle vient de le faire par texto.

— Ah, mais c'est bizarre, non ? Quand on vient chez quelqu'un, on prévient, tu ne crois pas ?

Susanne sourit de la perspicacité de sa fille.

— Tu as raison, Clara, mais cette invitée est un peu particulière car elle est aussi chez elle à la Kea.

— Je ne comprends rien, Maman, arrête tes devinettes, je ne suis pas une de tes élèves. Qui est cette invitée qui n'en est pas vraiment une ?

— C'est Thaïs, ma grande sœur.

Clara écarquilla les yeux. Sa mère lui avait déjà parlé d'elle mais compte tenu du peu qu'elle en disait, l'adolescente avait compris qu'elle ne souhaitait pas s'appesantir sur le sujet. Elle ne savait pas bien où était le problème. Elle-même aurait adoré avoir un frère ou une sœur, mais le sort en avait décidé autrement… Elle répliqua :

— Ta sœur ? Mais tu ne l'as pas vue depuis quand ?

— Je n'en suis pas certaine, mais je crois que cela remonte à tes trois ans, ma chérie. Il me semble qu'elle était venue nous rendre visite pour ton anniversaire.

Clara n'en avait aucun souvenir, évidemment. Elle garda le silence quelques secondes, puis elle se tourna vers sa mère et lui adressa un immense sourire :

— Tu dois être contente de la revoir après toutes ces années, non ?

Susanne manqua de piler. Elle ne s'était pas préparée à l'enthousiasme de sa fille. Pourtant, elle connaissait sa bonne humeur légendaire. Constatant que sa mère n'avait pas l'air ravie, l'adolescente demanda :

— Ça ne te rend pas heureuse ?

— C'est compliqué, ma chérie… Bien plus qu'il n'y paraît.

— Mais c'est ta sœur, on devrait toujours être heureux de voir son frère ou sa sœur après une longue séparation, non ?

— Sans doute… Pourtant, ce n'est pas forcément le cas.

Clara haussa les épaules avant de poser son regard à travers la fenêtre, sur la Plage Blanche qui apparaissait en contrebas de la route, un peu plus loin. Malgré le froid, d'intrépides marins avaient profité du soleil pour hisser les voiles de leur dériveur et s'apprêtaient à se lancer à l'assaut des flots. Susanne aurait beaucoup donné pour s'embarquer à leurs côtés et éviter l'affrontement qui l'attendait à la Kea.

— Elle a quel âge, ta sœur, déjà ?

— Trente-cinq ans, bientôt trente-six… Nous avons dix-huit mois d'écart.

— Elle est mariée ? Elle a des enfants ? Elle vient peut-être nous présenter mes cousins !

Clara semblait si joyeuse. Son innocence serra le cœur de Susanne dont les mains se mirent à trembler.

— Peut-être, ma chérie, mais j'ose espérer que si elle avait eu des enfants, elle m'aurait téléphoné.

— Et que fait-elle comme métier ?

Susanne soupira. Clara ne lui avait jamais posé cette question. Elle ne pouvait plus taire le secret. Sa fille allait-elle lui en vouloir de ne jamais lui en avoir parlé ? Peut-être… Elle serait bientôt fixée.

— Ça va te plaire, Clara. Ma sœur est danseuse.

L'adolescente laissa échapper un cri de joie :

— Tu veux dire, danseuse professionnelle ? C'est vraiment son travail ?

— Oui, c'est ce que je veux dire. Elle fait partie de la compagnie des danseurs de l'Opéra de Paris.

— Mais, Maman, c'est fantastique ! Et tu me dis qu'elle est à la Kea ? Comme je suis heureuse ! Je n'ai jamais rencontré de danseur, hormis M. Boucher… Mais je ne l'ai jamais vu danser, il était bien trop vieux !

Susanne ne put s'empêcher de sourire. Au moins, Thaïs faisait plaisir à quelqu'un avec cette visite surprise. Elle sourit et, paradoxalement, elle sentait déjà les crocs de la jalousie s'aiguiser au fond de son cœur. Il n'était pas question que la ballerine s'interpose entre sa fille et elle à cause de cet art auquel elle-même ne comprenait pas grand-chose. Clara ajouta :

— Tu vas voir, Maman, tu vas être heureuse de la revoir, j'en suis sûre…

Le silence retomba entre elles. Au loin, le dériveur avait quitté le bord de la plage ; paré de ses voiles immaculées, il resplendissait sur la mer sombre, chevauchant les vagues avec grâce et panache. Soudain, Clara fronça les sourcils et se tourna vers sa mère pour l'interroger :

— Mais, j'y pense, Maman… Thaïs n'est pas venue il y a cinq ans ? Tu sais, quand Papili et Oma sont… morts ? Je ne me souviens pas bien de l'enterrement, mais je crois que si je l'avais vue, ce jour-là, je me la rappellerais, non ?

Susanne crispa ses doigts sur le volant, puis elle inspira calmement, espérant ne pas se mettre à pleurer. Clara avait vu juste. Il était là, ce mal qui avait achevé de tout gâcher entre elles, cette faute irréparable que Susanne n'oublierait jamais. Malgré les dizaines de coups de téléphone, les textos et les mails la suppliant de venir la rejoindre, Thaïs ne s'était pas montrée le jour de l'enterrement de leurs parents. Les yeux de Susanne s'humectèrent comme chaque fois qu'elle songeait à ce jour noir, aussi noir que les nuages qui avaient déversé leur pluie sur les deux cercueils, côte à côte au cimetière.

Comme sa mère ne répondait pas, Clara reprit :

— C'est pour cette raison que tu lui en veux ?

Susanne hocha la tête et ajouta :

— Pas seulement, ma chérie.

— Je comprends mieux, maman, mais tu sais, peut-être avait-elle autre chose à faire ? Un spectacle très important ? Une répétition urgente ? Tu ne crois pas ?

— Clara, ma chérie, je te remercie, mais je préférerais éviter ce sujet avec toi, d'accord ?

— De toute façon, tu vas pouvoir lui poser la question en face à la maison.

Susanne enclencha le clignotant et tourna sur sa gauche pour quitter la route de la côte et s'enfoncer dans les ruelles de Saint-Guirec. La fin du trajet lui sembla durer une éternité. Plus elles s'approchaient de la Kea, plus les battements de son cœur retentissaient contre ses tempes. Tiraillée entre colère et surprise, Susanne ignorait comment réagir en retrouvant cette sœur dont elle ne savait plus rien. Elle agissait de façon automatique, s'observait, comme étrangère à elle-même. Enfin, elle arrêta la Twingo sur le parking de la place du Marché. Elle releva le frein à main, coupa le contact, posa le front contre le volant. À côté d'elle, Clara avait déjà sauté hors de l'habitacle. Elle virevoltait autour de la voiture, enchaînant pirouettes et arabesques. Susanne releva la tête, sortit à son tour de la voiture et s'avança vers la Kea. À l'étage, elle remarqua que c'était allumé. Elle gravit les deux marches qui la séparaient de la porte, enfonça la clé dans la serrure. Le verrou n'était pas tiré, Thaïs était bien là. Clara sembla soudain intimidée. Immobile, elle n'osa pas entrer quand la porte s'ouvrit et resta cachée derrière sa mère. Elles firent quelques pas dans le vestibule et remarquèrent immédiatement la petite valise en cuir vert bouteille, posée au pied de l'escalier. La porte qui menait à la cave était entrouverte, des notes de piano s'envolaient jusqu'à elles. Évidemment. Thaïs avait retrouvé son repaire.

La porte d'entrée claqua dans leur dos, la mélodie s'arrêta. Des pas résonnèrent dans l'escalier, une main surgit de l'obscurité contre le chambranle. Susanne ferma les yeux un quart de seconde. Lorsqu'elle releva les paupières, Thaïs lui faisait face. D'une voix légèrement tremblante, elle se contenta de dire :

— Contente de te voir, Susanne.

PARTIE 2

C'est le bruit de la clé que l'on tourne difficilement dans la serrure qui a attiré mon attention : d'habitude, on ouvre la porte à toute vitesse, sans difficulté. Les habitants de cette maison connaissent mes caprices, les gonds qui tournent laborieusement sur eux-mêmes : on sait comment éviter le grincement caractéristique du métal.

Au début, je ne l'ai pas reconnue avec sa coupe à la garçonne et ses lunettes de soleil. Plus jeune, elle me semblait moins maigre et ses joues roses et rebondies n'avaient rien des pommettes saillantes qui pointent sous ses yeux aujourd'hui. Et le souvenir de son rire et de son sourire a fendu l'obscurité et tout m'est revenu en un éclair. C'est elle qui se levait toujours aux aurores, et dévalait les escaliers pour s'enfoncer dans la cave dont elle avait fait son refuge. C'est elle qui est partie il y a longtemps maintenant – elle n'était qu'une enfant ! – pour ne plus revenir.

Elle a déambulé au rez-de-chaussée d'abord, elle a scruté les cadres et les albums photo. Elle a passé ses mains sur mes murs, s'est assise sur son lit. Puis elle s'est précipitée dans son antre, comme autrefois, pour retrouver ce lieu où elle passait tant d'heures. Elle a dansé quelques minutes, emportée par ses sensations venues du passé. La musique chantait encore quand la porte d'entrée s'est ouverte. Elle s'est interrompue, émue, tremblante. Enfin, elle a grimpé les marches car le temps des retrouvailles avait sonné. Les deux sœurs se sont fait face.

Si j'avais des larmes, j'aurais pleuré.

Mes volets sont lourds, et mes ardoises brisées par les vents dégringolent du toit, mais mes pierres vivent toujours : elles leur murmurent ce chant d'amour que je garde en moi, les notes écrites à l'encre des souvenirs, qui contiennent tant de force et de lumière.

Ces deux sœurs fâchées sauront-elles lire en moi les mots du passé ? Sauront-elles retrouver l'éclat des souvenirs heureux pour écrire ce nouveau chapitre de leur histoire ?

11

Thaïs

Thaïs suivit sa sœur dans la cuisine, sans un mot, lorsque celle-ci lui proposa de prendre un thé après l'avoir découverte en haut des marches de l'escalier. C'était elle l'aînée; pourtant, elle se sentait soudain petite face à Susanne, comme si les rôles qu'elles avaient tenus enfants s'étaient inversés. Était-ce le fait du temps, de l'éloignement? Ou bien était-ce cette flamme qu'elle avait vue luire au fond des yeux de sa sœur, dans le vestibule, cette colère qu'elle avait perçue dans l'intonation de sa voix?

Son souffle se serra.

En lui tournant le dos pour se diriger vers la cuisine, Susanne fit place à une belle jeune fille rousse aux traits fins, à la peau claire et délicate. Ses cheveux longs dépassaient du bonnet péruvien qu'elle retira prestement pour le tordre entre des mains fluettes. La ressemblance était encore plus saisissante que sur les photos. Thaïs replongea des années en arrière, elle revit sa sœur adolescente sur le seuil de cette même maison.

Sur son visage accueillant, la jeune fille afficha un grand sourire et expliqua :

— Je suis Clara.

Thaïs franchit les marches qui les séparaient.

— Et moi, je m'appelle Thaïs. Je suis la sœur de ta mère, ce qui fait de moi ta tante. Je suis heureuse de te revoir. Nous nous sommes déjà rencontrées, mais tu étais toute petite alors… Tu ne peux pas t'en souvenir.

La jeune fille se balançait d'un pied sur l'autre. Ses joues s'étaient teintées de rose. Elle semblait émue mais ne quittait pas ce doux sourire qui illuminait l'ensemble de son visage. Regardant son interlocutrice en face, elle murmura :

— Je vous reconnais, vous savez.

— Tu peux me tutoyer, nous faisons partie de la même famille.

— D'accord. Je te reconnais, je t'ai vue danser sur Internet. Tu es Thaïs Loiseau.

La danseuse sourit à son tour et demanda :

— Oui, c'est vrai, c'est mon nom de scène. Tu aimes la danse ? Ce sont tes chaussons que j'ai vus en bas ?

La jeune fille hocha la tête et reprit :

— J'ignorais que tu étais de la famille, Maman vient de me l'apprendre.

La gorge de Thaïs se serra. Ainsi, Susanne ne parlait jamais d'elle à sa fille. Elle aurait dû s'y attendre, vu la façon dont son image avait été effacée de la maison… Qu'avait-elle imaginé au juste en revenant ? Elle-même n'évoquait jamais sa sœur auprès de ses amis. Parmi ses camarades à Paris, seul Jing se rappelait son existence. Clara déposa son sac à dos au pied des marches, à côté de la valise de Thaïs puis elle se défit de sa doudoune qu'elle pendit à la patère en forme de rame qui ornait le mur de l'entrée.

Dans la cuisine, la voix de Susanne résonna :

— Clara, peux-tu monter faire tes devoirs ? J'aimerais dire un mot à ma sœur.

— Mais, Maman, je sors du CDI ! J'ai déjà fait mes devoirs !

— Eh bien, trouve de quoi t'occuper un moment, s'il te plaît ! Descends au studio, lis un peu… Fais ce que tu veux, mais laisse-nous seules quelques minutes.

Frustrée, l'adolescente soupira et disparut à l'étage en grimpant les marches de l'escalier quatre à quatre, dans un fracas qui contrastait avec la fragilité de sa silhouette.

Thaïs sourit de cette réaction, avant de franchir le seuil de la cuisine. Elle s'assit sur un tabouret devant la table, exactement comme elle le faisait enfant, lorsqu'elle rentrait de l'école et que leur mère préparait le goûter. En fermant les yeux, elle la voyait presque virevolter autour d'elles, enveloppée dans son large tablier informe, constellé de taches d'huile et de peinture, la tête enserrée dans le turban qu'elle arborait toujours lorsqu'elle peignait. Sa longue jupe frôlait leurs jambes d'enfant, ses yeux pétillaient chaque soir.

— Alors, mes chéries, comment la journée s'est-elle passée ?

Et les deux filles racontaient leurs aventures du jour dans la pénombre chaleureuse et rassurante de la cuisine, au milieu des miettes de gâteaux et des effluves de Lapsang Souchong dont leur mère s'abreuvait à longueur de temps. Les rires du passé s'évanouirent d'un coup. Comme cette enfance lui paraissait lointaine. Était-elle certaine de l'avoir véritablement vécue ? L'obscurité de la cuisine lui semblait froide aujourd'hui, comme impénétrable.

Susanne lui tournait à moitié le dos, elle portait un pull à col roulé gris perle, une jupe en velours noir et des bottes en cuir à talons hauts, d'une éclatante teinte camel. Thaïs reconnaissait sa silhouette dans les moindres détails, svelte et allongée, élancée. Ses épais cheveux roux tombaient sur ses épaules fines et en observant son profil, elle songea qu'elle avait peu changé. Hormis quelques rides au coin des yeux, héritage du temps contre lequel on ne peut rien, elle lui sembla tout aussi belle que dans son souvenir, tout aussi douce et élégante, si expressive que l'on savait exactement ce qu'elle pensait en observant son visage. Ses joues, parsemées de taches de rousseur s'étaient colorées, elle préparait le thé avec des gestes saccadés, maladroits, agités. La colère ne se limitait plus à son seul regard, elle transparaissait à travers tous ses mouvements. Ses yeux d'un vert si clair brillaient toujours et lorsqu'elle posa la théière et les tasses au milieu de la table, Thaïs vit ses mains trembler.

Dans le cœur de la danseuse, des souhaits contradictoires naissaient : d'un côté, elle avait envie de fuir en claquant la porte de la Kea pour ne plus jamais revenir, elle voulait oublier ce bonheur disparu, cette joie qu'elle avait quittée depuis si longtemps, cette enfance qui l'avait façonnée malgré elle et à laquelle

elle avait tourné le dos ; elle voulait retrouver la solitude rassurante de son appartement parisien, les planches de l'opéra, les fenêtres ovales du studio Zambelli. Elle voulait à nouveau croire en elle, en la danse, renouer avec sa passion pour laquelle elle s'était tant battue, pour laquelle elle avait tout sacrifié. Elle voulait qu'Alexis n'ait jamais existé, que leur ancienne relation et leur récente dispute n'aient pas entaché l'amour qu'elle vouait à son art depuis toujours.

Et d'un autre côté, ce même passé lointain semblait l'appeler : les souvenirs de son enfance heureuse qu'éveillait chaque recoin de la Kea réchauffaient son cœur meurtri et rejeté par cette passion à laquelle elle avait tout donné. Elle aurait voulu se lever pour enserrer sa sœur, retrouver la tendresse de ses bras, la chaleur de sa voix, rebâtir ce qui s'était effondré au fil du temps. Elles avaient tant partagé… Leurs liens étaient-ils définitivement rompus ? Comment avaient-elles pu en arriver là ? Thaïs ne se mentait plus, elle se savait responsable de cet éloignement, du moins en partie.

Restée debout, Susanne avala une gorgée de thé avant d'interrompre le fil de sa pensée en demandant :

— Tu m'expliques ?

— Que veux-tu savoir ?

— Je pense qu'il y aurait beaucoup à dire, mais, pour commencer, ce que tu fais là !

Thaïs détourna les yeux en soupirant. Elle avait imaginé que les retrouvailles seraient tendues, mais sans doute pas à ce point. Elle tenta d'expliquer :

— J'avais besoin de quitter Paris…

Susanne tenait ses bras croisés sur sa poitrine, elle la dominait de toute sa hauteur et l'écoutait les lèvres pincées. Thaïs entremêlait ses doigts sur la table, mal à l'aise. Elle demanda à sa sœur :

— Tu ne voudrais pas t'asseoir ? Tu me donnes l'impression d'être en classe : je ne suis pas ton élève, que je sache… D'ailleurs, ça se passe bien ? Tu es toujours aux Dunes ?

— Ne change pas de sujet, Thaïs, tu veux bien ? Tu avais besoin de quitter Paris et tu as pensé : « Et si je rendais visite à ma sœur ? Nous ne nous sommes pas vues depuis dix ans, mais je pourrais débarquer sans prévenir ? Quelle bonne idée ! »

Comme la danseuse, abasourdie, ne répondait rien, Susanne poursuivit, déversant toute sa colère dans un flot de paroles de plus en plus fortes :

— Tu te rends compte, Thaïs ? De quel droit viens-tu ici sans même m'avertir de ton passage ? Tu m'imagines arriver chez toi à Paris du jour au lendemain ?

— Je t'ai envoyé un message.

Susanne sembla s'étouffer en entendant les paroles de sa sœur :

— Tu étais déjà sur le ferry quand tu m'as écrit… Tu as conscience que c'est un peu tardif, non ?

Thaïs haussa les épaules. Elle n'avait plus du tout envie de prendre sa sœur dans ses bras et sa présence dans cette cuisine lui apparut soudain comme ce qu'elle était, incongrue. Elle engloutit la fin de sa tasse de thé et se leva en disant très calmement :

— Je savais que c'était une mauvaise idée de venir. Un instant, j'ai cru que tu comprendrais, mais c'était une erreur, je m'en vais.

Susanne la regarda bouche bée. Dans ses yeux, les flammes vacillèrent quelques secondes mais le feu reprit de plus belle et elle ajouta :

— Mais oui, va-t'en ! C'est ce que tu fais le mieux, partir !

À ces mots, Thaïs, qui enfilait son manteau, se retourna. Cette fois, elle voulut répliquer. Elle saisit sa valise et rétorqua :

— Qu'est-ce que tu veux me dire exactement, Susanne ? Tu m'en veux tellement d'être partie ? Enfin ! C'était il y a vingt ans, j'espère que tu as tourné la page ! Tu sais parfaitement que je n'avais pas le choix. Pour devenir danseuse, je devais quitter Saint-Guirec ! Tu as toujours pensé que je l'avais fait le cœur léger, mais c'est faux ! Pose-toi les bonnes questions !

Susanne la contempla, bras croisés et bouche ouverte, estomaquée. Elle allait répondre lorsque la sonnette retentit. Thaïs ouvrit la porte et fit face à un homme d'à peu près son âge, emmitouflé dans un anorak noir, la capuche rabattue sur la tête. Il portait une boîte à outils dans la main droite et à ses pieds, un magnifique husky aboya en découvrant Thaïs. Leurs regards se croisèrent : une seconde, Thaïs eut le sentiment de connaître le visiteur, mais cela ne l'empêcha pas de s'engouffrer à travers la porte de la Kea sans se retourner. Elle maugréa un pardon à l'adresse de l'inconnu, et marcha d'un pas décidé vers sa voiture. Derrière elle, la voix de sa sœur résonna :

— Si tu pars, je te préviens que ça ne sera pas la peine de revenir, Thaïs !

Un vent glacé s'était levé dans l'après-midi. Elle avait oublié cette sensation de brise salée qui fouette le visage ; des larmes vinrent gorger ses yeux soudain endoloris par le froid. Elle chercha les clés de sa voiture au fond de son sac, pesta contre elle-même et le barda qu'elle trimballait toujours. Elle jura quand son sac à main se déversa entièrement par terre. Accroupie sur l'asphalte gelé, elle ramassa son portefeuille, sa trousse de maquillage, les cigarettes, un briquet, ses lunettes de soleil… Au milieu de ce fatras, son vieil exemplaire d'*Anna Karénine* gisait. Elle passa ses doigts sur la couverture usée par les ans et se tourna vers la Kea. Susanne avait disparu, mais à travers l'entrebâillement de la porte, Clara l'observait de loin à côté du visiteur et de son chien. Celui-ci avait baissé sa capuche : décidément, sa silhouette sembla familière à Thaïs. Il tendit la caisse à outils à la jeune fille, ils échangèrent quelques mots, Clara caressa le husky, puis ils se tournèrent vers Thaïs qui n'était pas encore entrée dans sa voiture. Clara esquissa un signe de la main dans sa direction, tout comme l'inconnu qui la salua de loin avant de glisser les mains dans ses poches et de disparaître dans la rue qui marquait l'angle de la maison. En entendant la sirène du ferry résonner sur le port, Thaïs consulta sa montre et étouffa un juron : elle venait de manquer le dernier départ de la journée.

Elle leva les yeux vers le ciel qui s'était chargé de nuages, observa les goélands tournoyer au-dessus de sa tête. Porté par le vent, le tintement des haubans résonna de l'autre côté de la place, le long du quai – à moins que ce ne fût le rire de leur mère à travers sa mémoire ?

Elle expira profondément, ramassa le contenu de son sac et l'enfonça dans la besace en cuir avec ses clés de voiture. Puis elle se tourna vers la Kea. Constatant que la danseuse revenait sur ses pas, Clara ouvrit grand la porte.

12

Susanne

Susanne baissa la tête pour laisser filer la bôme, puis elle se leva rapidement et se plaça de l'autre côté du bateau, à tribord, contre le vent, tandis que devant elle, Henry bordait à nouveau les voiles. Ils avaient viré de bord pour revenir vers le phare de Saint-Guirec et admirer le littoral depuis la mer. Susanne adorait la côte sud de son île. Elle la parcourait chaque jour en voiture pour se rendre aux Dunes, mais elle ne s'en lassait pas, et lorsqu'elle la contemplait depuis l'océan, elle avait le sentiment d'une découverte sans cesse renouvelée. Parfois, la mer offrait de saisissants contrastes : sous un rayon de soleil particulièrement vif, la clarté de l'eau presque émeraude s'opposait brutalement à la noirceur des fonds graniteux. Dans ces moments-là, Susanne aurait pu pleurer face à tant de beauté. Abattant légèrement pour pointer la proue du navire sur le phare, elle posa les yeux sur la majestueuse silhouette des Dunes qui se découpait au loin, massive, immuable, comme protégée du temps dans son écrin de verdure. Malgré elle, l'enseignante sourit.

Ils avaient quitté le port tôt dans la matinée, laissant Clara seule à la Kea avec Thaïs et Iceberg, le fidèle husky d'Henry que la jeune fille était toujours heureuse de garder. Susanne avait promis de rentrer en début d'après-midi pour passer un moment avec sa fille. Elles iraient manger une gaufre sur le port, avant de faire un tour par le cinéma pour voir ce qui s'y jouait. Clara lui avait répondu distraitement.

Susanne avait compris que l'adolescente se faisait une joie de rester quelques heures seule avec Thaïs qu'elle harcelait littéralement de questions depuis son arrivée, une semaine plus tôt. Étonnamment, la danseuse y répondait volontiers. Susanne n'aurait pas parié sur la bienveillance de sa sœur qu'elle se rappelait dure, parfois cassante même. Ce flot incessant de demandes présentait le mérite d'éviter aux deux sœurs de se parler. En sept jours sous le même toit, elles n'avaient guère plus dialogué que le soir du débarquement de Thaïs.

Henry s'assit à côté de son amie, sur le petit banc appuyé contre le plat-bord du vieux gréement. Il tenait l'écoute de la grand-voile dans une main, avait coincé celle du foc dans un taquet, et regardait lui aussi en direction de Saint-Guirec. Emmitouflés dans leur veste de quart bien chaude, ils portaient également une salopette étanche doublée de polaire pour naviguer.

Le soleil brillait dans un ciel radieux, mais le froid qui s'était abattu sur l'île la semaine précédente était bien installé. Malgré la température, cette virée en mer procurait une sensation d'apaisement à Susanne, comme à chaque fois. Dans le tumulte de sa vie bien chargée, poser le pied sur le pont de son bateau lui permettait de se sentir soudain libre et délestée de toute responsabilité, pour quelques heures du moins. Elle laissait à quai ses copies, l'atelier théâtre, les travaux de la Kea, ses élèves, et profitait du vent, des embruns, de la magnificence de son île, le temps d'une promenade qui lui rendait les forces qu'elle pensait avoir perdues en quittant le port.

Après la mort de ses parents, elle avait posé une pancarte sur la bôme du *Laouen*[*], leur vieux gréement, pour le mettre en vente. L'idée de se séparer de leur modeste bateau lui fendait le cœur, mais elle devait déjà prendre soin de la Kea, et elle ne se sentait pas le courage de sortir seule en mer, sa Clara d'à peine huit ans sous le bras. Les semaines avaient filé et, par chance, personne n'avait téléphoné. Puis Henry avait fait irruption dans leur vie et grâce à lui, Susanne avait osé reprendre la mer. Comme elle, il aimait naviguer par plaisir et lorsqu'il avait découvert qu'elle possédait un bateau amarré au port, il lui avait proposé de l'aider à le sortir de temps en temps. Leurs virées étaient devenues de plus en plus fréquentes : Henry et Susanne aimaient la mer de la même façon, paisiblement. La performance et la vitesse les intéressaient peu. Ils profitaient du clapotis de l'eau contre la coque,

---

* « Laouen » signifie « joie » en breton.

de la brise dans les voiles et les cheveux, du roulis des vagues et de leur danse incessante. Clara les accompagnait la plupart du temps, mais elle préférait parfois rester à la Kea pour danser ou jouer avec Iceberg qu'elle aimait beaucoup.

Susanne se rappelait parfaitement l'arrivée d'Henry dans leur vie.

À la suite de la disparition de son père, Saint-Guirec manquait d'un médecin et contrairement à ce à quoi on pouvait s'attendre, la place avait vite été comblée. Henry avait sonné à la porte de la Kea quelques semaines à peine après l'enterrement. Il était venu présenter ses condoléances à Susanne, et lui annoncer qu'il serait le nouveau généraliste de Saint-Guirec. Il s'installerait dans son propre cabinet à deux pas de chez elle, mais il reprendrait la patientèle de son père. En réalité, ils se connaissaient depuis longtemps, même s'ils ne s'étaient pas revus pendant des années. Henry faisait partie des Guirecois partis sur le continent dès la fin du lycée, qui avaient tracé leur route loin de leur île. Il avait l'âge de Thaïs, et compte tenu des faibles effectifs des Dunes, tous les élèves étaient plus ou moins amis, malgré les quelques années qui les séparaient. Henry avait suivi des études de médecine à Saint-Nazaire, où il était devenu urgentiste. Susanne avait entendu dire qu'il devait se marier quelque temps avant son retour à Saint-Guirec, par le biais de connaissances communes auxquelles elle donnait encore des nouvelles, mais lorsqu'il s'était présenté ce jour-là pour lui annoncer son installation sur l'île, il lui expliqua qu'il était revenu seul.

Ses parents, qui tenaient autrefois un petit supermarché dans le centre-ville, s'étaient retirés en Provence après avoir vendu leur appartement ainsi que leur fonds de commerce, si bien qu'Henry s'était installé dans une maison minuscule sur la côte, près de la Plage Blanche, qu'il louait à de vieux amis pour une bouchée de pain. Certes, il était loin de tout, mais il bénéficiait aussi d'une vue à couper le souffle. Susanne l'avait invité à boire un thé dans la cuisine alors qu'il pleuvait des cordes. Ils avaient bavardé avant qu'Henry aille récupérer les dossiers de ses futurs patients dans le cabinet de leur père où elle n'avait pas remis les pieds depuis le naufrage du ferry. Il lui avait aussi demandé des nouvelles de sa sœur. Susanne avait vaguement répondu et depuis Henry ne l'avait jamais plus interrogée à son sujet.

Avec le temps, le médecin était devenu l'un de ses plus proches amis. À son arrivée, il ne connaissait pas grand monde car ses camarades de lycée avaient déserté l'île, comme lui s'en était échappé des années plus tôt. Susanne lui avait présenté les quelques collègues avec lesquels elle entretenait des liens d'amitié, et il l'avait surtout aidée à remonter la pente du deuil de ses parents. Grâce aux promenades en bateau, à sa présence discrète, et parce qu'il lui avait proposé de vider le cabinet de son père, ce qu'elle avait accepté avec soulagement.

Comme elle, Henry aimait la solitude, le calme. Il passait des heures sur sa microscopique terrasse, à contempler la mer, un livre sur les genoux. Ils se retrouvaient parfois pour lire côte à côte le week-end, loin des patients et des élèves, laissant Clara se promener avec Iceberg dans les rochers quelques mètres plus loin. À un moment, Susanne s'était demandé si elle ne tombait pas amoureuse de cet ami sincère sur lequel elle avait l'impression de pouvoir toujours compter. Mais elle avait rapidement compris que ce n'était pas le cas. Susanne aimait trop l'équilibre qu'elle avait su créer au sein de la Kea, avec sa tendre Clara, pour oser risquer ce précieux trésor. Et puis, sans doute ne s'était-elle jamais vraiment remise de sa douloureuse rupture avec Valentin, qui sillonnait maintenant le globe à bord de voiliers toujours plus performants.

Elle tira son bonnet de laine sur ses oreilles et réprima un frisson. Au-dessus de sa tête, la grand-voile aux teintes bordeaux se gonfla sous l'effet d'une risée et le navire prit de l'allure. Henry osa alors demander :

— Alors ?

— Alors, quoi ?

— Comment ça se passe avec Thaïs ?

Susanne haussa les épaules.

— Ça se passe…

— Tu ne veux pas en parler ? Je pensais que c'était pour cette raison que tu m'avais demandé de faire un tour en bateau alors qu'il fait un froid polaire.

— Certes, il fait froid, mais tu admettras que le ciel est radieux. Après toute cette pluie, quelle meilleure façon d'en profiter ?

Henry sourit avant de sortir une boîte métallique de son sac étanche, ainsi qu'une thermos et deux tasses en plastique. Il souleva le couvercle de la boîte, proposa un palet breton à son skipper qui accepta avec gourmandise, et versa un peu de café dans chacune des deux tasses posées sur le banc en bois vernis à côté de lui. Susanne attrapa celle qu'il lui tendait et soupira :

— Ça ne se passe pas si mal en réalité, puisqu'on ne se parle presque pas. Clara lui pose tellement de questions que même si je voulais l'interroger à mon tour, j'aurais du mal à trouver le moment pour le faire.

— Elle t'a expliqué les raisons de sa venue après une si longue absence ?

— On en a parlé le premier soir, oui. Une sombre histoire de rivalités… Pour une fois, Thaïs n'a pas réussi à faire plier les autres et on lui a clairement signifié qu'elle devait s'éclipser quelque temps. Alexis Korniloff, tu connais ?

Henry hocha la tête. Il n'était pas expert en la matière, mais il savait que ce Russe était l'un des chorégraphes les plus célèbres de la scène internationale.

— Apparemment, ils se sont disputés au sujet de sa dernière création, une adaptation d'*Anna Karénine* dans laquelle Thaïs ne retrouvait pas l'esprit du roman. Elle m'a parlé d'une histoire de lumière, de jeu de projecteurs qu'elle pensait maniéré et artificiel, comme de nombreux danseurs sélectionnés pour participer au spectacle d'ailleurs… Bref, elle le lui a dit, imaginant qu'il l'écouterait, sans doute du fait de leur liaison passée, mais le type est un tyran. Il est allé trouver la directrice de la troupe pour que Thaïs soit remplacée, ce qui a été fait de manière à sauver le spectacle. D'après ce que j'ai compris, personne n'a osé prendre sa défense… Thaïs est furieuse, je pense qu'elle s'est sentie très humiliée. On lui a demandé de ne pas reparaître avant un moment, prétextant le fait qu'elle n'a pas pris de vacances depuis des années. Elle ne savait pas où aller… C'est un ami qui lui a suggéré de venir ici.

Henry grimaça avant de choquer légèrement la grand-voile, l'irrégularité du vent les forçait à s'adapter constamment ce matin-là. Susanne reprit :

— Qu'en penses-tu ?

Henry l'observa fixement puis, relevant la tête vers le haut du mât, il répondit :

— Franchement, elle a dû en baver. Tu te rends compte ? Thaïs n'est pas n'importe qui à l'Opéra : c'est une étoile, tout le monde la connaît. Ça doit jaser à chaque coin de porte, dans chaque couloir. Tu aimerais, toi, qu'on te demande de quitter les Dunes parce que tu as osé dire tout haut ce que tout le monde pense tout bas ?

Susanne ricana. Au fond d'elle, la colère commençait à poindre :

— C'est drôle que tu la défendes ainsi…

— Voyons, Susanne, je ne la défends pas. Je tente uniquement de comprendre ce qu'elle vient faire ici après des années d'absence. Et puis je ne sais même pas ce qui vous oppose, alors je ne vois pas comment je pourrais jouer l'avocat de l'une ou de l'autre. Enfin, je te rappelle que tu viens de me demander ce que je pensais de votre situation ! Soit mon avis t'intéresse, et je te le donne, soit tu préfères jouer aux questions et aux réponses seule, auquel cas, ne m'interroge pas !

Le silence s'installa à bord. Susanne trempa ses lèvres dans le café qui s'était vite refroidi sous cet air glacial. Malgré ses gants doublés de polaire, elle sentait ses doigts s'engourdir sur le stick de la barre. Sans lâcher cette dernière, elle se mit debout et remua pour se réchauffer. Le navire approchait du phare, ils allaient à nouveau devoir virer de bord. Elle se rassit. Henry avait raison : son avis l'intéressait mais il ne connaissait pas toute l'histoire. Elle ne lui avait jamais rien confié au sujet de sa relation avec Thaïs. Aussi commença-t-elle, presque tout bas, de sorte que son ami dut se pencher vers elle pour l'entendre distinctement :

— Petites, nous étions comme les deux doigts de la main, inséparables. Nos parents ont mis beaucoup de temps à avoir Thaïs. Quand elle est née, les médecins se sont montrés formels : « Profitez-en et réjouissez-vous, car il n'y en aura pas d'autres… » À peine neuf mois plus tard, notre mère était à nouveau enceinte. Lorsque je suis née, Maman a démissionné pour se consacrer entièrement à la peinture et s'occuper de nous à temps plein. Je ne compte pas nos souvenirs heureux à la Kea… Papa travaillait énormément, mais lorsqu'il était avec nous, il nous abreuvait d'amour et de tendresse. Maman, un peu fantasque, passait son temps à nous raconter des histoires de pirates, de naufrageurs, de fantômes, de princes déchus, et d'intrépides aventuriers, faisant fructifier notre complicité naissante. Et bientôt, nous n'avions plus besoin de ses histoires, car nous les composions nous-mêmes. Dans le jardin, la balançoire se transformait en frégate, la remise en donjon. Nos premières années se sont déroulées ainsi, dans l'innocence la plus complète, entre l'école et la maison. Vers sept ou huit ans, nos parents nous ont proposé de choisir une activité extrascolaire. Thaïs voulait danser, j'ai opté pour l'optimiste. Maman était heureuse de ces choix qui différaient, pour une fois. Nous étions très proches, mais je restais la plus jeune et ma sœur me fascinait. J'ai compris bien plus tard que Maman craignait que je vive dans l'ombre de cette aînée au caractère plus fort, moins conciliant, plus affirmé. Assez vite, Thaïs a révélé son aptitude pour la danse classique, un talent rare que M. Boucher l'a encouragée à développer autant que possible. Ses cours sont devenus plus intensifs, plus fréquents. Thaïs ne se contentait plus d'aller au studio le mercredi après-midi, elle y passait la moitié des vacances scolaires, ses week-ends, ses soirées. Elle était très heureuse de ses progrès, très fière aussi. Elle dansait toute la journée, si bien que Papa a fini par aménager la cave pour lui permettre de répéter. De mon côté, je me plaignais du fait que nous passions moins de temps ensemble, mais le bateau m'occupait aussi. J'avais de bons amis au club de voile, dont Valentin, et je ne m'ennuyais jamais.

Susanne demanda un autre biscuit à Henry qui s'exécuta. Puis ils virèrent pour tirer un dernier bord avant de rejoindre le port, et Susanne poursuivit son récit :

— Lorsqu'elle était en quatrième, la situation a évolué. M. Boucher a évoqué les premières auditions à mes parents. Au début, Maman s'est braquée, je me souviens d'une dispute avec mon père. Elles étaient rares à la maison. Il n'était pas question qu'elle laisse sa fille partir en pension sur le continent, quand bien même elle danserait six heures par jour. Thaïs elle-même semblait douter. Pourtant, la graine était plantée et elle a germé. Quelques semaines plus tard, c'est Thaïs qui est revenue à la charge pour demander de passer ces fameuses auditions. Maman a compris qu'il serait vain de lutter contre Thaïs. Elle a cédé et a accepté que nous l'accompagnions à Paris. Pour ma part, il me semblait si inconcevable que ma sœur quitte Saint-Guirec et la Kea que je ne pensais pas une seconde qu'elle puisse être reçue.

Susanne se rappelait parfaitement ces quelques jours. Leurs parents avaient décidé de profiter de ce périple pour leur faire découvrir la capitale où ils s'étaient connus plus jeunes. Ils avaient arpenté les rues de Paris, découvert le Louvre, Beaubourg, Notre-Dame, insouciants et heureux, conscients de vivre une parenthèse enchantée. Les deux sœurs écarquillaient les yeux, éblouies par les phares incandescents de la Ville Lumière qu'elles n'avaient jamais vue que dans les livres et à la télévision. Thaïs manifestait sa joie, mais derrière son engouement, la peur se terrait : elle craignait de ne pas être à la hauteur. Susanne tentait de rassurer sa sœur, mais pour la première fois de son existence, elle se rendait compte que son soutien ne semblait pas suffire.

Le jour J, Thaïs avait insisté pour que Susanne l'accompagne dans les vestiaires. Leurs parents les attendaient à l'extérieur, ils n'étaient pas autorisés à assister à la démonstration. Susanne avait coiffé sa sœur, nouant ses longs cheveux en un chignon serré, sévère. Elle l'avait aidée à se maquiller, l'avait serrée dans ses bras et lui avait répété des paroles réconfortantes jusqu'à ce que la porte d'accès à la scène se soit refermée sur sa silhouette. Elle avait attendu avec les autres ballerines qui s'étiraient au milieu du vestiaire dans un silence de cathédrale. Elle s'était assise dans un coin, les membres tremblants pour Thaïs. En posant ses yeux autour d'elle, Susanne avait soudain compris son angoisse, l'exigence qui s'imposait à toutes ces jeunes filles dès leur plus jeune âge. Elle n'aurait su l'exprimer clairement, mais elle avait perçu cette tension entre les danseuses, qui devait les porter autant qu'elle les hantait. Minces comme des roseaux, le visage fermé, concentré, elles affichaient une dureté qui semblait en contradiction avec leur âge et leur morphologie. Susanne en avait été presque effrayée.

À Saint-Guirec, dans le cours de M. Boucher, Thaïs riait. Rirait-elle encore si elle venait à Paris ?

Lorsque cette dernière était reparue, quelques minutes plus tard, Susanne avait immédiatement su que l'audition ne s'était pas passée comme elle l'avait souhaité. Au-dessus de ses joues rosies par l'effort, ses grands yeux de glace brillaient et ses lèvres tremblaient. Susanne avait murmuré :

— Ce n'est pas grave, Thaïs, ils ne te méritent pas, voilà tout… Je le sais, moi, que tu es une merveilleuse danseuse.

Thaïs avait alors eu ce geste cruel pour sa sœur : elle l'avait repoussée brutalement, accompagnant son geste d'une parole qui avec le temps avait sonné comme le glas de leur complicité :

— Laisse tomber, tu ne peux pas comprendre !

Dans le regard de Thaïs, une ombre s'était immiscée, emportant avec elle tout l'éclat qui l'embrasait avant l'audition. Vexée, Susanne était partie rejoindre leurs parents qui les attendaient tout sourire au café du coin. En voyant sa mine, ils avaient changé d'attitude, déçus pour leur fille dont ils avaient saisi que le rêve se trouvait là, à Paris. Lorsque cette dernière les avait rejoints, elle n'avait pas eu un regard pour sa sœur. Elle s'était laissée tomber sur la chaise, avant de fondre en larmes et de cacher son visage dans le refuge de ses propres bras. Susanne avait bu son Coca en silence, devinant inconsciemment qu'une porte s'était refermée entre elles, que déjà sa sœur avait entamé sa mue.

Le *Laouen* filait dans la brise glaciale, emportant Susanne à travers le temps. Elle ne s'était pas remémoré ces moments depuis tant d'années… Pourtant, ses souvenirs lui apparaissaient avec une telle netteté. Elle avait voulu oublier, mais n'avait fait que jeter un voile sur sa mémoire.

Henry reprit :

— Si je me souviens bien, elle a quitté les Dunes en début de troisième, c'est ça ? C'est à ce moment-là que vous vous êtes éloignées ?

— Oui, exactement. Les secondes auditions furent les bonnes et elle est entrée au Conservatoire de Paris. Au début, nous nous écrivions de longues lettres. Puis des mails, des textos qui se firent de moins en moins fréquents. Thaïs revenait pour certaines vacances scolaires, seulement. Elle s'était mis en tête d'intégrer le corps de ballet de l'Opéra de Paris, le Graal de tous les élèves. Elle travaillait sans arrêt en compagnie de son ami Jing, un Hongkongais qui ne rentrait jamais chez lui. Quand elle y est parvenue, l'année du bac, elle nous a définitivement laissés derrière elle.

— Tes parents aussi ?

— Oui. Elle leur téléphonait de temps en temps, mais c'est devenu de plus en plus rare. Puis elle s'est choisi un nom de scène. Lapie n'était pas assez bien pour elle, alors elle a décidé de se faire appeler « Loiseau »... Quelle arrogance ! Quand Clara est née, elle m'a envoyé un bouquet de fleurs ; et je devrais m'estimer chanceuse car elle est venue pour le baptême ! Elle est arrivée à midi, repartie à 18 heures. Depuis, je pourrais compter nos échanges sur les doigts d'une seule main.

Henry haussa les sourcils. Il se rappelait mal Thaïs, mais dans son souvenir c'était une camarade sensible et douce, appréciée des élèves de leur classe, une fille populaire qui ne laissait personne indifférent. Lorsqu'elle avait quitté les Dunes, il n'avait pas imaginé qu'elle puisse s'éloigner ainsi de sa famille. Lors de la fête de départ qu'elle avait organisée à la Kea, les Lapie lui avaient donné l'impression d'une indéfectible unité. Cette complicité l'avait marqué car il ne partageait pas ce type de relation avec ses propres parents. Il imaginait mieux ce qui se jouait en ce moment entre les murs de la maison : comment combler des années d'absence ?

Ils avaient viré de bord pour rebrousser chemin. Les balises rouge et verte marquant l'entrée du port de Saint-Guirec se faisaient de plus en plus nettes de part et d'autre du chenal. Ils poursuivirent en direction de la forêt de mâts qui apparut bientôt dans le fond de la baie où cohabitaient chalutiers et bateaux de plaisance. Ils n'allaient pas tarder à affaler les voiles : il fallait manœuvrer pour atteindre l'emplacement réservé du *Laouen*, et ceci s'avérait moins laborieux à l'aide du moteur. Susanne inspira profondément, et ajouta finalement :

— Je ne t'ai pas tout dit Henry, je ne t'ai pas dit pourquoi je lui en voulais autant.

Sous le regard encourageant de son ami, Susanne acheva sa confidence :

— Lorsque Papa et Maman se sont noyés il y a cinq ans, lorsque j'ai dû aller à la morgue reconnaître leurs corps, remplir les papiers de l'assurance, contacter le notaire, la banque, les pompes funèbres… j'ai appelé Thaïs. Je l'ai appelée une première fois pour la prévenir. Nous avons échangé cinq minutes, bouleversées l'une comme l'autre, avant de raccrocher. Puis je l'ai rappelée pour lui demander de l'aide. J'étais désespérée, perdue, en état de choc, je ne voyais pas comment j'allais m'en sortir toute seule. J'avais besoin d'elle, de son soutien, de sa tendresse ; naïvement, j'ai même cru que nous allions nous retrouver elle et moi, que la mort de nos parents nous rapprocherait, je ne sais comment… Quelle idiote j'ai été ! Je lui ai téléphoné dix fois, vingt fois peut-être ; je lui ai écrit des dizaines de textos et de mails.

Susanne regarda Henry, elle sentait sa voix se casser dans sa gorge, son regard s'embuer, sa main trembler sur la barre. Son ami s'approcha d'elle, passa son bras sous le sien. Elle ne pouvait plus contenir ses sanglots, elle posa son visage contre son épaule et acheva :

— Elle ne m'a jamais rappelée, Henry, jamais. Elle n'a répondu à aucun de mes messages, ni avant ni après l'enterrement. J'ai dû organiser les funérailles et régler la succession de nos parents seule, ranger leurs affaires sans aucune marque ni de son soutien, ni de son affection. Imagines-tu ma colère ?

Les sanglots de Susanne s'apaisèrent doucement, et lorsqu'elle reprit, la tonalité de sa voix n'était plus la même. La peine avait fait place à l'amertume :

— Environ deux semaines après l'enterrement, alors que je vidais les placards de Maman, que je me battais contre ma peine pour éviter de sombrer, j'ai découvert par hasard que Thaïs avait été nommée Étoile dans les jours qui ont suivi l'accident. Si je n'étais pas tombée sur ce reportage réalisé en son honneur à la radio, je crois que je ne l'aurais jamais appris. Je suis restée sonnée quelques minutes, j'étais assise sur le lit de nos parents, les foulards de Maman éparpillés autour de moi. Le journaliste l'interviewait et j'entendais sa voix à travers l'enceinte de la radio. D'un ton enjoué, elle expliquait n'avoir jamais été si heureuse, si fière du travail accompli, racontait qu'elle allait achever sa saison avec *La Bayadère*, avant de partir en tournée en Asie. Alors quoi ? Pendant que je faisais le sale boulot, madame allait faire la diva à Tokyo et Singapour ? La rage a pris le dessus. Je me suis levée, j'ai attrapé le mini transistor de mon père et je l'ai balancé contre le mur. Franchement, Henry, quelle sœur est-elle ? J'aurais pu lui pardonner son éloignement pendant l'adolescence, mais cette absence-là, cet ultime silence à mon égard, au moment où j'avais tant besoin d'elle, je crois que je ne le lui pardonnerai jamais.

Henry serra Susanne contre lui en silence, ignorant comment la consoler autrement que par ses gestes. Lorsqu'ils ne furent plus qu'à quelques mètres des premiers pontons, elle se redressa et tandis qu'il allait affaler les voiles, elle tira sur la manette du moteur pour le mettre en marche. Le vrombissement s'enclencha, Henry ramena les voiles à lui, puis il plaça les bouées de part et d'autre de la coque et s'installa à l'avant du bateau. Sur le quai, quelques passants les saluèrent de la main, d'un hochement de tête ou d'un sourire, comme le veut la tradition. Susanne répondit machinalement. Elle se sentait perdue, aspirée par les rancœurs venues de son passé. Le bateau vira à plusieurs reprises à travers les pontons avant de gagner son emplacement. Henry sauta à terre pour le diriger et attacher sa proue à l'anneau de métal prévu à cet effet. Puis il retourna à bord et aida son skipper à enrouler la grand-voile sur la bôme, à plier le foc et à remettre en ordre le pont. Ils agirent en silence, sachant l'un et l'autre quelles tâches leur incombaient, par habitude. Enfin, alors qu'ils avaient presque achevé le rangement et qu'ils s'apprêtaient à quitter le *Laouen*, Henry se tourna vers son amie et osa dire :

— J'imagine seulement ce que tu peux ressentir, Susanne, et ne crois surtout pas que j'émette le moindre jugement. Ce que je vois, c'est que tu es malheureuse. Le retour de ta sœur te bouleverse et je ne peux m'empêcher de penser qu'il est temps que vous vous expliquiez. Tu l'as dit toi-même, elle s'est absentée pendant des années. Maintenant qu'elle est là, avec toi à la Kea, c'est le moment de régler vos différends, de lui dire tout ce que tu gardes en toi depuis cinq ans. Il est temps que tu comprennes vraiment pourquoi elle est partie, pourquoi elle n'est jamais revenue ; il est temps que vous en parliez, car vous n'êtes plus des enfants… tu ne crois pas ?

Susanne allait répondre lorsqu'un aboiement familier retentit sur le quai. Henry se retourna. À quelques dizaines de mètres du *Laouen*, Clara sautait sur le ponton, précédée d'Iceberg qui accourait vers eux. La jeune fille affichait des traits heureux. Elle courut elle aussi, les joues rosies par le froid. Un peu plus loin, comme une vigie discrète, les mains enfoncées dans les poches de son manteau de laine, chaussée d'énormes bottes en caoutchouc, Thaïs les suivait, gauche et maladroite sur les planches du ponton. Elle releva la tête, regarda dans leur direction, esquissa un salut de la main auquel Henry répondit par un sourire. Hormis ses cheveux courts, il retrouvait la jeune fille de leurs quinze ans à travers cette silhouette délicate. Clara se jeta sur sa mère, le chien sur son maître.

Thaïs se retourna alors, et avant de disparaître un peu plus haut, avant qu'elle ne leur tourne le dos, il sembla à Henry qu'elle aussi essuyait des larmes dans le coin de ses yeux.

13

Thaïs

Thaïs s'installa dans l'atelier de sa mère, au rez-de-chaussée de la Kea, pour poursuivre son énième lecture d'*Anna Karénine*. Elle voulait s'assurer, une fois encore, qu'Alexis se fourvoyait dans son interprétation du roman et que ce spectacle relèverait du contresens pour quiconque connaissait l'œuvre. Susanne avait déserté la Kea quelques minutes plus tôt, lui annonçant qu'elle la laissait avec Clara et le chien d'Henry, pour aller faire un tour en bateau. Thaïs aurait pourtant juré que sa sœur avait vendu le *Laouen* après l'accident, il lui semblait avoir reçu des mails à ce sujet. Elle cacha sa surprise et accepta volontiers de chaperonner l'adolescente et le chien. Elle aimait bien Clara. C'était une enfant curieuse et intéressée qui lui posait douze questions par minute. Elle passait des heures à danser dans le studio à la cave. Thaïs l'avait observée secrètement, elle se débrouillait bien, révélait un bon coup de pied et un beau port de tête, une rareté pour son âge. Elle aurait aimé en parler à Susanne, mais pressentait que le moment n'était pas encore venu.

Enfoncée dans le confortable fauteuil de velours qui trônait au milieu de la pièce, elle releva les yeux et les posa sur le bureau de sa mère. Susanne y avait laissé les pinceaux, les tubes de peinture et les palettes constellées de taches de toutes les couleurs. Sur le chevalet, une toile à demi entamée figurait deux adolescentes de dos, assises sur le sable, observant un phare dans le fond du tableau. Thaïs reconnaissait la Plage Blanche et ces deux jeunes filles lui étaient familières bien sûr. C'était peut-être sa seule représentation qui demeurât dans la maison. Derrière le chevalet, le jardin s'étendait dans un désordre à l'anglaise, offrant une vue des plus romantiques malgré la rudesse hivernale.

Petites, quand elles ne jouaient pas dans leur cabane, au grenier, Thaïs et Susanne se réfugiaient souvent dans cette pièce l'hiver, car leur mère embrasait la cheminée qui se trouvait à droite du fauteuil. Elles lisaient à même le tapis, dans ses jupes, vidaient ses tubes de peinture et les mélangeaient allègrement avant que cette dernière ne se mette en colère et les chasse en riant.

En revenant à la Kea, Thaïs n'avait pas imaginé ce qui se produirait. Bien que l'accueil de sa sœur n'ait pas été des plus chaleureux, elle retrouvait une forme de paix entre ces murs. Les pierres ressuscitaient des parfums oubliés, des odeurs de vanille et de menthe qui l'entraînaient dans les souvenirs heureux de son enfance. En passant ses mains sur les étoffes, en caressant le manteau de la cheminée, elle avait entendu les rires de son père, la voix de sa mère qui leur inventait toujours de nouvelles aventures. Et ces souvenirs la réconfortaient, au plus profond de son cœur.

Susanne l'avait installée dans son ancienne chambre, celle dont elle détestait le couvre-lit jaune et rugueux et, contre toute attente, elle y dormait comme un loir depuis une semaine. Elle se couchait après une courte séance d'étirements, lisait quelques pages d'*Anna Karénine*, sombrait dans un sommeil sans rêve qu'elle ne quittait que le lendemain matin lorsque le réveil de Clara sonnait dans la pièce voisine. Elle avait la sensation de rattraper des mois de fatigue, des nuits entières rongées par l'angoisse des auditions, des concours, des répétitions et des représentations. Elle aimait sa vie de danseuse pourtant, oui, elle l'aimait, cette vie au cœur de laquelle elle avait placé la passion de son art. Mais il fallait admettre que son retour sur l'île où elle avait grandi, été aimée et choyée, lui procurait un intense bien-être. Elle marchait pendant des heures, respirait l'air salé venu du large, ramassait des coquillages, dansait un peu dans le studio, en l'absence de Susanne et Clara. Elle laissait les heures filer sans regarder sa montre, s'abreuvait des paysages sauvages et froids de Saint-Guirec, enfonçait ses doigts dans le sable de la Plage Blanche qu'elle laissait ensuite glisser dans le vent.

Depuis son arrivée, une question faisait jour au fond d'elle, à laquelle elle ne parvenait pas à répondre pleinement : qu'avait-elle fui en quittant cette île ? Pourquoi avait-elle voulu mettre le bonheur de son enfance derrière elle ? Pourquoi avait-elle tenu à distance ses souvenirs qui l'apaisaient tant aujourd'hui ?

En arrivant à Paris, vingt ans plus tôt, elle avait vite compris qu'il lui faudrait se montrer forte pour atteindre ses objectifs. Elle avait alors enterré ses joies anciennes, ses moments de grâce disparus, de manière à se concentrer sur son avenir, ses progrès, son travail. Sa méthode avait fonctionné puisque quelques années plus tard, on lui avait fait l'honneur de la sacrer Étoile. Mais à quel prix ? Cette question lui donnait le vertige. Elle avait délaissé Susanne et ses parents pendant si longtemps. Lorsqu'elle avait imaginé se rattraper, lorsqu'elle avait compris ses erreurs, il était déjà trop tard, et elle avait poursuivi sa route comme elle l'avait commencée, seule.

Évidemment, Susanne lui en voulait. Elle l'avait laissée tomber, sans s'expliquer ni sur le moment, ni après, par crainte et par honte aussi. À Paris, cette réalité ne lui apparaissait pas si clairement : happée par le rythme de vie à la fois chargé et monacal que lui imposait la danse, elle n'avait pas foncièrement réfléchi aux conséquences de son absence. En coupant les ponts comme elle l'avait fait, elle s'était offert l'indépendance au détriment de Susanne. Elle avait agi égoïstement, cruellement vis-à-vis de sa sœur, qu'elle avait sacrifiée, à son insu, sur l'autel de son art. Ce que Susanne ne percevait pourtant pas, c'était la souffrance de Thaïs. Certes, la danseuse aimait danser, plus que tout ; certes, elle suivait ses aspirations profondes en faisant ce métier ; certes, elle voyageait à travers le monde, se produisait sur les plus grandes scènes, portait les bijoux les plus précieux à l'occasion de galas et de cérémonies tape-à-l'œil ; sa vie prenait parfois l'allure d'un conte de fées… Mais ce que ni Susanne ni les autres ne soupçonnaient, c'est que tout cela avait un prix. L'abnégation et la douleur l'avaient menée en haut des marches, autant que la passion et le talent. Personne n'imaginait l'état des pieds d'une danseuse à l'issue d'un ballet comme le *Lac des cygnes*. Personne n'imaginait les heures d'entraînement et de répétition qui précédaient un spectacle comme celui-ci. Personne n'imaginait la privation que les danseurs s'imposaient, l'extrême soin qu'ils devaient apporter à leur corps, les séances de kiné, d'étirement, les régimes, y compris lorsqu'ils prenaient un jour ou deux de vacances. Et la fois où elle avait dansé la moitié de *La Dame aux camélias* en s'étant cassé la clavicule, qui s'en souvenait ? Sur scène, il fallait sourire, briller, voler au-dessus des planches, sans rien laisser paraître, ni la fatigue, ni les craintes que cette pratique éveillait parfois. L'adrénaline de la représentation l'avait anesthésiée, mais lorsqu'elle avait retiré son costume dans sa loge, elle avait cru s'évanouir. Pourtant, il avait fallu remonter sur scène très vite, car le public l'attendait. Il était hors de question de le décevoir ! Le soliste danse pour lui, mais il danse surtout pour les autres. Thaïs ne se voyait ni comme un guide, ni comme un modèle, mais plutôt comme un médium. Elle avait le sentiment de se mettre au service des spectateurs lorsqu'elle foulait les planches de l'Opéra. Elle voulait permettre au public de ressentir cette émotion artistique qui la faisait vibrer, partager ce moment suspendu, cet instant de grâce où tout semble possible. Alors elle donnait tout. Depuis le début, elle donnait tout : son corps, dont elle repoussait toujours les limites – ce n'est pas pour rien que les danseurs étoiles se retirent de l'Opéra à quarante-deux ans –, sa jeunesse, son innocence, sa légèreté… Et malgré ce don absolu, elle subissait aujourd'hui un revers dont il allait falloir se relever, une fois encore. Sa perception du sacrifice n'avait jamais été aussi forte qu'en ce moment, à la Kea, où tout ce qu'elle avait manqué lui sautait soudain aux yeux.

Tout cela, bien sûr, elle ne pouvait demander à Susanne de le comprendre, car elles avaient choisi deux voies différentes, deux chemins qui les avaient irrémédiablement éloignées.

Thaïs ouvrit finalement son exemplaire d'*Anna Karénine* pour reprendre sa lecture. Elle parcourut quelques pages, se laissa transporter à Moscou sur les traces de la tempétueuse Anna et de son amant, Vronski. Alors qu'elle s'apprêtait à entamer un nouveau chapitre, Clara toqua à la porte. Thaïs accueillit la jeune fille avec un sourire. Cette dernière portait un legging noir par-dessus un justaucorps à manches courtes bordeaux, ainsi que ses chaussons en cuir rose poudré. Elle avait dansé dans le studio à la cave. Sa peau brillante témoignait de son effort, tout comme ses joues légèrement rosées. Susanne aurait sans doute détesté l'entendre, mais les cheveux de Clara ainsi relevés sur le haut de son crâne et sa silhouette gracile lui donnaient la parfaite allure du petit rat.

L'adolescente s'approcha timidement de sa tante et s'assit en tailleur sur le tapis. Elle baissait les yeux, ce qui ne correspondait pas à son caractère bien trempé. Thaïs referma son livre et demanda :

— Ça va, Clara ? Tu as quelque chose à me demander ?

La jeune fille hocha la tête en se mettant à genoux. Elle s'approcha du fauteuil, entremêla ses doigts et afficha un étrange sourire, à la fois gêné et rayonnant pour s'expliquer :

— J'aimerais te proposer quelque chose, Thaïs, mais j'ai peur que tu refuses, alors je n'ose pas.

— Vas-y, tu verras bien. Je ne vais pas te manger de toute façon.

— Alors voilà, tu sais, nous sommes un groupe de douze danseurs au collège, dix filles et deux garçons. Nous prenions des cours avec M. Boucher l'an dernier, deux heures par semaine, mais il a pris sa retraite et personne ne le remplace depuis. Ce n'est pas étonnant, personne ne veut plus venir travailler ici… Mais c'est difficile pour nous. Nous nous retrouvons de temps en temps, chez les uns ou chez les autres, pour répéter, nous essayons de danser ensemble, mais sans professeur, c'est presque impossible. Tu t'en rends bien compte, toi, puisque même à l'Opéra vous continuez à suivre des cours.

Thaïs sentit son pouls accélérer : elle commençait à comprendre où Clara voulait en venir. Cette dernière se releva d'un bond, fit le tour du bureau et se planta finalement devant sa tante :

— Je me disais… J'ai parlé de toi à mes amis, bien sûr, et ils sont surexcités à l'idée qu'une danseuse étoile foule actuellement la terre de Saint-Guirec. Bref, je me disais que peut-être, si tu n'as rien de mieux à faire, et en même temps, ne le prends pas mal, mais je me demande ce que tu fais de tes journées… tu pourrais nous donner des cours le temps de ton séjour à la Kea ?

Clara avait achevé sa tirade très rapidement, avalant presque la moitié des mots et détournant son regard noir de celui de Thaïs qui commença par se taire.

Face à ce silence, Clara planta finalement ses yeux dans les siens et demanda en haussant un sourcil :

— C'est une bonne idée, tu ne crois pas ?

La danseuse soupira. Elle ignorait quoi penser, en vérité. La jeune fille n'avait pas tort, Thaïs profitait de ses journées pour flâner, se recentrer sur elle-même et ses aspirations, mais elle manquait parfois d'activité. Elle avait songé donner des leçons à sa nièce, mais de là à se lancer dans cette aventure auprès d'un groupe d'une douzaine d'adolescents. Elle n'était pas certaine d'être suffisamment patiente pour accomplir ce type de tâche. Comprenant qu'elle hésitait, la jeune fille ajouta :

— S'il te plaît, Thaïs ! Ce serait tellement bien…

L'étoile demanda :

— Et ces cours, où se tiendraient-ils ?

— Ça veut dire que tu acceptes ?

— Non, je te pose seulement une question au conditionnel !

— J'ai pensé que nous pourrions téléphoner à M. Boucher. Le studio n'a pas encore trouvé de repreneur, des panneaux « À vendre » sont toujours placardés sur la façade. À mon avis, il serait si heureux que son local reprenne du service qu'il nous le prêterait volontiers. Quant au tarif des cours, il faudrait que tu prépares une grille que je transmettrais à mes amis. Bien sûr, cela ne durera que le temps de ton séjour ici, mais avoue que c'est un formidable projet!

À son tour, la danseuse se leva. Elle observa attentivement sa nièce, fermement arrimée au sol, debout au milieu de l'atelier, décidée. Elle se revit au même âge alors qu'elle allait pousser les portes du Conservatoire de danse de Paris, elle se rappela sa propre volonté, ses rêves, se souvint de la puissance des émotions pendant l'adolescence. Elle regarda à travers la baie vitrée: un rouge-gorge se posa sur la terrasse, et comme c'était l'un des oiseaux favoris de leur mère, elle décida d'y voir un signe.

Elle se tourna vers Clara et répondit:

— Je ne te promets rien mais je vais appeler M. Boucher.

La jeune fille se jeta au cou de sa tante dans un cri de joie. Timidement, Thaïs la serra dans ses bras, puis elle ajouta en la repoussant légèrement:

— C'est d'accord sous une condition: je veux que tu demandes l'autorisation à ta mère, et je veux qu'elle accepte.

Clara laissa ses bras retomber le long de son corps. Elle avait pensé à tout, sauf à Susanne. Lui faire approuver le projet ne serait peut-être pas si simple.

14

SUSANNE

Susanne avait patiemment attendu l'heure de la journée où elle savait qu'elle serait enfin seule dans la salle des professeurs des Dunes pour s'installer dans le canapé, devant la fenêtre, une tasse dans une main et son précieux paquet dans l'autre. Elle jeta un rapide coup d'œil autour d'elle : la machine à café ronronnait dans son coin, tout comme les ordinateurs qui lui tournaient le dos. Au mur, à droite de la grande baie qui ouvrait sur la mer, le programme des devoirs sur table du lycée avait été accroché, ainsi que le calendrier des conseils de classe du collège. Elle songea qu'elle n'avait pas encore déposé ses appréciations en ligne, ce à quoi elle allait devoir rapidement s'atteler. Elle aimait cet endroit car elle s'y sentait chez elle, elle en connaissait chaque recoin, avait vécu ses aménagements et réaménagements au fil des années, savait ce qui fonctionnait, dysfonctionnait. Elle s'enfonça dans les coussins, abandonna sa tasse de café sur la table basse contre laquelle elle cala ses deux pieds, et contempla le paquet qu'elle avait posé sur ses genoux. Deux mois s'étaient écoulés depuis qu'elle l'avait récupéré dans le grenier de la Kea, peu de temps avant le retour de Thaïs à Saint-Guirec. Elle ne pouvait s'empêcher d'y voir un signe prémonitoire. Deux mois au cours desquels beaucoup de choses avaient changé.

Pour commencer, elle avait signé le devis du couvreur pour la réfection d'une partie du toit de la maison. Toutes ses économies y passeraient, mais elle n'avait plus le choix que d'agir. Les travaux débuteraient à l'arrivée du printemps. L'hiver avait été si humide que l'artisan préférait mettre en place une protection provisoire avant de s'y attaquer. Il avait fallu terminer de faire de l'ordre dans le grenier, mais cette fois, Thaïs l'avait aidée. Elles avaient travaillé en silence, chacune de son côté, ouvrant les cartons, regroupant les bibelots dans des caisses plus grandes, déplaçant les cabines de voyage afin d'éviter qu'elles ne gênent les entrepreneurs. Thaïs avait fini par débusquer sa malle en osier, celle dans laquelle Susanne avait entassé ses photos, les affaires qu'elle avait retirées de sa chambre, et qu'elle tenait cachée de son propre regard et de celui de Clara depuis le décès de leurs parents. Thaïs en avait soulevé le couvercle sans un mot, les yeux brillants, elle avait ressorti chaque sous-verre, chaque portrait, plongé le nez dans le parfum des vêtements venus du passé. Puis elle était allée trouver sa sœur et l'avait remerciée d'avoir conservé ces souvenirs. Dans son regard, Susanne avait lu une sincérité profonde, une reconnaissance à laquelle elle n'était plus habituée. Thaïs avait emporté le contenu de la malle afin de l'entreposer dans sa chambre.

Les deux sœurs ne parlaient pas plus qu'à l'arrivée de Thaïs mais elles avaient institué une sorte de routine qui leur permettait de vivre dans le respect et la cordialité. Le matin, Susanne préparait le petit déjeuner de Thaïs et Clara avant de partir pour les Dunes avec sa fille. Le soir, Thaïs se chargeait du dîner, ce dont elle s'acquittait fort bien, proposant chaque jour de délicieux petits plats. L'enseignante s'était habituée à la présence de sa sœur entre les murs de la maison, et il lui fallait admettre qu'elle la retrouvait même avec un certain plaisir après sa journée de travail. Clara avait contribué au rapprochement des deux femmes et à l'apaisement des tensions.

Lorsqu'elle avait demandé à sa mère si Thaïs pouvait lui dispenser des leçons de danse, ainsi qu'aux quelques camarades volontaires du collège, Susanne avait cru sortir de ses gonds. Sa fille lui avait soumis cette idée quelques jours après l'arrivée de Thaïs, alors que son ressentiment à l'égard de cette dernière demeurait entier. Clara avait terriblement mal choisi son moment, et Susanne s'était contentée de lui opposer un refus catégorique. Cette dernière s'était alors murée dans un silence glaçant pendant plusieurs jours. Mais comme l'adolescente était maligne, elle avait encouragé ses amis collégiens, également élèves de M. Boucher, à plaider sa cause auprès de sa mère si bien que chaque jour pendant une semaine, l'enseignante avait entendu les plaintes et les suppliques de l'un d'entre eux. Pour finir, Thaïs était elle-même montée au créneau, un matin au petit déjeuner, avant que Clara ne descende. Elle lui avait demandé les raisons exactes de son opposition et Susanne avait répondu très simplement :

— Je ne veux pas que ma fille soit obsédée par la danse, comme tu as pu l'être à son âge.

— Ça a le mérite d'être clair.

— Tu as raison, je dis les choses, moi.

Les deux sœurs s'étaient toisées quelques secondes, au terme desquelles Thaïs avait baissé les yeux avant d'ajouter :

— C'est ta fille, Susanne, je n'ai aucune expérience en matière d'éducation, mais rappelle-toi ce que Papa répétait souvent à Maman : « Plus tu empêcheras l'une de tes filles d'accomplir quelque chose, plus elle aura envie de le faire… » À mon humble avis, plus tu le lui interdiras, plus Clara dansera… jusqu'au jour où tu risques de ne plus rien maîtriser du tout.

— Je ne souhaite pas lui interdire la danse, ne sois pas ridicule ; je ne veux pas que tu lui donnes des cours, c'est différent.

— En l'occurrence, cela revient au même puisqu'elle n'a plus de professeur et que l'on sait l'une comme l'autre que personne ne reprendra le studio de M. Boucher. Tu crains que j'en fasse un petit rat, c'est ça ? Je ne suis pas un pygmalion, Susanne, je propose seulement mon aide à ta fille et ses amis, pour qu'ils puissent danser le mercredi après-midi, pendant que tu diriges ton atelier théâtre. Ne t'inquiète pas, cela ne durera pas longtemps car je ne m'éterniserai pas à Saint-Guirec. Tu nourris beaucoup de rancœur à mon égard, soit, mais il me semble dommage que ta fille écope des conséquences de ta colère.

L'arrivée de Clara dans la cuisine avait empêché Susanne de répondre, mais les propos de sa sœur avaient fait leur chemin dans son esprit. En rentrant des Dunes, ce jour-là, elle avait fini par donner son accord pour une leçon par semaine. Sa fille lui avait littéralement sauté au cou, et depuis, Susanne avait dû se rendre à l'évidence : Clara avait retrouvé l'entrain et l'enthousiasme qui la caractérisaient.

Clara adorait Thaïs, Susanne en avait conscience. Au départ, elle en avait même été jalouse, et l'envie de tout raconter à sa fille, comme elle l'avait fait avec Henry, lui avait traversé l'esprit. Mais elle avait songé à ses parents, à l'amour qu'ils leur portaient. Elle les avait imaginés vivants, quelques secondes, parmi elles à la Kea. Ils auraient été si heureux de les voir réunies entre ces murs. Alors elle avait rongé son frein et s'était tue. Depuis, elle laissait faire, priant chaque matin que sa fille n'emprunte pas le chemin de Thaïs.

Que deviendrait-elle si Clara décidait de quitter son île ? Elle partirait un jour, bien sûr, faire ses études supérieures, voyager, poser les pierres de sa propre existence, mais elle était encore si jeune. Susanne se réveillait parfois la nuit, croyant l'entendre pleurer, comme le nourrisson qu'elle avait un jour été. Elle se revoyait la promener en poussette dans les rues du centre-ville, sur la place du Marché, en porte-bébé sur la Plage Blanche. Tout était passé si vite.

La semaine précédente, elle avait eu envie de parler à Valentin, de lui raconter le retour de Thaïs et sa relation avec leur fille : il l'avait écoutée attentivement quelques minutes, puis il avait dû raccrocher comme toujours, appelé par le large et son équipe qui s'apprêtait à quitter le port. Il lui avait suggéré de ne pas se faire de souci, ainsi qu'il le faisait à chaque fois... D'une certaine façon, il avait raison. Elle avait beau lutter, la mélancolie la rattrapait ces jours-ci. Elle avait envie de comprendre ce qui s'était joué pendant toutes ces années, de relire le passé de façon plus mature, plus détachée. Les mots d'Henry l'avaient marquée : il était temps de s'expliquer. Mais avant cela, elle devait retracer toute l'histoire. Voilà pourquoi elle avait ressorti les lettres de Thaïs, celles qu'elles lui avaient adressées l'année de son installation à Paris, lors de son entrée au Conservatoire national de danse.

Le papier avait jauni en même temps que les années s'étaient écoulées. Elle avait longtemps hésité à jeter cette correspondance, mais elle n'avait pu s'y résoudre. Ces missives témoignaient d'une histoire, d'un lien unique qui lui avait été précieux, elles l'avaient aidée à se construire, et comme elle n'avait pu se débarrasser des objets que sa sœur avait maintenant récupérés, elle avait été incapable de faire disparaître les lettres.

Elle dénoua la cordelette qui rassemblait les feuillets et les parcourut du regard. Elle avait jeté les enveloppes, si bien que les mots de Thaïs lui sautèrent aux yeux, animant de vieilles images enfouies dans le tréfonds de sa mémoire. Elle les feuilleta et s'arrêta sur l'une d'entre elles qu'elle déplia soigneusement.

Chère Susanne,

Il faut absolument que je te raconte ce que cette peste de Sylvia m'a encore fait. C'est tellement horrible que je ne vois pas comment je pourrais un jour lui adresser à nouveau la parole. Comme on partage la même chambre maintenant que Myriam est partie (oui, c'est officiel, elle a quitté le Conservatoire…), ça risque d'être compliqué, mais je ne peux plus la supporter.

Susanne s'interrompit pour avaler une gorgée de café. Il lui sembla que ces mots, ceux d'une adolescente, provenaient d'une vie antérieure, qu'elle ne fut pas certaine d'avoir vécue, même si elle commençait à se remémorer cette histoire. Elle reprit le fil de sa lecture quelques paragraphes plus loin :

[…] *au moment d'ouvrir mon sac, je me suis rendu compte que mes pointes n'y étaient pas ! Je ne te raconte pas l'angoisse. Mme Herna est une peau de vache, hyper exigeante, qui ne supporte ni oubli ni retard : elle est capable de se mettre dans des colères noires… ça n'a pas loupé, évidemment. Je me suis pris le savon du siècle. J'ai même été convoquée par la directrice… Pour une sombre affaire de chaussons ! Parfois, je me demande ce que je fais ici.*

Tout lui était revenu maintenant. Thaïs avait appelé ses parents pour les prévenir que la directrice leur adresserait un courrier d'avertissement à ce sujet. Ils ne devaient pas s'en faire, c'était une histoire sans importance. Mais leur mère avait vu rouge. Il s'en était fallu de peu qu'elle ne saute dans sa voiture, prenne le bac et roule toute la nuit en direction de Paris retirer Thaïs de cette « maison de fous », comme elle aimait appeler le Conservatoire. Leur père l'avait raisonnée en lui rappelant que Thaïs s'était battue pour y entrer : c'était dur, oui, mais elle s'y épanouissait certainement. Elle voulait être parmi les meilleures, elle était au bon endroit. Susanne, quant à elle, ne donnait plus son avis à ce sujet. Quand sa mère l'avait questionnée, elle s'était contentée de hausser les épaules. Cela ne la concernait plus. Elle écoutait silencieusement, feignant l'indifférence.

Ses yeux se reposèrent sur la fin de la lettre qui révélait le dénouement de la fameuse histoire de pointes :

[…] *ce matin, en cherchant un truc dans mon placard, j'ai vu un bout de ruban dépasser du sac de linge sale de Sylvia. J'ai immédiatement compris. J'ai vidé le contenu du sac sur son lit (elle était en train de prendre sa douche) et tu le devines, n'est-ce pas ? C'étaient mes pointes, bien sûr ! Elle les a planquées pour que je me fasse hurler dessus ! Tu imagines ? Cette fille est folle ! J'hésite à en parler à la directrice mais je ne veux pas attirer son attention et je ne pourrai jamais prouver qu'elle les a cachées intentionnellement. Que ferais-tu à ma place, Susanne ? Tu me manques, je me sens si seule. Je ne sais pas vers qui me tourner. Ici, les filles sont presque toutes parisiennes : elles ont toutes suivi les cours de l'école Machin, du studio Truc, elles se connaissent par cœur… J'ai l'impression d'être l'intruse parfois, la pauvre petite provinciale qu'on a fait venir par pitié. Il faut que j'apprenne à encaisser les coups si je veux rester en tout cas. Envoie-moi des nouvelles des Dunes, et donne-moi ton avis à propos de tout ça : c'est le seul qui compte. Je t'embrasse,*

T.

Susanne fronça les sourcils. Elle ne se rappelait pas ces quelques lignes dans lesquelles sa sœur lui demandait conseil. Qu'avait-elle bien pu répondre ? Elle n'en avait aucun souvenir. Intriguée, elle déplia la lettre suivante, dont la date indiquait qu'elle avait été écrite une quinzaine de jours plus tard :

Ma Susanne,

Merci pour ta lettre. J'ai l'impression que tout se passe bien aux Dunes. Bravo pour ton devoir de français : tu as raison d'en être fière ! J'ai hâte que tu me racontes la soirée chez Morgane : crois-tu qu'Antoine cherchera à t'embrasser ? J'en suis sûre, d'après ce que tu écris.

Susanne sourit. Antoine avait été son premier petit ami. Elle se rappelait parfaitement cette soirée, et sa tête d'adolescent timide. C'était un gentil garçon qui avait quitté l'île l'année d'après. Elle poursuivit :

Côté cœur, il ne se passe rien pour moi. De toute façon, je suis bien trop occupée pour avoir le temps de penser aux garçons. Si tu voyais mon emploi du temps, tu ferais une syncope. Je n'ai pas cinq minutes pour souffler, et le week-end je suis si fatiguée que je n'ai pas la force de grand-chose…

Susanne tourna la page et lut la fin de la lettre :

Tu ne m'as pas dit ce que tu pensais de l'affaire des pointes (j'ai l'impression de travailler dans la police judiciaire quand j'écris « affaire » !). Crois-tu qu'il faille que j'en parle à la directrice ? J'attends toujours ton avis, Susanne… Dis à Papa et Maman que tout va bien, je ne veux pas qu'ils s'inquiètent.

Je t'embrasse, T.

PS : pourquoi ne m'as-tu pas rappelée mardi dernier ? Téléphone-moi sans faute après la soirée !

Susanne finit son café en grimaçant, l'amertume du fond de la tasse lui donna des frissons. Puis elle lut encore quelques missives. La rengaine était toujours la même. Les journées de Thaïs se ressemblaient tristement, longues et difficiles, ponctuées d'examens, d'évaluations en tout genre, et des mesquineries de la terrible Sylvia. Elle laissa retomber les papiers devant elle. Dans chacune des lettres, sa sœur l'interrogeait, lui demandait son avis et Susanne ne paraissait jamais le lui donner à en croire le courrier suivant. Pourtant, dans sa mémoire, tout lui semblait différent.

Pour commencer, elle ne se souvenait pas que les lettres étaient si nombreuses et elle avait l'impression qu'elles décrivaient une vie trépidante, une euphorie dont elle les voyait maintenant totalement dépourvues. Au contraire, ces échanges lui parurent soudain d'une tristesse sans nom. Elle dépeignait une jeune fille isolée, démoralisée, perdue, qui cherchait le soutien de sa sœur, son amitié, sa sollicitude. Elles contenaient les états d'âme d'une adolescente qui ne disposait que du papier pour épancher ses peines. Comment Susanne avait-elle pu y lire autre chose ? Une fissure se creusa dans le robuste édifice que ses souvenirs avaient bâti. Se pouvait-il qu'elle se soit trompée ?

15

Thaïs

— À la semaine prochaine, Thaïs !

— À la semaine prochaine, Solène.

La petite fille lui envoya un baiser de la main, sous le regard attentif de sa mère qui l'attendait dans sa voiture, devant le studio. Cette dernière adressa un sourire à la danseuse tandis que l'enfant se hissait à bord, pour s'installer sur la banquette arrière :

— Merci !

— Je vous en prie.

La voiture démarra, emportant la dernière jeune élève de l'étoile de la journée. Celle-ci se tourna vers la porte du studio qu'elle ferma à double tour. Puis elle poussa un soupir, glissa la précieuse clé dans le fond de son sac et fit quelques pas sur le trottoir. Comme il n'était que 17 heures, elle décida de rentrer en passant par le port. Elle s'arrêterait dans un café pour déguster un Lapsang avant de regagner la Kea. Ses petites élèves l'avaient épuisée. Gérer dix fillettes dont l'âge variait entre six et dix ans s'avérait bien plus compliqué qu'elle ne l'avait imaginé. Toutefois, ces dernières se montraient mignonnes, volontaires, enthousiastes et Thaïs commençait à apprécier son tout nouveau rôle de professeure.

Lorsque le bruit de la réouverture du studio avait couru à travers Saint-Guirec, M. Boucher avait reçu de nombreux coups de téléphone et Thaïs n'avait pas tardé à reprendre tous les groupes que celui-ci avait laissés sur le carreau. Comme l'avait anticipé Clara, il avait confié ses clés à Thaïs avec une joie intense. Ils avaient longuement bavardé par téléphone, M. Boucher et sa femme Françoise ayant décidé de prendre leur retraite sur le continent. Il lui avait reproché son trop long silence, mais entendre la voix de Thaïs le rendait si heureux que ces remontrances avaient vite fait place au plaisir de partager de bons souvenirs.

Avec émotion, Thaïs avait retrouvé le studio où elle avait elle-même suivi ses premières leçons. Rien n'avait changé, pas même l'odeur de citronnelle qui flottait dans les vestiaires. Elle avait accueilli les élèves selon l'emploi du temps établi par M. Boucher les années précédentes, pratiquait la même rémunération que lui et comptait lui reverser une partie, comme n'importe quel remplaçant. Les enfants s'étaient montrés plus ou moins intimidés et même s'ils dansaient avant tout pour le plaisir, Thaïs avait été surprise de constater qu'ils présentaient un assez bon niveau. M. Boucher n'avait rien perdu de sa capacité à enseigner avec rigueur et passion.

Au départ, elle s'était toutefois sentie perdue. On n'enseigne pas à des enfants qui viennent dans un studio par loisir comme on enseigne à des adolescents qui savent déjà que la danse sera leur métier. Thaïs ne disposait pas des bons repères et se montrait trop exigeante par moments. Et puis tout s'était mis en place naturellement : comprenant que ses méthodes ne fonctionnaient pas, elle avait tenté de se rappeler la façon dont M. Boucher lui avait appris les fondements de son art. Elle avait puisé dans sa mémoire afin de reproduire les exercices qu'elle avait préférés, elle avait aussi demandé conseil à Clara. Et progressivement, Thaïs s'était laissée gagner par une forme d'insouciance qui ne lui ressemblait pas, une légèreté qui lui avait permis de voir ces cours autrement et de s'y épanouir, comme les enfants.

Thaïs emprunta le chemin du quai en passant à travers les ruelles du centre-ville. Elle remarqua que de nombreuses maisons avaient été restaurées depuis son enfance, révélant leur belle façade en granit et leurs colombages colorés. Au-dessus de sa tête, les cloches de l'église sonnèrent. Elle releva le col de son manteau. Le printemps arrivait mais le fond de l'air restait frais. Puis elle déambula en direction du port, dont elle apercevait la forêt de mâts par-delà les toitures. Parsemé de nuages cotonneux, le ciel demeurait clair et limpide : elle avait oublié le plaisir de voir le ciel à Paris, où les paysages dégagés sont rares, et elle s'en délectait chaque jour depuis deux mois. Elle atteignit finalement le quai où quelques pêcheurs s'affairaient pour préparer leur virée nocturne. Ils triaient les casiers, enroulaient leurs filets, nettoyaient le pont dans leur salopette étanche, élimée par les ans et les bourrasques. Chacun connaissait son rôle, comme les maillons d'une chaîne indispensables à l'ensemble. À l'image du danseur au sein de sa compagnie, du comédien au milieu de sa troupe. L'important n'était-il pas de trouver la place à laquelle on se sent appelé et indispensable ? Et cette place, devait-elle rester la même tout le long d'une vie ? Était-il possible d'être attiré par l'ailleurs ?

Elle fit quelques pas le long des chalutiers, évita les vélos et les goélands qui flânaient comme elle en cette fin d'après-midi. Le port s'animait, mais ce n'était rien en comparaison de ce que l'été leur réservait. Début juillet, les premiers vacanciers débarqueraient pour prendre possession de leur résidence estivale, bientôt rejoints par les aoûtiens plus nombreux encore. Les bazars saisonniers ouvriraient leurs portes pour quelques semaines, les glaciers et les crêperies ne désempliraient plus et les trottoirs du centre grouilleraient comme une fourmilière.

Un peu plus loin, Thaïs avisa un café, Le Skipper, dans lequel elle aimait se réfugier en fin d'après-midi. Elle savait que Mireille, la tenancière, connaissait bien Susanne, elles se saluaient donc poliment, d'un air entendu, lorsque la danseuse s'installait sur la terrasse pour déguster son Lapsang Souchong en fumant une cigarette. Elle poussa la porte, commanda son breuvage favori au serveur qui lui tendit un plaid en polaire en souriant, et s'assit devant sa table habituelle, la première de la rangée, la plus proche des navires et de la mer. Elle alluma une cigarette, saisit son téléphone et composa le numéro de Jing auquel elle n'avait pas donné de nouvelles depuis une quinzaine de jours. Les représentations d'*Anna Karénine* avaient démarré le mois précédent et la compagnie n'allait pas tarder à partir en tournée au Japon, puis en Corée, avant de parcourir les États-Unis où de nombreuses dates avaient été programmées. Il décrocha dès la première sonnerie :

— Thaïs, je voulais justement t'appeler ! Toujours heureuse de faire danser des marmots ?

— J'en sors tout juste, et figure-toi que c'est bien plus gratifiant que ce à quoi je m'attendais. Et toi ? Comment ça va ? Comment se passe *Anna* ?

Si les premières représentations avaient fait salle comble, le triomphe sur lequel comptait Alexis n'était pas au rendez-vous. Les critiques, si élogieux d'habitude à l'égard du grand Korniloff, s'étaient montrés timides, frileux, presque déçus par cette nouvelle création qui avait été qualifiée par certains d'« artificielle » et « ampoulée ». Lorsqu'elle avait lu ces lignes, Thaïs s'était sentie soulagée, mais elle avait aussi pensé à la compagnie, à ses amis, à Jing. Leurs efforts et leur travail méritaient bien plus que ces mots, mais « la critique est facile, et l'art est difficile ». Le jeu n'était pas toujours très juste à l'égard des artistes. Jing répondit d'une voix au fond de laquelle Thaïs lut réserve et déception :

— On survit. Ce n'est pas simple tous les jours… Alexis a été heurté par les retours des journalistes, heurté et vexé. Il nous a demandé de reprendre certains moments ; je crois que dans le fond, il s'en veut de ne pas t'avoir écoutée… Il ne l'admettra jamais, évidemment, mais on en a tous conscience.

— Avec Lucile, tout se passe bien ?

La remplaçante choisie par Tatiana et Alexis était une artiste talentueuse, première danseuse dans la compagnie, qui n'avait pas encore été nommée Étoile mais le serait vraisemblablement un jour.

— Lucile est formidable mais Alexis se montre très dur avec elle, plus dur encore qu'il ne l'était avec toi. Elle est fière d'avoir repris le rôle, mais elle en bave.

Thaïs n'avait pas envie de la plaindre, mais elle imaginait aisément que la situation dans laquelle cette dernière se trouvait devait lui paraître inextricable. Jing reprit :

— Tu sais que tout le monde se demande où tu es passée ?

— Tu n'as rien dit, j'espère !

— Pas un mot ! Tu deviens une légende, Thaïs : tu es celle qui a osé dire non au grand Korniloff avant de disparaître telle une magicienne. J'attends ton retour avec impatience. On va te célébrer comme une héroïne !

— Pas sûre… On n'aime pas le bruit dans la compagnie, j'ai peur d'en avoir trop fait.

— Tatiana ne t'a pas rappelée ?

— Silence radio.

— Et les autres n'osent pas t'écrire, Thaïs, tu les effraies, ne leur en veux pas. Mais assez parlé de Paris ! Raconte-moi ton île : j'entends les mouettes à travers le téléphone, et j'ai des envies de vacances !

Thaïs rit puis elle évoqua son quotidien à Saint-Guirec, les cours de danse auprès de ses jeunes élèves qui la faisaient sourire et l'attendrissaient. Elle parla de Clara avec douceur, décrivit son goût de la danse, sa gentillesse, la façon maladroite dont elle essayait de rapprocher les deux sœurs en leur demandant sans cesse des anecdotes venues de leur enfance. Jing avait du mal à reconnaître la voix de Thaïs. Elle lui paraissait moins grave, plus tendre, moins dure. Quelle transformation son amie subissait-elle sur cette île lointaine ? Ils raccrochèrent en partageant la possibilité que Jing vienne passer quelques jours à la Kea pendant l'été, entre deux tournées ; citadin jusqu'au bout des ongles, il n'en demeurait pas moins curieux de découvrir cette étrange contrée qui semblait avoir ensorcelé Thaïs.

En remettant son téléphone dans son sac, cette dernière prit conscience que Jing lui manquait terriblement ; à Paris, ils se parlaient presque tous les jours. Cette séparation la peinait, mais elle avait aussi le sentiment de redécouvrir une autre part d'elle-même, une facette de sa personnalité qu'elle avait longtemps ignorée.

Elle allait se lever pour payer lorsqu'on interrompit le fil de ses pensées :

— Salut, Thaïs ! Je ne te dérange pas ?

La danseuse releva les yeux et fit face à Henry. Depuis son retour sur l'île, Henry était devenu l'un des plus proches amis de Susanne. Ils s'étaient vus à quelques reprises à la Kea et sur le quai (il naviguait souvent à bord du *Laouen*), mais ils n'avaient pas eu l'occasion de bavarder plus de cinq minutes. Il avait changé depuis le lycée, si bien qu'elle ne l'avait pas immédiatement reconnu lorsqu'ils s'étaient croisés sur le seuil de la maison, le jour de son arrivée. Ses cheveux ébouriffés encadraient un visage tanné par le soleil et il portait une barbe de quelques jours qui lui donnait l'allure d'un vieux loup de mer. Au coin de ses yeux qu'il avait d'un gris très sombre, des rides en pattes d'oie avaient creusé leur sillon, donnant à son visage un air juvénile qui contrastait avec la profondeur de son regard. Plus grand que dans son souvenir, il la dépassait largement et arborait une imposante carrure très éloignée de celle de l'adolescent qu'il avait été. Il portait un caban de marin par-dessus son pull en laine, un jean épais et de gros godillots en cuir marron, usés par le temps.

— Salut, Henry !

— Tu t'en allais ?

Ils se regardèrent quelques secondes, gênés de se trouver l'un en face de l'autre, sans Susanne. Comme Thaïs ne répondait pas, il ajouta :

— J'avais rendez-vous avec un ami qui vient de m'annoncer qu'il ne serait pas à l'heure. Je me disais que j'allais te proposer un café en l'attendant, mais je ne veux pas te mettre en retard.

Thaïs regarda sa montre. Elle avait encore un peu de temps devant elle. Elle se rassit, glissa à nouveau ses genoux sous le plaid, tandis qu'Henry commandait un café auprès du serveur :

— Tu veux un autre thé ?

La danseuse acquiesça, le médecin s'installa en face d'elle et croisa les bras sur la table.

— C'est fou, tu n'as pas changé depuis le lycée, j'ai l'impression de replonger des années en arrière !

Thaïs sourit puis elle répliqua :

— Désolée, mais on ne peut pas en dire autant à ton sujet. À l'époque, tu étais moins chevelu, moins barbu…

— Moins poilu, c'est ça ? Je te remercie !

Ils éclatèrent de rire. Henry rejeta la tête en arrière et ses yeux se plissèrent :

— En tout cas, je suis heureux de te revoir après toutes ces années et de savoir que tu as si bien réussi d'après ce que j'ai compris. Quand tu es partie à Paris, on ne savait pas ce que tu allais devenir.

— Et comme je n'ai pas donné de nouvelles…

— Ce n'est pas moi qui le dis.

— Mais tu as dû entendre le refrain.

— C'est vrai.

— Susanne et toi êtes amis depuis longtemps ?

Henry s'adossa à sa chaise tandis que le serveur posait les tasses sur la table, ainsi que la petite théière qui fumait dans le froid. Il détourna les yeux avant d'expliquer :

— Nous nous sommes rencontrés à un moment où nous avions chacun besoin de soutien et d'amitié. Nous avons fait du bateau ensemble, nous nous sommes épaulés, elle m'a aidé à retrouver ma place ici. Je n'étais pas un étranger en arrivant mais j'étais parti depuis longtemps. Je ne connaissais plus personne. Susanne est accueillante et chaleureuse, elle se met au service des autres. Elle m'a présenté à ses amis, ses collègues des Dunes. Je lui dois beaucoup.

Thaïs trempa ses lèvres dans sa tasse de thé. Henry reprit :

— Et toi, Thaïs, ça va ? J'imagine que passer de la scène du Palais Garnier au lino du studio Boucher te procure des sueurs froides par moments, non ?

Elle sourit. Il avait bien choisi ses mots.

— C'est un peu étrange, oui, mais je m'y suis faite et je crois que j'avais besoin de vacances finalement. Et puis, la situation est provisoire.

— Tu sais combien de temps tu vas rester ?

Thaïs secoua la tête.

— Susanne t'a expliqué pourquoi je suis revenue ?

— Très succinctement. Elle m'a parlé d'un chorégraphe tyrannique, d'une mauvaise adaptation d'*Anna Karénine* à laquelle tu accordes apparemment beaucoup d'importance. Mais je n'en sais pas tellement plus.

La danseuse observa son interlocuteur tandis qu'il avalait la fin de son expresso. Lorsqu'il releva les yeux, elle eut le sentiment qu'il voulait comprendre ce qui s'était passé, par empathie et non par voyeurisme. Alors elle lui raconta, son humiliation, sa colère, sa rancune à l'égard d'une institution à laquelle elle avait tout sacrifié pendant des années. Henry l'écouta attentivement, patiemment, absorbé par le flot de ses paroles et la passion qu'il décelait dans le fond de sa voix. Quand elle eut achevé son monologue, il expliqua :

— Je ne sais pas si cela te réconfortera, mais tu sais, je suis allé te voir danser sur YouTube.

Devant son regard interrogatif, il argumenta :

— Oui, après t'avoir croisée sur le seuil de la Kea, j'ai eu envie de savoir ce que tu étais devenue. J'ai mis un peu de temps à trouver car je ne connaissais pas ton nom de scène. Je voulais voir ce que tu faisais à Paris.

— Ah, et alors ? Pas trop déstabilisé ? Souvent, les pointes et le tutu rebutent ceux qui n'y connaissent rien.

— Ce n'est pas mon cas, non, j'ai été fasciné, en fait. Je ne mesurais pas à quel point vous vous donnez sur scène, physiquement et émotionnellement. J'ai presque pleuré devant les extraits de *Giselle*…

— Tu me fais marcher…

— Pas du tout. Et je voulais que tu le saches. Cela ne vaut pas grand-chose, mais c'est toujours ça.

— Merci. La danse nécessite un engagement complet, absolu, ce dont on ne se rend pas toujours compte.

— Tu as déjà dit ce genre de choses à Susanne ?

— Ma sœur a des raisons de m'en vouloir, je ne l'en blâme pas. Par moments, j'aimerais seulement qu'elle essaie de comprendre ce par quoi je suis passée, moi aussi, toutes ces années.

Le silence s'installa à nouveau entre eux. Thaïs proposa la fin de sa théière à Henry qui l'accepta volontiers, puis elle demanda :

— Et toi, alors, pourquoi être revenu à Saint-Guirec ?

Henry inspira profondément en versant le contenu de son petit paquet de sucre dans sa tasse, puis il se lança, confiant lui aussi :

— Après le bac, je suis parti faire mes études de médecine à Nantes. J'étais heureux de quitter

Saint-Guirec, je commençais à m'y sentir à l'étroit, comme tous les ados de notre âge, je pense. Après l'internat, j'ai obtenu un poste d'urgentiste à Saint-Nazaire. J'ai beaucoup travaillé pour ce résultat, qui m'a rendu fier. J'avais le sentiment de m'accomplir enfin, car je me sentais utile aux urgences. À mes longues journées succédaient de courtes nuits et les semaines passaient à toute allure. Je me pensais solide, prêt à tout affronter. Aux urgences, il faut se blinder pour encaisser les coups, le sang, les plaies, la mort qui plane toujours au-dessus de nos têtes. Et je crois qu'avec l'âge, mon armure s'est progressivement fendue. J'aurais dû guetter les premiers signes de fatigue qui s'étaient installés en moi, mais j'ai préféré ne pas les voir. Lors de mes journées de repos, le sommeil ne venait plus, je ne parvenais pas à reprendre mes forces après les échecs aux urgences, je me sentais las, épuisé. J'aurais dû me montrer plus attentif à mon égard. Il faut dire que sentimentalement, ça n'allait pas fort non plus : j'avais vécu une rupture particulièrement cruelle, et au risque de paraître un peu cliché, je m'étais réfugié dans le travail. J'avais bien trop tiré sur la corde quand j'ai finalement compris qu'il me fallait laisser l'hôpital derrière moi, avant de commettre l'irréparable avec un patient. Un matin, sur les coups de 8 heures, une femme est arrivée aux urgences, son mari sur le siège passager, son fils sur la banquette arrière, six ou sept ans, je ne sais plus. Son mari venait de faire un malaise en entrant dans leur voiture pour conduire les petits à l'école. La femme n'a pas réfléchi une seconde, elle nous l'a amené. C'était une crise cardiaque. On a passé je ne sais combien de temps à tenter de le ranimer, on a vraiment tout essayé. Quarante-deux ans, une vie bien remplie, une épouse aimante, un enfant. En quelques minutes, leur vie a été brisée. Lorsqu'on a compris que c'était fini, il a fallu le leur annoncer. C'était à moi de le faire. Je suis entré dans la salle d'attente, j'ai croisé le regard de la femme à peine plus âgée que moi, et je me suis écroulé, incapable de parler. J'avais annoncé ce genre de nouvelles des dizaines de fois auparavant, c'était toujours difficile mais pas infaisable. Là, c'était la fois de trop, je n'ai pas pu parler. Heureusement, j'avais emmené un interne avec moi et il a pris le relais pendant que je m'éclipsais. Mon chef m'a imposé deux jours de congé, mais je ne suis jamais retourné à l'hosto. J'ai cherché une porte de sortie et je l'ai trouvée : une médecine du quotidien qui contient son lot d'emmerdes et d'horreurs, je te rassure, mais j'ai la mer pour m'aérer l'esprit. Mon histoire n'a rien d'original. Nous sommes nombreux à passer par là, tu sais. Finalement, je m'estime heureux. Je n'ai jamais remis la médecine en question, jamais imaginé faire autre chose de ma vie. À mon sens, j'en étais arrivé à un point où je devais seulement changer d'environnement pour survivre.

— Et tu ne regrettes rien ?

Henry but une gorgée de thé et se laissa quelques secondes pour réfléchir. Il regarda Thaïs et reprit :

— Je ne regrette rien, non, j'ai fait le bon choix. J'ai ce sentiment paradoxal de prendre tous les matins un nouveau départ alors que mes journées ne se sont jamais autant ressemblé. Mes patients sont aimables, ils comptent sur moi, non pas dans l'urgence comme à l'hôpital, mais dans leur vie quotidienne. J'ai rencontré de vrais amis, je renoue avec mon passé, je panse mes plaies sentimentales aussi. Non, vraiment, la vie est douce ici.

La cloche résonna soudain au-dessus de leur tête, faisant sursauter Thaïs. Le soir était tombé sans qu'elle s'en aperçoive. Il ne faisait pas nuit, mais le soleil avait presque achevé sa course à l'ouest, plongeant l'île dans une douce pénombre, marquée par cette heure entre chien et loup où l'on ne perçoit plus que les formes et les silhouettes.

— Je dois rentrer pour préparer le dîner, c'est ma maigre contribution à la vie de la Kea.

Thaïs se leva de sa chaise, saisit son sac et sortit son porte-monnaie, mais Henry posa la main sur son bras.

— Laisse-moi t'inviter, Thaïs.

La danseuse sourit pour le remercier. Elle était gelée tout à coup, comme si le froid avait attendu la fin de leur conversation pour s'emparer de son corps. Henry alla payer avant de rejoindre Thaïs dehors où il expliqua :

— Je ne te propose pas de te raccompagner, je dois repasser par le cabinet pour finir ma paperasse du jour.

— Et ton ami, alors ?

Comme il n'avait pas l'air de voir ce à quoi elle faisait allusion, elle ricana et précisa :

— L'ami qui devait te rejoindre chez Mireille ?

Son visage changea d'expression et de couleur, et il lui sembla que sous sa barbe, ses joues se mettaient à rougir. Il ouvrit la bouche mais aucun son n'en sortit, alors il prit son téléphone dans sa poche et secoua la tête, les yeux écarquillés. Thaïs rit franchement devant son air ahuri. Elle allait lui tourner le dos en le saluant lorsqu'il finit par abdiquer :

— Bon, d'accord, je suis un piètre menteur. Il n'y avait ni ami, ni rendez-vous. J'ai inventé ce prétexte pour venir te parler en te voyant à la terrasse de Mireille. Je ne sais pas pourquoi j'ai fait ça, sans doute parce que j'ignorais comment m'y prendre.

Thaïs baissa la tête. À son tour, elle sentait la chaleur gagner son visage malgré la fraîcheur de l'air. Il se pencha vers elle et finit :

— J'espère que tu me pardonneras ce pieux mensonge et que nous nous reverrons, Thaïs. Cette fois, n'attendons pas vingt ans ! Embrasse Susanne et Clara pour moi.

Puis il s'éloigna à reculons, les mains dans les poches, le regard malicieux, avant de lui tourner le dos pour prendre le chemin de son cabinet. Thaïs fit quelques pas vers la Kea mais elle s'arrêta bientôt : ses lèvres s'étaient mises à sourire dans la nuit qui gagnait l'île.

16

Susanne

Le réveil sonna aux aurores mais Susanne ne dormait déjà plus depuis plusieurs minutes. Elle scrutait le plafond de sa chambre en se prélassant sous la couette, écoutait les premiers oiseaux chanter dans le jardin. Elle se leva finalement et se dirigea vers la salle de bains attenante à sa chambre. Elle tira le rideau de douche, accrocha péniblement le pommeau à la vieille colonne branlante et songea que cette pièce nécessitait, elle aussi, des travaux… Ceci dit, il fallait déjà que le couvreur en finisse avec le toit : il avait commencé à travailler la semaine précédant les vacances scolaires et procédait apparemment au rythme escompté. Si la météo les laissait tranquilles, les ouvriers achèveraient leur œuvre en temps et en heure. Susanne était fière de ces réparations, elle avait le sentiment de rendre un peu de lustre à cette vieille bâtisse qu'elle aimait tant.

Elle se glissa sous une douche bien chaude et, les yeux fermés, laissa l'eau ruisseler sur sa peau et ses cheveux ; puis elle coupa le robinet, et se sécha en s'observant dans le miroir qu'elle avait installé contre la porte de sa chambre. Le temps et sa grossesse avaient marqué son corps, mais elle ne se trouva pas si mal. Lors de leur dernière promenade en mer, Henry lui avait demandé quand elle se déciderait à inviter Pablo, le nouveau professeur d'espagnol des Dunes, à prendre un verre avec elle. Apparemment, elle ne le laissait pas indifférent et Susanne l'aimait bien, elle aussi. Elle avait retourné la question à son ami et il avait pris un air énigmatique pour lui annoncer qu'il avait quelqu'un en tête depuis quelque temps. Elle l'avait habilement interrogé mais il n'avait rien révélé de son secret, alors elle l'avait laissé tranquille. Celle qui séduirait Henry serait sacrément chanceuse, tant il savait se montrer doux et prévenant. Elle soupira en délaissant le miroir. Peut-être avait-il raison ? Peut-être était-il temps de baisser la garde ?

En réalité, Susanne se trouvait bien seule. L'indépendance et la liberté avaient été sa devise pendant si longtemps qu'elle ne savait plus faire autrement. Elle avait le sentiment de se suffire à elle-même d'une certaine façon. Son travail l'occupait énormément, il la passionnait même de sorte qu'elle passait un temps infini à préparer ses séquences, ses ateliers, ses projets… Elle cherchait à se renouveler sans cesse, à expérimenter de nouvelles pédagogies, de nouveaux types d'exercices. Elle aimait le lien qui se tissait au fil de l'année avec ses élèves, cette confiance progressive qui s'installait entre eux. En première, ils l'accaparaient plus particulièrement : il fallait préparer le bac, l'écrit comme l'oral, s'assurer qu'ils disposaient de tous les outils pour donner le meilleur d'eux-mêmes. C'était un beau défi, terriblement exigeant et responsabilisant. Et quand elle quittait les Dunes pour rejoindre la Kea, elle retrouvait sa Clara : elle l'aidait à faire ses devoirs, l'écoutait raconter sa journée, ses petites histoires d'amitié déçue ou retrouvée… Elles dînaient ensemble, regardaient un film, lisaient parfois. Lorsqu'Henry se joignait à elles, ils s'installaient dans la salle à manger pour faire un jeu de société endiablé. Ces soirées étaient les meilleures. Depuis que Thaïs était arrivée, les deux danseuses bavardaient souvent autour d'une tisane. Susanne les écoutait d'une oreille, pour s'assurer que sa sœur n'allait pas laver le cerveau de la jeune fille. Dans cet emploi du temps bien chargé, quelle place serait-elle capable de consacrer à un amant ?

Elle haussa les épaules.

Clara constituait l'une des raisons de vivre de Susanne, elle contenait en elle tout son bonheur, toute sa joie. Pour autant, l'élever seule, tout en assumant pleinement son rôle de professeure, s'avérait difficile. Valentin ne lui avait jamais rien promis en la matière, mais elle avait naïvement imaginé qu'il se montrerait plus présent dans le quotidien de leur enfant. Malheureusement, ils se voyaient à peine deux fois par an, et ne s'appelaient pas tellement plus. Susanne avait toutefois cessé de lui en vouloir, elle l'avait bien trop aimé pour laisser la rancune prendre le dessus. Et puis, il ne les avait pas vraiment abandonnées : il avait choisi l'océan. Finalement, Thaïs et Valentin se ressemblaient par bien des aspects.

Elle s'habilla rapidement d'un jean, un épais pull marin par-dessus son t-shirt préféré et de confortables baskets avant de descendre pour retrouver sa sœur qu'elle entendait préparer le petit déjeuner dans la cuisine. Clara avait dormi chez une amie la veille, elles devaient passer la journée ensemble afin de préparer un exposé de géographie prévu pour la rentrée. Pendant les vacances scolaires, le rythme du quotidien s'apaisait généralement, ce qui permettait à Susanne et sa fille de se détendre pour repartir du bon pied, mais cette seconde semaine allait s'avérer plus chargée que d'ordinaire. En effet, l'enseignante avait prévu de nombreuses répétitions avec ses jeunes comédiens de l'atelier théâtre pour préparer les représentations de fin d'année. Ils avaient bien travaillé pendant ce trimestre, mais c'était toujours au cours de cette semaine intensive que la mise en scène se réglait définitivement. Les élèves achevaient d'ordonner leur prestation individuelle, ils peaufinaient l'apprentissage de leur texte, s'accordaient enfin comme les instruments d'un même orchestre. Ces quelques jours s'avéraient souvent éprouvants, mais Susanne les savait indispensables et passionnants. Au moment d'organiser son emploi du temps, elle avait toutefois réservé cette matinée pour la passer avec Thaïs. Elles avaient décidé de naviguer ensemble à bord du *Laouen*, ce qui n'était pas arrivé depuis leur adolescence.

Contrairement à sa sœur, Thaïs n'avait jamais apprécié la voile. Elle ne détestait pas les balades familiales en mer, mais elle ne comprenait pas l'intérêt que Susanne et ses amis du club nautique de la Plage

Blanche trouvaient à « faire des ronds dans l'eau ». Lorsque cette dernière lui avait proposé de tirer quelques bords ensemble, elle avait toutefois accepté avec un enthousiasme surprenant, ce dont Susanne s'était secrètement réjouie. Si l'enseignante avait planifié cette matinée, c'était pour qu'elles puissent enfin parler, la promenade en mer pouvait offrir un moment propice aux confidences. Susanne souhaitait qu'elles s'expliquent, elle voulait comprendre leur éloignement.

Elle trouva la ballerine dans la cuisine, préparant la thermos de thé qu'elles allaient emporter sur le *Laouen*. Elle avait dressé la table, comme tous les matins depuis son arrivée, garni la corbeille de pain frais, fait couler le café dont le parfum embaumait toute la pièce. En entendant Susanne, elle se retourna :

— Je te sers une tasse ?

— Tu ne devrais pas nous habituer à tout ça, Thaïs... On ne voudra plus que tu partes si tu continues.

Les deux sœurs se fixèrent un instant sans un mot, ignorant l'une et l'autre si ces paroles relevaient du sarcasme ; puis elles s'assirent et dégustèrent leur petit déjeuner dans le silence. Susanne expliqua qu'elle avait été à la capitainerie la veille, vérifier la force du vent. Les prévisions étaient calmes pour toute la journée, ce qui leur assurerait une agréable promenade. Elles terminèrent leur café, bouclèrent leur sac à dos et quittèrent la Kea côte à côte. Elles traversèrent la place du Marché, encore déserte à cette heure matinale, longèrent le quai où les premiers cafés ouvraient leurs portes aux quelques touristes venus passer la semaine sur l'île. Elles saluèrent Mireille, descendirent sur le ponton un peu plus loin, et s'avancèrent vers le *Laouen*. Thaïs n'avait pas encore posé le pied sur le bateau de leurs parents depuis son retour. Elle s'arrêta à quelques mètres du vieux gréement, laissa sa sœur s'en approcher seule, puis elle la rejoignit et expliqua :

— Je me le rappelais plus grand…

— Tu étais plus jeune, surtout. Ne t'inquiète pas en tout cas, il est en parfait état. Henry le bichonne encore plus que Papa ne le faisait. Ça doit être un truc de médecin…

— Il m'a dit qu'il y passait beaucoup de temps, oui.

Susanne fronça les sourcils :

— Vous vous êtes vus ?

Thaïs détourna les yeux et répondit :

— Nous nous sommes croisés sur le quai il y a peu de temps.

— C'est drôle, il ne m'en a pas parlé.

— Il n'a pas dû en voir l'intérêt… Enfin, c'était amusant de se reparler après tout ce temps : tu sais que nous étions dans la même classe aux Dunes ?

— Il me l'a dit quand il s'est installé, mais ça m'était sorti de la tête. Bon, tu te souviens de ce que tu dois faire à bord ?

La danseuse esquissa un salut militaire et suivit sa sœur qui grimpa sur le navire avec adresse. Elle-même agrippa un hauban et se hissa sur le plat-bord pour sauter sur les planches de bois qui recouvraient le pont avant du *Laouen*. Susanne l'observa du coin de l'œil. C'était à la fois si naturel et si étrange de la voir ici. Elles sortirent le foc de son sac, le déplièrent et l'attachèrent à la drisse qui allait permettre de le lever le long du mât. Puis elles déroulèrent la grand-voile rouge de la bôme et montèrent la vergue. Enfin, elles prirent place à l'arrière du bateau et Susanne demanda :

— Tu veux barrer ?

Thaïs éclata de rire :

— Non, merci ! Je n'ai pas barré depuis environ… vingt ans ! Alors je te laisse ce plaisir.

— C'est comme le vélo, tu sais, ça ne s'oublie pas.

— Je comprends la comparaison, mais je ne préfère pas, merci.

— Tu me diras si tu veux essayer en mer. Tu lances le moteur ?

Thaïs hocha la tête et s'exécuta. Le petit bateau recula doucement parmi ses acolytes pour quitter son emplacement, puis Susanne inversa le sens de la manœuvre et le *Laouen* s'engagea dans le chenal principal afin de quitter le port. Thaïs se rendit à l'avant du navire où elle se tint debout, après avoir rentré les bouées. Le silence régnait autour d'elles, seulement brisé par le ronflement du moteur. Une fois que le bateau eut quitté le port, Susanne coupa l'engin et borda mollement la grand-voile ; Thaïs l'imita en tirant sur l'écoute du foc. Le *Laouen* prit son allure, ondulant au gré des vagues que caressait un souffle léger. La danseuse observa le bout du chenal, marqué par les balises rouge et verte sur lesquelles une foule de goélands fatigués était perchée. Elle sentait le vent dans ses cheveux, le soleil encore bas à l'horizon effleurait ses joues, sans l'éblouir pour le moment, et sous ses pieds, le bateau voguait dans un rythme lent et sourd, qui sonnait en elle comme une berceuse de son enfance. Elle reconnaissait cette sensation, cette impression que le sol se dérobe dans le creux, avant de vous soutenir à nouveau dans la pleine vague. Lorsqu'elle rejoignit Susanne, cette dernière lui demanda :

— Ça te rappelle des souvenirs ?

— J'ai cette impression curieuse que tout a changé… et que rien n'a changé.

Elle n'avait pas tort, à Saint-Guirec, le temps passait comme partout ailleurs, mais rien ne semblait altérer l'île, ses côtes, ses paysages sauvages, ses odeurs de sel et de marées. Seuls les habitants se transformaient ici : ils grandissaient, ils vieillissaient, ils mouraient, ils partaient, revenaient parfois, mais toujours, l'île leur survivait, immuable, comme un veilleur intemporel.

Susanne mit le cap sur le phare pour longer la côte sud de l'île, qui offrait un vent favorable à leur promenade. Thaïs commença :

— Merci Susanne de m'avoir proposé cette sortie. Je suis heureuse qu'on passe ce moment ensemble, tu sais. Et de façon générale, merci de ton accueil à la Kea, je sais que je me suis imposée de façon brutale. Tu avais raison, je ne savais pas où aller… Si tu m'avais jetée dehors, je me demande ce que j'aurais fait. Au lieu de ça, j'ai le sentiment d'avoir mis à profit ce revers dans ma carrière. Je me sens bien plus forte qu'il y a quelques semaines, plus sereine aussi.

Susanne sourit, puis elle inspira profondément. Il était temps qu'elle se lance, elle aussi, qu'elle se livre et exprime tout ce qui avait été tu depuis si longtemps :

— Je ne t'aurais jamais claqué la porte au nez Thaïs… D'ailleurs, la Kea t'appartient autant qu'à moi, tu te rappelles ? Un moment, j'ai craint que tu me demandes de la vendre… Là, je t'en aurais vraiment voulu.

— Et ce n'est pas le cas ?

— Si, je continue à t'en vouloir, Thaïs, mais j'ai mis de l'eau dans mon vin.

— Je te parie que c'est grâce à mes dîners…

Susanne sourit, puis elle tira de son sac à dos le paquet de lettres qu'elle n'avait cessé de relire ces dernières semaines. Elle avait même exhumé quelques mails de sa vieille messagerie. Elle posa le tout sur les genoux de sa sœur abasourdie :

— Tu les as donc gardées ?

Susanne hocha la tête et s'expliqua :

— Non seulement je les ai gardées, mais je les ai relues une par une.

Thaïs les déplia à son tour, un sourire aux lèvres. Elle les parcourut et demanda :

— Alors ? Est-ce de la grande littérature à ton avis ?

— Que s'est-il passé ? Pourquoi as-tu arrêté de m'écrire ? Je voudrais t'entendre me le dire.

— Je pensais que tu l'avais compris : j'ai arrêté de t'écrire parce que tu ne me répondais quasiment jamais.

— Mais pourquoi ?

— Comment veux-tu que je le sache ? Tu m'en voulais de t'avoir laissée avec Papa et Maman sans doute, d'avoir voulu croire en mes rêves… Tu n'écrivais que pour me rappeler à quel point tu étais heureuse à Saint-Guirec, aux Dunes. Moi, au Conservatoire, tout était si dur. Chaque jour relevait du défi, je me suis tellement battue ! J'essayais de te l'expliquer dans mes lettres, mais tu n'avais pas l'air de comprendre ce que je traversais… Quand je suis arrivée à Paris, j'étais nulle. Je vois encore mes bulletins, mes appréciations, les remarques de mes professeurs. Et toi qui m'avais toujours soutenue, je ne pouvais plus compter sur toi. Un moment, j'ai pensé que je n'aurais pas dû partir… Mais c'était mon rêve, Susanne, mon rêve !

— Et le téléphone ? Pourquoi n'appelais-tu pas davantage ?

— La première année, on avait tellement chargé mon emploi du temps que j'avais à peine le temps de manger. Je devais rattraper le niveau des autres élèves de mon âge pour espérer rester l'année suivante. J'appelais le week-end, mais tu n'étais jamais là, et tu ne répondais pas sur ton portable. Je parlais avec Papa et Maman, mais c'était de toi dont j'avais besoin.

— Tu ne revenais jamais…

— C'est faux, Susanne. Je suis revenue à la Toussaint et à Noël la première année. Mais rappelle-toi ! Tu es partie en stage de voile aux Glénans au même moment. Nous nous sommes à peine croisées sur le port, et je me suis retrouvée seule à la Kea, comme une idiote, avec Maman qui ne comprenait pas pourquoi j'avais quitté la maison.

— Elle était fière, pourtant, tu le sais bien.

— Plus tard, elle l'a été, oui. Mais les premières années, je ne pouvais compter que sur le soutien de

Papa qui travaillait trop pour avoir le temps de me parler.

Susanne écoutait Thaïs. Le passé lui apparaissait soudain si différemment. Et d'une certaine façon, elle s'en sentait libérée, soulagée de ne pas avoir été seulement celle qu'on abandonne derrière soi. La danseuse chaussa ses lunettes de soleil. Leur bateau longeait la Plage Blanche maintenant, d'où les premiers catamarans de l'école de voile allaient bientôt partir. Thaïs poursuivit après avoir rangé le paquet de lettres au fond du sac de Susanne :

— Le pire, ça a été quand tu es tombée amoureuse de Valentin. Tu avais quoi… dix-sept ans ? Tu passais ton temps entre les Dunes où tu brillais par tes notes et le club de voile où tu filais le parfait amour avec le garçon le plus convoité de Saint-Guirec. Tu sais ce que je faisais moi, pendant ce temps ? Je préparais le concours pour intégrer le corps de ballet, c'était ma dernière chance d'y parvenir, j'avais échoué une première fois. Je travaillais du matin au soir, du soir au matin, ne voyais que Jing qui s'entraînait aussi comme un acharné. J'étais tellement jalouse Susanne, je t'enviais tant… C'est là que j'ai compris qu'il me fallait vous mettre derrière moi. J'avais déjà tant sacrifié qu'il m'était impossible de m'arrêter en cours de route. Tout cela ne devait pas avoir été vain. Je ne pouvais compter que sur moi-même.

— Et tu as choisi un nom de scène…

— En entrant dans le corps de ballet, oui… Réussir ce concours a été une telle fierté. C'était tout ce pour quoi je m'étais battue depuis mon départ de

Saint-Guirec ! J'avais envie qu'on me voie autrement que la petite danseuse débarquée de province, je voulais démarrer une nouvelle vie, une nouvelle histoire. C'était peut-être une erreur, mais j'avais le sentiment de pouvoir enfin prendre ma vie en main.

Susanne avait du mal à croire ce qu'elle entendait ; pourtant, chaque parole tintait de façon juste en elle, comme les pièces d'un puzzle qui s'emboîtent et coïncident pour livrer un tableau plus large, révélant une vérité qu'elle avait occultée pendant des années. Thaïs se rapprocha de sa sœur, retira ses lunettes et la regarda avant de se lever pour faire quelques pas sur le pont et reprendre :

— Quand Clara est née, le fossé s'est encore élargi. Je venais de rompre avec le premier garçon que j'ai aimé, un danseur qui m'a quittée pour une camarade du corps de ballet. Je me sentais si malheureuse, j'avais l'impression qu'on ne m'aimerait jamais, que j'avais choisi une voie qui ne me permettrait pas de m'épanouir pleinement, comme toi.

— Mais on avait à peine vingt ans, Thaïs ! C'était tellement jeune, trop jeune même !

— Tu as raison, mais je ne le voyais pas à ce moment-là. J'aurais dû venir te rendre visite, j'aurais dû te consoler quand Valentin est parti… Mais, Susanne, je pensais sincèrement que tu n'avais pas besoin de moi, et je te demande pardon.

L'enseignante gardait les yeux rivés sur le phare. Elle proposa de virer et de prendre la direction de l'île Dumet qui abritait une réserve ornithologique et se situait à quelques milles à l'ouest de Saint-Guirec :

sa silhouette se découpait au loin sur l'horizon. Elles n'accosteraient pas mais elles s'offriraient un moment de pleine mer. Thaïs borda la grand-voile, puis elle servit deux tasses de thé et se rassit à côté de sa sœur, dont la gorge s'était serrée. Susanne savait que si elle se mettait à parler, les sanglots suivraient. Pourtant, elle finit par dire :

— Je te demande pardon, moi aussi, pour toutes ces années, toutes ces lettres sans réponses, tous mes silences. Mais j'ai une dernière question à te poser : l'enterrement, Thaïs, pourquoi n'es-tu pas venue à l'enterrement ?

La danseuse soupira ; ses épaules s'affaissèrent, elle ferma les yeux, prit son visage entre ses mains. Après quelques secondes, elle se releva et se tourna vers Susanne. Ses lèvres tremblaient légèrement, son teint avait pâli. Elle demanda alors très doucement, presque trop bas pour que sa sœur puisse l'entendre :

— Tu ne t'es jamais demandé ce que Papa et Maman faisaient ce soir-là, sur le ferry ?

Susanne ne comprenait pas la question de Thaïs. Elle fronça les sourcils et l'interrogea du regard :

— Tu ne t'es jamais demandé pourquoi Papa avait planté ses patients si soudainement, lui qui peinait à prendre deux semaines de vacances par an ?

Susanne sentit ses entrailles se nouer. Où Thaïs voulait-elle en venir ? Elle s'était interrogée, bien sûr, mais leurs parents avaient bien le droit de disposer de leur temps comme ils le souhaitaient après tout… Ce qui l'avait surprise, c'était qu'ils ne l'aient pas prévenue plus tôt. En revenant des Dunes, elle avait reçu un texto laconique de sa mère qui lui promettait des explications ultérieures. Mais à dire vrai, Clara couvait une mauvaise bronchite à ce moment-là, qui la préoccupait bien davantage. Elle répondit :

— Qu'est-ce que tu cherches à me dire, Thaïs ?

La danseuse se leva. Pour la première fois, Susanne remarqua que ses yeux brillaient :

— Ils étaient en route pour Paris, Susanne, c'est pour moi qu'ils ont pris le ferry ce soir-là.

Susanne resta figée quelques secondes : elle avait compris ses mots, mais elle ne voulait pas admettre leur signification. Thaïs reprit :

— Je suis désolée, Susanne, tellement désolée…

— Tu dis qu'ils venaient te voir ? Mais ça n'a aucun sens… Ils m'en auraient parlé ! Ils me le disaient toujours quand ils se rendaient à Paris !

La danseuse secoua frénétiquement la tête. Elle passa une main dans ses cheveux, se pencha en avant. Le regard de Susanne oscillait entre le visage pâle de sa sœur et la silhouette de l'île Dumet qui se découpait à l'horizon.

— Pas cette fois, Susanne. Ils ne venaient pas me voir danser, ils venaient me secourir. J'étais à bout, épuisée, malheureuse. Je venais d'enchaîner plusieurs représentations de *La Bayadère*, un ballet intense et éprouvant. J'étais première danseuse, alors c'était un honneur pour moi de tenir le rôle-titre d'une telle chorégraphie généralement réservé aux étoiles. Des bruits couraient : on m'avait parlé d'une possible nomination sur ce rôle, et comme je venais d'avoir trente ans, j'avais le sentiment que si cela devait se produire, ce serait à ce moment-là, ou jamais. Jing avait été nommé depuis plus de trois ans, j'avais l'impression de stagner de mon côté. J'avais mis tous mes espoirs dans ces représentations, toutes mes forces. J'en suis sortie tellement fatiguée… et toujours première danseuse. Quelle déception… Un moment, j'ai eu envie de tout mettre derrière moi pour, enfin, passer à autre chose. C'était excessif, mais après tant d'années, j'avais l'impression que le jeu n'en valait plus la chandelle. Les premiers danseurs ne sont pas toujours nommés Étoiles et cela n'enlève rien à leurs qualités de danseurs, mais je m'étais tant investie, de façon si exclusive, que j'en avais fait un but en soi. Le lendemain de la dernière représentation, j'ai téléphoné à Papa. Je ne l'appelais plus très souvent, et pourtant, il a tout de suite décroché et m'a écoutée pendant une heure vider mon sac, ma hargne, ma rancœur, ma désillusion. Il m'a consolée, et lorsque je lui ai dit que j'allais tout arrêter et quitter la compagnie, il m'a conseillé de ne pas prendre de décision hâtive, puis il m'a proposé de venir me voir. Je me rappelle être restée silencieuse quelques secondes, incapable de lui avouer que j'avais terriblement besoin d'eux, de leurs bras protecteurs autour de mon cou, de leurs mots doux et tendres qui me replongeraient dans mon enfance heureuse. Il a compris ce silence, il a su lire entre les lignes et m'a dit qu'il allait voir ce qu'il pouvait faire. En fin d'après-midi, il m'a rappelée, il était avec Maman, dans la voiture, sur le port. Ils prenaient le dernier ferry et pensaient arriver à Paris vers 2 heures du matin. Je leur ai dit que c'était de la folie, ils ont éclaté de rire. J'entends encore Maman répondre : « Rester sur notre caillou alors que tu as besoin de nous serait de la folie. » J'étais soulagée et heureuse, Susanne, de savoir qu'on allait prendre soin de moi. J'ai déplié le canapé-lit, fait quelques courses, je les ai attendus et j'ai fini par m'endormir. En me réveillant, vers 6 heures, et en constatant que je n'avais pas de leurs nouvelles, j'ai compris que quelque chose s'était produit. J'ignore combien de fois j'ai composé leurs numéros… Et lorsque le tien s'est affiché sur l'écran de mon portable, j'ai su.

— Mais pourquoi ne m'as-tu rien dit, Thaïs ?

— Oh, Susanne, sois honnête, je t'en prie ! On ne se parlait plus, toi et moi, et j'avais tellement honte ! Je suis restée chez moi toute la journée, sous le choc. Je n'arrivais même pas à pleurer. Lorsque Tatiana m'a appelée en fin d'après-midi, j'ai décroché par automatisme. Elle savait à quel point j'étais déçue à l'issue des représentations de *La Bayadère* et m'appelait pour me proposer deux ultimes spectacles la semaine suivante. Elle voulait que je réponde immédiatement. J'ai compris, Susanne. J'ai compris que je devais ces deux dernières *Bayadère* à nos parents, à toi, que je me les devais à moi, les refuser revenait à tirer un trait sur la possibilité d'être un jour étoile, les accepter me laissait une dernière chance. Ils m'avaient tout donné, je n'avais pas le droit de m'écrouler ainsi. Alors j'ai dit oui. J'ai dit oui en sachant que je n'allais pas pouvoir t'aider, en sachant que tu n'allais pas comprendre et que je rompais définitivement avec tout ce qui nous avait liées, toi et moi. Cela te semble fou ?

Susanne entendait les propos de sa sœur, mais ils lui paraissaient obscurs, sibyllins. Face à sa mine crispée et son silence, la danseuse reprit :

— Je ne te demande pas de me comprendre, Susanne, mais j'aimerais que tu arrêtes de me juger, j'aimerais que tu essaies de te mettre à ma place, quelques minutes seulement, et que tu puisses relire l'histoire à travers mes yeux.

La main de Susanne s'était crispée sur la barre. Elle gardait le cap vers l'île Dumet par automatisme ; en réalité, elle ignorait où elle allait et où elle se trouvait. Elle revivait ces jours sombres, imaginait Thaïs à Paris, dans cet appartement qu'elle n'avait jamais vu, seule et accablée. Elle aussi s'était sentie anéantie, perdue. Mais elle avait Clara contre elle, son sourire édenté, sa peau aux senteurs de vanille, ses bras serrés autour de son cou. Il lui restait l'amour de son enfant, les yeux tournés vers l'avenir pour l'aider à traverser l'épreuve. Qu'avait Thaïs ? Cette dernière reprit alors :

— Le soir même, j'avais tout raconté à Jing, mais je n'avais rien dit aux autres. J'avais décidé de faire ces deux dernières représentations ; ensuite seulement, je te rappellerais. Je devais aller au bout, tu comprends ? Et puis j'ai été nommée Étoile. Mes premières pensées vous étaient dédiées bien sûr : j'aurais tellement voulu que vous soyez dans la salle… Mais lorsqu'il a fallu parler, je vous ai gardés pour moi. Vous étiez mon secret, mon trésor, celui qui avait permis que j'aille au bout de cette incroyable aventure.

— Et tu ne m'as pas téléphoné pour finir.

— Je n'ai jamais réussi à cause de la honte, celle de t'avoir privée d'eux. Sans moi, Susanne, ils n'auraient pas pris le ferry ce soir-là et vous seriez toujours réunis. J'ai appris à taire ce sentiment, à le cacher dans un coin de mon cœur mais lorsque je pensais à la Kea, à Saint-Guirec, à Clara et toi, il revenait toujours, comme un compagnon fidèle et implacable. Jing me disait souvent que je devrais aller te trouver, prendre du temps pour t'expliquer. Il avait raison évidemment, mais je ne l'écoutais pas. Jusqu'au jour où Tatiana m'a quasiment mise à la porte de l'Opéra... Cette fois, lorsque Jing m'a suggéré de faire le voyage, j'ai suivi son conseil. Je ne t'ai pas prévenue car je craignais de perdre courage en entendant ta voix. Il fallait que je me mette moi-même devant le fait accompli.

Susanne garda le silence quelques minutes, immobile. Elle comprenait soudain que ce qu'elle avait pensé pendant des années ne reflétait qu'une partie de la réalité, le côté d'une médaille dont elle n'avait pas soupçonné qu'elle pût disposer d'une autre face. Sa sœur avait levé le voile, pour découvrir une vérité qui ne ressemblait pas à la sienne. Pouvait-on vraiment parler de révélation toutefois ? Susanne devait reconnaître que l'idée que ses parents aient quitté Saint-Guirec pour rejoindre Thaïs l'avait effleurée au moment de l'accident... Mais elle avait préféré l'oublier, elle aussi, et comme sa sœur ne le lui avait jamais confirmé, il avait été plus simple de ne plus se poser la question. Susanne s'était protégée en faisant disparaître Thaïs des murs de la Kea, et des albums photo, comme Thaïs s'était protégée en délaissant la maison de son enfance et ses occupantes.

Que de temps gâché... Et Susanne aurait pu, elle aussi, briser ce silence. Après tout, pourquoi n'avait-elle pas pris les devants en allant à Paris ? Elle connaissait l'adresse de sa sœur, savait qu'elle se rendait chaque jour à Garnier pour répéter dans les combles et ses mythiques studios qui donnaient sur les toits de la capitale. Pourquoi n'avait-elle pas franchi les kilomètres qui les séparaient pour tenter de comprendre ce qui s'était produit ? Les absents ont toujours tort : elle s'était accrochée à cette idée naïve et puérile, optant elle aussi pour le silence.

Les côtes de l'île Dumet se rapprochaient, on commençait à deviner la silhouette du fort qui la dominait de ses ruines. Susanne proposa de virer de bord pour revenir doucement vers Saint-Guirec. Elle avait imaginé que leur promenade donnerait lieu à des explications, mais elle n'avait pas imaginé à quel point. Elles changèrent de cap sans un mot, bercées par une houle ronde et confortable. Susanne relisait l'histoire, comme le lui avait suggéré Thaïs. Elle remontait le temps, se souvenait des événements qui s'étaient succédé avant et après le drame, tentait de les percevoir autrement, de changer de point de vue. Et tout semblait différent maintenant. Au fond d'elle, un nœud s'était défait, remplacé par un intense soulagement. Le pardon demeurait lointain, mais elle entrevoyait une lueur qui lui indiquait que la relation qu'elle entretenait autrefois avec Thaïs allait, peut-être, renaître de ses cendres. La danseuse s'approcha alors de Susanne, et comme un reflet de cette lumière, elle demanda :

— Finalement, j'aimerais bien barrer. Tu me rappelles comment on fait ?

Susanne la regarda et les yeux soudain pleins de larmes, elle prit la danseuse dans ses bras. Thaïs la serra contre elle, émue et heureuse d'avoir enfin retrouvé, pour quelques minutes du moins, ce rôle qu'elle croyait avoir abandonné pour toujours, l'un des plus beaux pourtant : celui de sœur.

17

Thaïs

Thaïs repositionna la cheville de Clara posée sur la barre. Elle appuya sur les orteils à travers le cuir du chausson pour amplifier la courbe du coup de pied, si cher aux danseurs. La jeune fille esquissa une grimace :

— Tends davantage, Clara ! Allez, on reprend les pliés !

La jeune fille s'exécuta tout comme ses camarades qui effectuèrent les mouvements attendus sur un des *Nocturnes* de Chopin que Thaïs avait relancé. Cette dernière passa derrière chacun de ses élèves pour corriger leur position d'un geste précis. Les jeunes danseurs se regardaient dans le miroir, et comprenaient en un coup d'œil que ce qui apparaissait comme un détail transformait leur posture générale, et de là, leur allure. Ils remerciaient Thaïs d'un sourire, s'appliquaient à mettre en pratique le conseil de leur professeure dans l'exercice suivant… et l'oubliaient généralement quelques minutes plus tard. L'étoile avait commencé par s'étonner de ces oublis qu'elle considérait comme un manque de rigueur. Puis M. Boucher lui avait rappelé, lors de l'une de leurs nombreuses conversations téléphoniques, que c'était avant tout par plaisir que ces jeunes poussaient la porte de son studio. Ils n'aspiraient pas tous aux projecteurs de la scène, et s'ils souhaitaient assurément progresser, ils n'y sacrifieraient certainement pas leur désinvolture. Alors Thaïs avait opté pour la gentillesse et la bienveillance, sans sévérité. Avec Clara, les choses étaient légèrement autres toutefois : elle voulait donner le meilleur à sa nièce et se montrait par conséquent plus intransigeante. L'adolescente avait remarqué que sa tante la traitait différemment de ses camarades, mais elle ne s'en offusquait pas vraiment, et s'était imaginé que d'une certaine façon l'étoile croyait en elle.

La leçon s'acheva par un adage au milieu de la salle et une séance d'étirements à laquelle Thaïs se livra elle aussi. Puis les élèves se précipitèrent dans les vestiaires pour se rhabiller avant de rentrer chez eux dans la douceur de l'été qui se profilait. Clara n'attendit pas sa tante qui lui avait expliqué qu'elle ne dînerait pas à la Kea ce soir-là. Elle s'était habituée à la présence de Thaïs parmi elles, et si elle continuait à lui poser des questions, elle ne scrutait plus ses moindres faits et gestes comme elle avait pu le faire à son arrivée. La danseuse avait trouvé sa place dans le quotidien de la maison.

L'enseignante salua tout le monde puis referma la porte du studio pour y mettre un peu d'ordre avant de partir. Elle avait repris les cours de M. Boucher deux mois plus tôt et s'était progressivement habituée à son nouveau rythme, à ses élèves, à cette autre façon de pratiquer son art. Elle continuait à danser elle-même, s'imposait un minimum de trois heures d'exercice chaque jour, mais elle se sentait glisser dans un monde différent, plus souple et plus doux, moins urgent. Elle savait toutefois qu'il lui faudrait quitter cet univers, que bientôt, cette parenthèse insulaire allait s'achever. Elle reprendrait alors le ferry et repartirait à Paris où l'attendait sa vraie vie, ce rythme pour lequel elle s'était tant battue.

Tatiana l'avait appelée la veille pour prendre des nouvelles. C'était son premier coup de téléphone depuis le mois de février. Elle ne lui avait pas demandé où elle se trouvait, mais elle s'était assurée qu'elle se portait bien. Thaïs l'avait laissée parler puis elle lui avait demandé, de but en blanc, la raison de son appel. Mielleuse, Tatiana avait fini par lui expliquer :

— Nous avons programmé la saison prochaine, Thaïs, et je voudrais que tu reviennes dès septembre. Tu ne reprendras pas un rôle immédiatement bien sûr, je te laisserai retrouver tes habitudes, mais j'ai pensé à toi pour *Joyaux* en janvier. Maintenant qu'*Anna* part en tournée, tu n'as plus aucune raison de te cacher. Qu'en dis-tu ?

Thaïs sentait son cœur battre dans sa poitrine. Elle avait laissé passer quelques secondes, savourant la joie qui pointait en elle, puis elle avait répondu, de façon tout aussi mielleuse :

— Comment *Anna* a-t-elle été reçue, Tatiana ? J'imagine que vous avez eu une incroyable saison, non ?

— Je te reconnais bien, Thaïs, toujours aussi franche, n'est-ce pas ? Tu sais ce qu'on en a dit, tu as lu les journaux comme tout le monde… Je ne comprends pas, à vrai dire, pour moi, c'était du grand Korniloff, mais je dois me faire vieille. Enfin, il part quand même en tournée avec ses danseurs, l'accueil sera sans doute meilleur aux États-Unis. Thaïs, je ne vais pas te prier à genoux, tu me connais trop bien pour ça, mais tu sais aussi que nous avons besoin de toi ici. La compagnie n'est plus la même en ton absence… Tout le monde s'interroge, tout le monde s'inquiète et me questionne, et comme je ne sais rien de ta retraite, je me tais, ce qui ne fait qu'alimenter les suppositions.

Thaïs expliqua alors à sa directrice qu'elle avait suivi ses conseils en se reposant enfin. Elle allait revenir, bien sûr, mais elle ne pouvait lui dire à quel moment précisément. Elle avait encore des points à régler de son côté. Elles avaient raccroché en promettant de se rappeler rapidement.

La fin de cette étrange période sonnerait donc bientôt, et si Thaïs se réjouissait profondément de retrouver les répétitions, la scène, elle sentait aussi son cœur se serrer à l'idée de laisser Saint-Guirec derrière elle. Depuis les vacances de Pâques et la conversation qu'elles avaient eue à bord du *Laouen*, Thaïs et Susanne n'entretenaient plus la même relation. La colère qui les avait tenues éloignées l'une de l'autre s'était apaisée, comme le calme s'impose après l'orage. Elles se remémoraient le passé de façon plus sereine, plus joyeuse et sa petite sœur avait même abandonné ce sarcasme dont elle ponctuait chacun de leurs échanges les semaines qui avaient suivi l'arrivée de Thaïs à la Kea. Une remarque fusait encore de temps à autre, mais Susanne adoptait alors une mine gênée qui témoignait de son changement de point de vue. La douceur revenait progressivement entre elles, et la semaine précédente, Thaïs avait été émue de voir apparaître une photo d'elle et de Clara sur le piano du salon. Susanne l'avait prise à la dérobée, au studio de M. Boucher, un soir où elle était venue chercher sa fille. Ainsi donc, les temps changeaient, et Thaïs se sentait tout doucement redevenir membre à part entière de la famille Lapie.

Après avoir remis de l'ordre sur le bureau de la petite entrée du studio, la danseuse se changea à son tour et passa une robe légère qu'elle avait achetée dans l'une des boutiques du port, blanche et longue, qui lui découvrait largement le dos. Elle enfila des ballerines, passa une veste en jean, éteignit toutes les lumières des vestiaires, puis elle saisit son sac et sortit dans l'étroite ruelle qui bordait le studio.

Sur le trottoir d'en face, Henry l'attendait, accompagné de son fidèle Iceberg. En voyant apparaître Thaïs, ses lèvres s'écartèrent en un large sourire. Il portait une chemise en lin clair dont il avait retroussé les manches, un pantalon de toile beige et ses éternels godillots en cuir marron. Les mains dans les poches, il avait passé un sac à dos sur l'épaule. Sur sa tête, des lunettes d'aviateur retenaient ses cheveux trop longs et sa barbe lui parut plus dense encore qu'à son habitude. Elle sourit elle aussi, et désigna sa Fiat jaune garée au bout de la rue :

— Mon carrosse nous attend.

Il lui emboîta le pas et ils parcoururent les quelques mètres qui les séparaient de la petite voiture côte à côte. Thaïs s'installa au volant tandis qu'Henry faisait grimper son chien sur la banquette arrière, où il avait déjà déposé son sac à dos. Puis il s'installa à l'avant et proposa :

— Plage Blanche, alors ?

La danseuse acquiesça et quitta sa place de parking. Henry reprit :

— Tu as dit à Susanne que nous passions la soirée ensemble ?

— Oui, je lui ai dit. Maintenant que nous nous parlons à nouveau, il est hors de question que je lui fasse des cachotteries.

— Qu'est-ce qu'elle a répondu ?

— Rien, elle a hoché la tête, c'est tout. Je lui ai proposé de se joindre à nous, mais elle avait des copies à corriger.

Henry détourna les yeux et sourit à son tour. Ils parcoururent la route en silence, mais ce silence n'avait rien de pesant, ni de gênant. Ils s'étaient revus plusieurs fois depuis le café chez Mireille, à la Kea d'abord, où Susanne avait organisé un dîner avec le nouveau professeur d'espagnol des Dunes, Pablo. Ils avaient passé un moment inénarrable, arrosé d'un excellent cidre que des amis du médecin produisaient du côté de Saint-Nazaire, et qui, à en croire le déroulement de la soirée, dépassait largement le taux d'alcool caractérisant la boisson. Ils avaient ri jusque tard dans la nuit, fumé des cigarettes autour du brasero comme des adolescents. Ils avaient aussi fait du bateau avec Clara, mangé une glace tous les deux sur le port un dimanche après-midi. Henry cherchait sa compagnie, il ne s'en cachait pas, ce qui n'était pas pour déplaire à Thaïs. Une fois, en la ramenant à la Kea, il avait même pris sa main dans la sienne. La danseuse avait savouré ce moment, le souffle court et les lèvres tremblantes, si bien que lorsqu'il lui avait proposé ce pique-nique sur la Plage Blanche quelques jours plus tard, elle avait accepté sans se poser de questions. Elle se sentait bien aux côtés d'Henry, elle avait l'impression de tout recommencer avec lui. Il ignorait tant d'elle, de sa vie à Paris, de sa carrière de danseuse. Il s'était renseigné à son sujet, évidemment, mais il ne semblait pas nourrir d'avis préconçu à son égard. Il avait l'air de vouloir apprendre à la connaître par lui-même, au-delà de cet art auquel on la résumait si souvent.

Thaïs avait été amoureuse à plusieurs reprises, de danseurs exclusivement. À chaque fois, elle s'était donnée sincèrement et sans réserve, mais aucune relation n'avait duré, hormis celle qui l'avait fait souffrir le plus, avec Alexis Korniloff. Pendant un peu plus de dix-huit mois, ils avaient filé le parfait amour et constitué le couple phare de la scène internationale. Des paparazzi les avaient même pris en photo un jour, pour révéler leur idylle au grand public. Ils ne se quittaient pas, dansaient d'émouvants pas de deux, tirés du répertoire classique et des chorégraphies d'Alexis. Sur le plan professionnel comme sur le plan personnel, cette période avait constitué un temps béni pour Thaïs. Tout avait été parfait, jusqu'au test… Pensant être enceinte, elle avait réalisé un test de grossesse qui s'était révélé positif. Alors qu'elle s'était intimement réjouie de la nouvelle, Alexis lui avait clairement fait comprendre qu'il était hors de question qu'il soit père. La danseuse était tombée de haut, prenant douloureusement conscience qu'ils n'aspiraient pas à la même forme de bonheur. Heureusement, le test s'était avéré défectueux, et les espoirs de maternité de Thaïs n'avaient pas tardé à s'évanouir. À l'issue de cette crise, elle avait décidé de se séparer d'Alexis que la rupture avait lui-même soulagé. Chacun avait tracé sa route, mais le chorégraphe continuait à voir en Thaïs la danseuse idéale, raison pour laquelle il lui réservait souvent les plus beaux rôles. L'étoile s'était remise avec le temps, mais elle n'était jamais plus tombée amoureuse depuis.

Arrivés à destination, ils se garèrent sur le parking presque désert et sortirent dans la brise du soir. Le soleil avait entamé sa descente à l'ouest, vers le phare dont ils distinguaient la silhouette fière et droite dans la brume. Aussitôt la portière ouverte, Iceberg s'était lancé dans une course effrénée sur la plage, entre les rochers qui affleuraient par endroits, poursuivant les goélands qui glanaient les restes de quelques goûters à travers les grains de sable et les coquillages. Ils firent quelques pas, admirèrent l'océan aux mille teintes, écoutèrent le chant incessant des vagues qui roulent contre la plage. Thaïs n'avait pas pensé qu'il ferait si frais ; elle enfila le léger cardigan qu'elle avait emporté, mais ne tarda pas à frissonner. Lorsque Henry vit que la danseuse grelottait et que ses lèvres viraient au violet, il lui demanda :

— Tu n'as pas d'autre pull ?

Elle secoua la tête.

— Mais ce n'est même pas de la laine, Thaïs ! Ça ou rien, c'est la même chose ! Ah, ces Parisiens… tous les mêmes !

Après avoir farfouillé dans son sac à dos, il tendit son pull marin à Thaïs et expliqua :

— Prends ça si tu ne veux pas te transformer en glaçon.

— Et toi ?

— J'ai l'habitude.

La danseuse ne se fit pas prier. Elle passa la tête dans l'encolure et revêtit le pull dont la laine rêche commença par lui gratter la peau. Au passage, elle huma secrètement le parfum d'Henry et baissa les paupières quelques secondes, comme pour s'en imprégner et ne pas l'oublier. Iceberg vint se frotter contre ses genoux : il avait dégotté entre des rochers une balle que Thaïs attrapa et envoya à l'autre bout de la plage, tandis qu'Henry tirait de son sac une sorte de couverture à carreaux, des verres, une bouteille de cidre et quelques victuailles.

Il ajouta :

— Tu devrais courir avec le chien pour te réchauffer un peu, je vais préparer notre festin.

Thaïs acquiesça avant de se diriger vers le husky qui revenait vers elle. Henry l'observa discrètement.

Dans le moindre de ses mouvements, Thaïs donnait l'impression de danser. Ses foulées relevaient davantage du ballet que de la course à pied, la façon dont elle saisissait la balle pour la lancer loin devant elle avec grâce et légèreté, quand elle se penchait sur le chien pour le caresser, les gestes qu'elle adoptait pour remettre ses lunettes de soleil dans ses cheveux, tout chez elle révélait la passion qui l'animait. Elle nageait dans son pull bien trop grand, mais sa silhouette gardait une grâce enivrante qui le fascinait chaque jour davantage. Il était temps de se rendre à l'évidence : malgré la distance qu'ils prenaient soin de conserver l'un avec l'autre, elle l'avait envoûté. Henry soupira et ouvrit la bouteille dont la mousse déborda légèrement.

Il avait compris qu'elle ne le laisserait pas indifférent dès qu'il l'avait vue sur le seuil de la Kea. Leurs regards s'étaient croisés et, passé les premières secondes de stupeur, il avait été saisi par l'éclat qu'il avait lu dans ses yeux, où se mêlaient étrangement l'autorité et l'abandon. Il l'avait sentie à la fois perdue et sûre d'elle, et cette étonnante ambivalence l'avait immédiatement séduit. Il avait commencé par ne pas se fier à ces premiers signes, lorsqu'il la voyait par hasard chez Susanne, et que les battements de son cœur accéléraient presque imperceptiblement. Persuadé qu'elle allait disparaître aussi soudainement qu'elle était arrivée à Saint-Guirec, il l'avait ignorée. Puis les jours avaient passé et constatant qu'elle ne paraissait pas repartir, il avait pris son courage à deux mains pour lui offrir ce premier café chez Mireille. Et depuis, sa vie avait changé.

Henry donnait l'impression d'être sûr de lui, à l'aise en toutes circonstances, sans doute grâce à son métier. Pendant l'internat de médecine, il avait appris à masquer ses émotions, ses doutes, ses craintes pour laisser croire aux patients qu'il maîtrisait parfaitement ce qui leur tombait sur le coin de la figure. Comment aurait-il pu inspirer confiance si l'image qu'il avait renvoyée avait été celle d'un être paniqué, dépassé par les événements ? Henry jouait bien la comédie mais, sous ce costume qui lui seyait parfaitement, se terrait un être timide, presque craintif. Et sur le plan sentimental, c'était pire que tout. Ses histoires d'amour ne s'étaient jamais bien terminées, et la dernière femme qu'il avait aimée l'avait quitté quelques semaines avant leur mariage en lui laissant un mot sur la table basse.

Lorsqu'il prit conscience que les barrières qu'il avait solidement érigées contre le sentiment amoureux s'étaient volatilisées avec Thaïs, le désarroi le submergea mais il finit par acquérir la certitude qu'il ne devait pas la laisser rentrer à Paris sans lui avoir confié ce qu'il ressentait.

Il ne la quittait pas des yeux, contemplait sa silhouette tournoyant dans la lumière du soir, ses reflets sur l'eau qui couvrait le sable comme un miroir et dansait au gré du vent et des mouvements de l'étoile. Par moments, sa voix lui parvenait, ses rires aussi, cristallins, et limpides, à l'instar de toute sa personne. Il disposa les assiettes et les verres sur la couverture et coupa des tranches d'andouille de Guémené. Il tartina quelques toasts de rillettes de maquereaux, ouvrit un Tupperware contenant des tomates cerises, et s'assit en attendant que Thaïs le rejoigne. Au bout de quelques minutes, elle se tourna vers lui et malgré la distance, il perçut son sourire. Elle appela le chien et remonta à petites foulées. Ses joues et ses lèvres avaient retrouvé leur teinte rosée lorsqu'elle se laissa tomber délicatement à côté de lui. Elle se répandit en remerciements en découvrant le pique-nique qu'il avait préparé et ne tarda pas à saisir une tranche d'andouille tandis qu'il servait le cidre.

Emmitouflée dans le pull trop grand, Thaïs sentait la chaleur revenir en elle. Sur sa langue, l'andouille fondait comme du beurre, elle ne put retenir un soupir de délectation en retrouvant ce goût si particulier, directement venu de son enfance. Leur père en raffolait, il en achetait chaque semaine sur le marché de Saint-Guirec.

— Je n'en avais pas mangé depuis des années… Quel délice, merci Henry !

— Je croyais qu'on trouvait de tout à Paris ?

Elle sourit et expliqua :

— Tu as raison, mais l'indice glycémique de l'andouille de Guémené n'est pas vraiment compatible avec le régime d'une danseuse de l'Opéra de Paris, si tu vois ce que je veux dire. Et même si je ne me suis jamais vraiment privée, j'évite certaines tentations.

— Quel sacerdoce…

Thaïs haussa les sourcils en reprenant une tranche :

— Je ne le vois pas de cette manière, tu sais. Cela semble contraignant mais pour moi, c'est le prix de la liberté.

Devant l'œil perplexe d'Henry, elle expliqua :

— Je ne suis jamais aussi libre qu'en dansant, voilà tout…

Il hocha la tête et après avoir bu une gorgée de cidre, il demanda :

— Alors, Thaïs, tu te plais à Saint-Guirec ?

La danseuse sourit :

— Bien plus que je ne l'imaginais en arrivant… Grâce à mon nouveau métier, je crois.

— Rien à voir avec les danseurs que tu côtoies habituellement, pourtant !

— Mes petites élèves me rappellent qui j'étais, d'où je viens, pourquoi j'ai tant aimé la danse au départ… Elles sont libres et innocentes quand elles dansent, et pour ça, je les trouve magnifiques. Bien sûr, elles manquent de technique, d'exercice et de pratique, mais elles ont cette joie en elles, qu'il faut entretenir comme un trésor.

Thaïs se tut quelques secondes, puis elle reprit :

— Mais ça ne va pas durer. Je vais bientôt rentrer.

Henry se tourna vers elle, interrogatif :

— J'ai eu ma directrice au téléphone hier, elle aimerait que je reprenne en septembre pour tenir un rôle en janvier. J'aurai eu plus de six mois de pause, c'est beaucoup dans une carrière…

— Tu vas accepter ?

— Oui, évidemment. Je suis danseuse étoile, je dois retrouver la scène. Le public me manque, je crois.

— Je comprends…

Il baissa la tête et les resservit en cidre avant de reprendre :

— C'était une parenthèse, alors ?

— C'était bien plus qu'une parenthèse, Henry, c'était un nouveau départ : je me suis retrouvée, j'ai retrouvé ma famille, mes racines, ma maison, j'ai redécouvert que je n'étais pas qu'une danseuse… Cela me donne tant de force. Je pense que je ne danserai plus jamais de la même façon.

Ils posèrent leurs yeux par-delà le phare, là où le soleil touchait maintenant l'horizon dans une éclatante lumière rouge, et observèrent l'ombre d'un chalutier qui longeait la côte pour rejoindre le port, dans le contre-jour.

— Quand est-ce que tu comptes repartir ?

Thaïs haussa les épaules :

— Je ne sais pas encore, mais je voudrais profiter de l'été ici, avec Susanne et Clara, programmer des petits travaux avec elles à la Kea, essayer de trouver un remplaçant pour le studio de danse… Laisser mes élèves sera plus difficile que je l'imaginais en commençant… J'ai encore des choses à faire.

— Alors ça me laisse un peu de temps.

Thaïs se tourna vers lui en haussant les sourcils. Henry se pencha légèrement, épousseta sa main pleine de sable et releva la mèche qui barrait le front de la danseuse du bout des doigts. Il la regarda attentivement et expliqua :

— Pour te convaincre de revenir nous voir.

Les lèvres et les yeux de Thaïs s'ouvrirent. Les mots lui manquaient soudain. Henry lui était apparu au moment où elle s'y attendait le moins, très simplement, presque comme une évidence. Contre elle, le médecin restait immobile, suspendu à sa réaction, figé dans l'attente. Elle s'approcha tout doucement jusqu'à ce que leurs corps se touchent. Délicatement, elle posa la tête sur son épaule, perçut le frémissement de sa peau au contact de la sienne, et le soulagement de tout son être à travers le soupir qu'il laissa échapper. Il releva le bras, et dans une caresse pleine de tendresse, il posa la main sur son épaule pour l'attirer tout contre lui. Puis il promena ses lèvres dans ses cheveux, sur son front, et enfin, sur ses lèvres. Blottis l'un contre l'autre dans la fraîcheur de ce début de soirée, ils contemplèrent silencieusement les étoiles s'allumer une à une dans un ciel où la lumière se mêlait à la nuit.

18

Susanne

Susanne enfonça la clé dans la serrure et entra dans la maison. Elle referma derrière elle, se rendit directement dans le jardin et tira le verrou du portail de manière à permettre aux invités d'y accéder sans avoir à passer par l'intérieur de la Kea. L'été était maintenant bien installé sur l'île, la soirée serait douce et pour les plus frileux, Henry enflammerait le brasero. Les premiers convives ne tardèrent pas à se présenter. Ils arrivaient directement des Dunes, les bras chargés de bouquets à destination de l'enseignante. Les parents d'élèves voulaient la remercier pour son implication dans le parcours de leur enfant. Elle les accueillit avec le sourire, émue, comme toujours, par les mots qu'ils lui adressèrent. Les années passaient, mais voir partir ses élèves les plus âgés lui procurait toujours autant d'émotions contradictoires : elle était heureuse qu'ils s'émancipent et volent de leurs propres ailes, mais elle savait aussi qu'elle ne les reverrait sans doute pas. Ils quittaient l'enfance et Saint-Guirec, la fleur au fusil.

Elle aurait voulu les protéger de la dureté de la vie, celle qu'ils allaient découvrir bientôt et qui viendrait heurter tout ce qu'ils pensaient connaître. Pour ceux qui avaient participé à l'atelier théâtre, l'amertume se révélait plus forte car elle les avait guidés, plus encore que les autres, dans un travail profond et sincère qui dépassait largement les attendus du bac.

Elle avait organisé cette soirée à l'issue de la dernière représentation du modeste spectacle qu'ils avaient monté autour des mots de Victor Hugo. Généralement, elle proposait un apéritif improvisé dans le parc des Dunes, auquel se mêlaient parents, élèves et enseignants. Cette année, elle avait eu envie d'accueillir tout le monde à la Kea pour une fête dont on se souviendrait longtemps, du moins l'espérait-elle.

Plus tard, Thaïs dirait que sa sœur avait planifié cette soirée comme si elle avait su ce qui allait se produire.

L'avait-elle voulu en raison de la présence de la danseuse ? Peut-être… Elle souhaitait célébrer la paix et l'unité retrouvées, comme l'auraient fait leurs parents s'ils avaient encore été de ce monde. Les Lapie programmaient souvent des fêtes dans le jardin de la Kea, des garden-parties, comme ils aimaient en plaisanter. Une année, ils avaient même fait venir un orchestre de jazz pour célébrer leur anniversaire de mariage et c'est d'ailleurs à cette occasion qu'ils avaient révélé les origines du nom de leur maison. Susanne se rappelait parfaitement les explications de son père. Le Kea est un oiseau néo-zélandais, un perroquet endémique qui vit dans les montagnes de l'île du Sud. C'est une espèce protégée, un animal aux plumes sombres qui ne fait pas l'unanimité. Curieux et voleur, il arrache les antennes de voitures, s'attaque même parfois aux sacs des voyageurs, et c'est d'ailleurs ainsi qu'il avait rencontré leur mère. Ils parcouraient le pays avec des amis, chacun de leur côté et, lors d'une longue marche qu'elle effectuait seule du côté de Milford Sound, l'un des fjords les plus reculés de l'île du Sud, un Kea s'était attaqué au sac de leur mère qui avait hurlé toutes les insultes qui lui passaient par la tête pour éloigner l'animal. Ce dernier n'en avait apparemment que faire. Coup de chance, leur père passait dans les parages avec ses amis randonneurs. En l'entendant, il avait volé à son secours et l'avait découverte assise par terre, tirant sur l'anse de son sac, tandis que le Kea tirait sur l'autre avec son bec crochu. Leur père avait dit qu'il était immédiatement tombé amoureux de cette inconnue qui se battait avec un oiseau dix fois plus petit qu'elle. Ils ne s'étaient plus jamais quittés et, lorsqu'ils avaient acheté cette maison, ils avaient décidé de lui donner le nom de l'animal grâce auquel ils s'étaient rencontrés.

Les représentations de l'atelier théâtre s'étaient bien passées et si Susanne déplorait toujours quelques détails ayant échappé à sa vigilance, les spectateurs se montraient généralement moins sévères. L'enchaînement des textes s'était opéré sans trop d'accrocs ; le trac, bien que parfois paralysant, avait porté chacun de ses apprentis comédiens pour les aider à se surpasser. Thaïs, quant à elle, avait été ébahie par la prestation des élèves de sa sœur. Elle n'avait pas imaginé une seule seconde qu'ils puissent mettre en scène un spectacle de cette qualité, avec de si modestes moyens. Au baisser de rideau, la salle comble s'était levée comme un seul homme, applaudissant à tout rompre la prestation des élèves ; assis au premier rang, le proviseur s'était targué d'un court discours à destination de la jeune troupe et de son professeur, soulignant le professionnalisme de l'une, l'implication des autres. Susanne avait remercié, depuis les coulisses, elle ne montait jamais sur scène.

Après la représentation, Thaïs était allée trouver Susanne derrière le rideau, pour lui exprimer son admiration en battant des deux mains :

— Susanne ! Bravo ! C'était merveilleux !

Elle avait eu des mots touchants, à travers lesquels Susanne avait lu admiration et respect – venant de la part d'une personne habituée aux feux de la rampe, ce n'était pas anodin :

— Tu les as fait briller, ce soir, quelle force et quel engagement !

L'enseignante lui avait répondu qu'ils étaient au cœur de ce travail, dont on ne devait le succès qu'à leur investissement. Certes, Susanne se mettait à leur service, mais elle s'enrichissait également à leurs côtés. Elle n'avait le sentiment ni de s'effacer, ni de s'oublier et recevait largement autant que ce qu'elle donnait, surtout au sein de cet atelier théâtre qui les mobilisait tous pendant de longs mois. Susanne avait été émue par le bouquet que Thaïs lui avait tendu dans les coulisses, émue et reconnaissante.

Susanne resta devant le portail de la Kea le temps que tous les invités arrivent. On comptait des parents, des enseignants, les élèves de l'atelier, quelques amis de Clara qui s'étaient volontiers joints à la fête. Derrière elle, Thaïs, Henry, Pablo et sa fille installaient pains surprises et mignardises sur les tables du jardin, qu'ils avaient décoré pour l'occasion. Ils avaient farfouillé dans le grenier, et déniché ce fameux carton dans lequel leur mère rangeait tous les accessoires nécessaires à la fête : des lampions bigarrés et des guirlandes de fanions multicolores avaient été accrochés aux branches du vieux chêne, et d'innombrables photophores confectionnés à partir de vieux pots de yaourt en verre avaient été disséminés sur les rebords des fenêtres et les marches de la terrasse. Pablo avait prêté une enceinte portative qui diffusait des airs de jazz, tandis que Clara et ses amis du cours de danse passaient entre les invités pour leur proposer de quoi grignoter. Henry servait le cidre dans des bolées dépareillées, et Thaïs débarrassait les uns et les autres de leurs sacs, leurs pulls, leurs vestes. Pour cette dernière, c'était aussi l'occasion de saluer les parents de ses jeunes élèves, qui fréquentaient les Dunes et avaient été invités par Clara. Cette dernière lui avait demandé pourquoi elle n'avait pas organisé de spectacle, elle aussi : la danseuse avait prétexté le manque de temps, mais en réalité, elle ne s'en était pas senti le courage. Elle l'avait regretté en constatant l'immense satisfaction des élèves de Susanne, mais elle s'était aussi répété qu'elle débutait seulement dans ce rôle de professeur : elle ne pouvait pas tout faire en même temps…

Lorsque les derniers invités furent arrivés, Susanne rejoignit les convives et attrapa une bolée de cidre des mains de Pablo. Depuis le dîner qu'elle avait organisé à la Kea au mois de mai, ils s'étaient revus plusieurs fois. Tout était cousu de fil blanc entre eux, mais ils prenaient leur temps, savouraient la grâce des sentiments naissants. Et puis Susanne ne voulait pas fragiliser l'équilibre qu'elle était parvenue à instaurer avec Clara. Cette dernière allait souffrir du départ de Thaïs, il était préférable qu'il n'y ait pas trop de changements soudains dans la vie de l'adolescente, qui ne l'avait jamais vue entamer la moindre relation avec qui que ce soit. Pablo comprenait, il ne la brusquait pas, ce qui ne faisait que renforcer son charme aux yeux de Susanne. Lorsqu'ils furent l'un en face de l'autre, ils trinquèrent en souriant.

Susanne portait une robe longue et ample, d'un vert très pâle qui reflétait harmonieusement la clarté de son regard. Elle avait relevé ses épais cheveux roux en un chignon bohème dont s'échappaient quelques mèches rebelles ; son teint, légèrement hâlé par les rayons du soleil faisait ressortir ses taches de rousseur et lui conférait une mine radieuse. Elle rayonnait, ce soir-là, par sa joie de vivre et la façon dont elle avait rassemblé tout ce petit monde, dans ce jardin qu'elle chérissait.

L'année s'était révélée intense, couronnée par le retour de Thaïs et la tension dans laquelle elles avaient vécu pendant quelques semaines, mais pour finir, les liens du sang avaient été plus forts que l'éloignement et si elles ne s'étaient pas encore pleinement pardonnées, elles avaient commencé à rattraper le temps perdu en marchant l'une vers l'autre. Sur ce chemin, Clara avait joué un rôle important : en imposant à sa mère sa volonté de danser avec Thaïs, elle l'avait contrainte à engager le premier pas et à changer de regard. La danseuse allait repartir à la fin de l'été. Elle rentrerait à Paris et reprendrait sa vie là où elle l'avait laissée, mais d'ici là, les deux sœurs bénéficiaient de quelques semaines pour profiter l'une de l'autre, de la Kea, du *Laouen* et de Saint-Guirec.

Dans la perspective de cette fête, Thaïs avait remis en ordre le jardin. Avec l'aide d'Henry – qui ne la quittait plus –, elle avait réparé la vieille tondeuse, arraché une partie du lierre qui courait le long des murs, nettoyé la terrasse et repeint les chaises en fer forgé. Lorsqu'elle n'était pas au studio, on pouvait la trouver dans la remise, un pinceau à la main. C'était aussi Thaïs qui s'était souvenue des lampions et des fanions en se rappelant les avoir vus dans un carton au moment où elles rangeaient le grenier avec Susanne ; enfin, elle avait passé les commandes à la boulangerie, délestant Susanne de toutes ces tâches logistiques en cette fin d'année bien chargée. Susanne s'était contentée de lancer les invitations et, en voyant le nombre de personnes réunies ce soir-là, elle ne pouvait s'empêcher de sourire. Elle pensait à ses parents qui aimaient tant la fête. Ils auraient été si heureux de participer à celle-ci. Elle les imagina déambulant parmi les invités, il lui sembla presque les entendre rire, et elle rit à son tour.

La soirée se poursuivit jusque tard dans la nuit ; vers 1 heure du matin, il ne restait plus que Pablo, Susanne,

Henry et Thaïs autour du brasero. Clara dormait profondément dans son lit, ils bavardaient gaiement en se réchauffant auprès des flammes dorées qui dansaient dans la nuit. Pablo finit par annoncer qu'il allait rentrer chez lui, Susanne proposa de le raccompagner jusqu'à la porte. Ils saluèrent Henry et Thaïs, qui se tenaient par la main en plaisantant comme des enfants, puis rentrèrent dans la maison.

Là, Susanne dut se retenir à la table quelques secondes. Tout tournait autour d'elle, mais ce n'était pas le fait du cidre. Depuis plusieurs minutes, un mal étrange s'était emparé d'elle, une sensation d'oppression l'empêchait de respirer pleinement, mais elle préféra taire cette gêne de peur de gâcher ce moment. Sur le seuil de la Kea, Pablo la prit dans ses bras. Elle savoura chaque seconde de cette étreinte qui la comblait de tendresse et contenait tant de promesses. Il lui sembla que le mal s'éloignait. Timidement, elle l'embrassa, profitant du goût unique d'un premier baiser. Lorsqu'elle rouvrit les yeux, elle s'interrogea : la nuit était-elle si sombre, ou était-ce cet étrange mal qui obscurcissait sa vue ? Ils finirent par se séparer, dans l'attente de lendemains que Susanne n'avait pas imaginés si heureux, depuis des années.

Pourtant, il n'y aurait pas de lendemains pour elle, pas d'aube, pas d'aurore.

Lorsqu'elle eut refermé la porte sur la silhouette de Pablo, le mal s'était aiguisé dans sa poitrine si bien qu'elle décida d'aller se coucher sans repasser par le jardin. Tâtonnant dans l'escalier, elle monta difficilement les marches, manqua de s'écrouler, et parcourut les derniers mètres qui la séparaient de son lit en titubant. Elle s'effondra sur sa couette en gémissant, soudain aspirée au fond d'un précipice infini. Dans un dernier effort, elle se tourna vers la photo qui ornait sa table de nuit. On y voyait Clara sur la Plage Blanche, âgée de six ou sept ans. Elle riait aux éclats sous sa casquette trop grande.

Les yeux de Susanne se fermèrent sur sa petite fille.

Et ils ne se rouvrirent jamais.

Susanne mourut quelques minutes plus tard dans le silence de la nuit.

PARTIE 3

Elle est partie tout aussi silencieusement qu'elle a vécu : discrète et indépendante, elle s'est éteinte sans que personne ne s'en rende compte.

« Mort subite, crise cardiaque, rupture d'anévrisme… » J'ai entendu ces mots barbares, chuchotés par les soignants, comme si les murmurer annihilait leur caractère dévastateur. Je crois qu'en réalité, nul ne sait vraiment ce qui s'est produit.

Henry est arrivé avant les secours, dès l'appel de Thaïs. Prise d'un mauvais pressentiment, la danseuse s'était réveillée aux aurores pour pousser la porte entrouverte de la chambre de Susanne et s'assurer que tout allait bien : elle s'était étonnée la veille qu'elle ne les rejoigne pas auprès du brasero, après le départ de Pablo.

En soulevant ses paupières ce matin-là, l'étonnement s'était mué en crainte irrationnelle et l'avait vite tirée du lit. Henry était arrivé presque immédiatement pour tenter de la ranimer. En vain.

J'ai vu ses larmes perler dans le coin de ses yeux, j'ai entendu sa voix entrecoupée par l'effort du massage cardiaque, murmurer des prières et des encouragements à l'adresse de son amie qui gisait sur son lit, pâle et presque souriante, dans sa robe aux teintes de l'espoir. Il a tout essayé, mais il a dû baisser les bras. Puis il a serré la danseuse contre lui.

Quand les pompiers ont annoncé à Thaïs qu'il n'y avait plus rien à faire, que son cœur s'était arrêté trop tôt dans la nuit pour qu'on puisse espérer quoi que ce soit, j'ai vu ses yeux s'éteindre malgré la lumière du petit matin, ses lèvres se serrer, et j'ai entendu son cœur crier, à l'intérieur.

Moi aussi, j'ai pleuré, mais personne ne le sait, personne ne peut imaginer que les maisons pleurent, elles aussi, et emprisonnent en elles toutes les joies et toutes les peines dont elles sont le théâtre. Alors que mes murs résonnaient encore des rires de la fête, c'est maintenant le cri de Clara qui m'habite et me hante, ce cri qui a fendu mon âme de pierre. Elle est arrivée la dernière devant cette scène macabre. Sa tante a voulu l'éloigner, la retenir, mais Clara s'est débattue de toutes ses forces et s'est jetée sur le corps sans vie de sa mère. Elle l'a serrée contre elle, l'a embrassée, l'a frappée de toutes ses forces. Je n'oublierai pas ce douloureux tableau d'une jeune fille pleurant la disparition de celle à qui elle doit la vie.

Vieille comme je suis, j'ai déjà vécu de semblables moments. Des naissances, des morts, des accidents, des trahisons : mes murs ont tout vu, tout entendu, je n'ignore rien des passions qui vous animent et régissent vos vies et, contrairement à vous, je n'oublie rien. Je garde en moi la mémoire des disparus, leurs joies et leurs peines, leurs rires, leurs doutes et leurs plaintes. Cette rayure dans l'escalier, cette tache sur le parquet, cet éclat dans la pierre portent en eux tout un monde que le temps efface inéluctablement de vos souvenirs... Qui se rappellera cette enfant pleurant sa mère sur son lit de mort? Qui se souviendra d'elle dans cent ans? Vous aurez vécu, les années auront passé, mais je demeurerai. Écoutez mes pierres, entendez les murmures du passé, faites-les résonner dans votre présent.

Vous pensez que l'histoire se termine lorsque la plume parvient au bas de la feuille. Vous pensez que chaque vie s'écrit sur une page nouvelle, comme s'il s'agissait de la première. Vous pensez que le livre s'achève quand le dernier point y est posé. Mais moi, je sais qu'il ne s'agit que de la fin d'un chapitre et que cette fin marque le début d'un nouveau tome. Susanne n'est plus, son âme a passé entre ces murs et elle s'est envolée, mais l'histoire n'est pas finie.

19

Thaïs

Le vrombissement du moteur vint briser le silence de l'aurore. Comme s'ils voulaient exprimer leur mécontentement, les goélands y répondirent de leurs cris perçants. Henry s'assit sur le banc étroit, à côté de la barre, et dirigea le bateau en dehors de son emplacement. Juste devant lui, Clara et Thaïs se tenaient serrées l'une contre l'autre, silencieuses dans leur gilet de sauvetage orange qui paraissait briller dans la nuit. Légèrement courbées en avant, le teint pâle et la mine fatiguée, elles regardaient la gerbe de roses blanches qu'elles avaient déposée devant elles et dont Clara tenait les tiges d'une main crispée, sans se méfier des épines qui demeuraient par endroits. Dans la brise matinale, le parfum des fleurs se mêlait à celui des embruns, laissant dans le sillage du *Laouen* une odeur douce et pénétrante. Aidé de Clara, Henry avait gréé le bateau alors qu'il faisait encore nuit, seulement éclairés des lueurs de l'aube qui se lève. Ils avaient monté les voiles rouges, les avaient légèrement bordées en attendant de pouvoir couper le moteur à la sortie du port. Thaïs les avait regardés faire, assise sur le quai, les fleurs sur les genoux, puis elle les avait rejoints sur le pont, et tendu le bouquet à Clara. L'embarcation traçait sa route entre ses congénères, suivie du regard de quelques pêcheurs matinaux qui s'affairaient sur le quai.

C'est Clara qui avait eu cette idée. Le lendemain de l'enterrement, Henry avait trouvé la carte dans sa boîte aux lettres et s'était empressé de la montrer à Thaïs. La jeune fille y avait écrit un mot concis dans lequel elle lui demandait s'il accepterait de l'emmener au large de Saint-Guirec, à bord du *Laouen*, jeter en mer une gerbe de fleurs pour sa maman. L'idée lui était venue du souvenir d'une célébration des Sauveteurs en mer qui effectuaient ce même geste chaque année, au moment du 15 août, en mémoire des naufragés de la mer… Certes, ce n'était pas en mer que Susanne avait disparu, mais elle imaginait faire une entorse à la règle.

Clara avait demandé à Thaïs de les accompagner, et elles se tenaient maintenant l'une à côté de l'autre, sur le modeste bateau de la famille Lapie, qui fendait vaillamment les flots. La jeune fille avait revêtu le pull de sa mère qu'elle ne quittait plus, celui qu'elle portait toujours quand elle partait en mer, un vieux pull marin dont les coudes rongés par les mites avaient été rapiécés à plusieurs reprises. La première fois qu'elle l'avait mis, le jour de l'enterrement, Thaïs s'était demandé s'il n'avait pas appartenu à leur mère, avant Susanne. Elle avait voulu poser la question à sa sœur, ouvert la bouche et s'était soudain ravisée, se rappelant dans le tiraillement de ses entrailles qu'elle ne lui répondrait plus jamais. Clara vivait avec ce pull sur le dos depuis plus d'une semaine : elle le portait jour et nuit, et lorsqu'elle le retirait parce qu'il faisait trop chaud, elle le gardait toujours à portée de main. Thaïs lui avait proposé de le nettoyer, mais l'adolescente l'avait foudroyé du regard, en demandant :

— Et son parfum, alors ?

Le jour de l'enterrement, elle l'avait noué sur ses épaules, par-dessus une robe lilas que Susanne adorait. Elles avaient remonté l'allée côte à côte, derrière le cercueil, dans une église noire de monde : élèves, parents, collègues, amis, Guirecois venus des quatre coins de l'île s'étaient rassemblés pour rendre hommage à l'enseignante, la femme, la confidente, le grand cœur qu'était Susanne. On avait rarement vu autant de monde à Notre-Dame-du-Pardon, certains n'avaient pas pu s'asseoir dans l'église, et avaient suivi la messe depuis le parvis, sous un soleil de plomb. D'anciens élèves étaient même venus depuis le continent pour témoigner de leur chagrin et de leurs souvenirs. Arrivés la veille, ces jeunes étudiants qui avaient suivi l'atelier théâtre avaient orné l'église de fleurs blanches, d'hortensias, de roses et de lis, paré les bancs et l'autel d'éclatants bouquets. Thaïs avait revu des amis de leurs parents, M. Boucher était venu lui aussi. Il avait serré Clara dans ses bras et versé quelques larmes auprès de Thaïs, lui qui ne se laissait pourtant jamais aller à la moindre démonstration d'émotion.

La danseuse s'était sentie anesthésiée durant les quelques jours qui avaient précédé cette journée terrible. Elle avait tenté de garder la tête haute et hors de l'eau, obnubilée par l'idée qu'il lui fallait être forte pour protéger Clara.

Valentin, le père de l'adolescente, n'avait pas pu accompagner sa fille le jour des funérailles. Au moment du drame, il se trouvait au large de l'Australie pour une course qu'il réalisait en solitaire. Trop éloigné de toute côte pour pouvoir être présent à temps, il avait supplié Clara de lui pardonner, et demandé à Thaïs – qu'il ne connaissait que sommairement – de prendre soin de sa fille le temps de son retour. Sitôt qu'il poserait le pied à terre, il se précipiterait vers l'aéroport le plus proche pour venir les retrouver. Il téléphonait chaque matin, malgré le décalage horaire et quelles que soient les conditions météorologiques, mais Clara ne semblait pas s'en soucier.

Depuis qu'elle avait vu le cercueil de sa maman disparaître sous terre, elle donnait l'impression que tout glissait sur elle, rien ne l'atteignait, rien ne la concernait. Devenue mutique, elle semblait ailleurs, loin de ses amies, loin de Thaïs et Henry. Quant à Iceberg qu'elle avait tant dorloté, il ne provoquait plus qu'indifférence chez elle. Cette léthargie inquiétait Thaïs. Soutenue par Henry, elle avait proposé à l'adolescente de parler avec un psychologue, mais la jeune fille avait haussé les épaules avant de leur tourner le dos. Maintenant que le collège des Dunes était fermé pour les deux mois de vacances scolaires, elle dormait beaucoup, essentiellement dans le lit de sa mère où Thaïs l'entendait parfois gémir la nuit. Lorsque le cauchemar était trop intense, la danseuse allait la trouver pour tenter de l'apaiser dans l'obscurité de la nuit.

L'agitation s'évanouissait doucement, et Clara finissait par se rendormir à côté de sa tante. Thaïs restait un moment auprès d'elle, avant de retrouver son propre lit où elle veillait généralement jusqu'à l'aurore.

Heureusement, il y avait la danse. Les jours qui suivirent l'enterrement, Thaïs et Clara dansèrent pendant des heures, au sous-sol de la Kea et au studio de M. Boucher. Elles dansèrent ensemble, l'une à côté de l'autre, oublièrent, le temps de quelques pas de bourrée, d'arabesques et de pirouettes, la cruauté de la vie.

Car en vérité, Thaïs ne comprenait rien de ce qui s'était passé cette nuit-là. Elle avait beau revivre les événements, essayer de se les rappeler le plus précisément possible, elle avait l'impression que quelque chose lui échappait toujours, un détail sans doute insignifiant qui avait pourtant conduit sa sœur à la mort. À l'hôpital, on lui avait parlé de « mort subite de l'adulte ». Henry avait essayé de lui expliquer comment les choses avaient pu se produire : un problème cardiaque brutal, une accélération des battements du cœur, qui conduit à la mort dans des délais très brefs, sans qu'aucun signe avant-coureur n'ait été décelé. On avait mené une enquête, réalisé une autopsie. Rien qu'en entendant prononcer le mot, Thaïs était prise d'une incontrôlable nausée. Elle avait lu des rapports, écouté des médecins mais rien n'y faisait. Elle ne comprenait pas comment cette sœur qu'elle avait enfin retrouvée, avait pu disparaître et la laisser ainsi, seule survivante d'une famille décimée. L'absurdité des événements, à la limite du réel, lui apparaissait dans toute sa violence. Elle avait envie de marteler les murs, de hurler à l'injustice, mais à qui pouvait-elle s'en prendre, hormis elle-même ? Pourquoi avait-elle attendu si longtemps avant de revenir ? Elle le savait pourtant que la vie s'arrête parfois brusquement : l'accident de ferry de leurs parents s'était bien chargé de le lui montrer… Sa rage et sa peine gonflaient en elle, contenues par l'incompréhension et la sidération. Les larmes restaient coincées sous ses paupières, les sanglots, dans le fond de sa gorge. Elle avançait dans un état second, étrangère à elle-même. Elle n'avait pas pleuré une seule fois depuis qu'elle avait secoué le corps sans vie de sa sœur, ce triste matin de juin.

Elle avait écrit à Jing pour l'informer : son ami n'avait pu se libérer des obligations d'*Anna Karénine* – il était alors à Tokyo – mais il avait promis de venir la trouver dès son retour d'Asie, une dizaine de jours plus tard. Elle avait hâte de le revoir. Il la comprenait et la connaissait mieux que quiconque, il saurait l'épauler et la conseiller. Auprès de lui, la réalité la rattraperait peut-être.

Quant à Henry, Thaïs devinait sa peine à travers ses traits tirés, ses yeux rougis et ses lèvres sèches. Il l'avait confié à la danseuse : Susanne était sa meilleure amie, elle l'avait aidé et soutenu à son arrivée, comme il l'avait consolée en la faisant naviguer. Un lien solide s'était tissé entre eux, fondé sur le respect et la tendresse de deux cœurs qui ont souffert. Ils s'étaient accompagnés dans les difficultés, et maintenant, Henry avait l'impression d'avoir perdu une sœur, lui aussi. La relation entamée avec Thaïs se retrouvait naturellement au second plan. Ils avaient décidé, d'un accord muet, de ne pas se poser de questions à ce sujet, de laisser faire le temps.

À côté d'elle, Clara frissonna dans le vent qui se levait en même temps que le soleil. Thaïs voulut placer sa main contre le dos de sa nièce, mais elle retint son geste, elle craignait de se montrer maladroite, intrusive. Elles se connaissaient si peu toutes les deux… Les jours qui les attendaient avant l'arrivée de Valentin lui semblaient insurmontables. Certes, Henry les aidait en leur tenant compagnie, mais Thaïs se trouvait soudain terriblement gauche face à l'adolescente. Elle repensait à Susanne, tâchait de se remémorer la façon dont elle parlait à sa fille, mais tout était brumeux, flou. Elle se demandait alors pourquoi le hasard avait voulu que ce soit sa sœur qui disparaisse plutôt qu'elle. Les questions se multipliaient dans son esprit, mais elle préférait les taire pour tenter de soutenir la jeune fille en attendant l'arrivée de son père.

L'adolescente grelottait à présent. Heureusement, Henry avait pensé à tout. Constatant qu'elle était frigorifiée, il commença par lui tendre une doudoune sans manches, que la jeune fille accepta en hochant la tête. Elle la passa sous son gilet de sauvetage. Puis il sortit de son sac à dos une énorme thermos dans laquelle il avait préparé le thé que les femmes Lapie aimaient passionnément, le Lapsang Souchong. En humant la senteur forte et fumée, Thaïs ferma les yeux et sourit avant de le remercier. Elle emplit une tasse en émail, également extirpée du sac, qu'elle tendit à Clara. Sans un mot, cette dernière saisit le délicieux breuvage, pour y tremper ses lèvres. Le liquide était bouillant, mais Clara frémit à peine. Les yeux dans le vague, elle semblait absente quand bien même elle était l'instigatrice de cette expédition.

Le bateau avait quitté le chenal depuis longtemps; il filait, les voiles tendues, gîtait par moments. Le clapot frappait la coque, martelant le bois dans un rythme sourd. À l'horizon, une brume s'était levée. Elle tamisait la lumière du soleil, la voilait d'une pâleur douce et apaisante. Ils avaient dépassé le phare, contemplé presque religieusement la silhouette des Dunes au loin, admiré la Plage Blanche et ses rangées de catamarans bien alignés sur le sable blond. Mettant le cap vers l'île Dumet, Henry ne tarda pas à demander:

— Clara, tu nous dis quand tu penses que c'est le bon moment, d'accord? Je ne sais pas si tu avais une idée précise en tête, mais c'est toi qui décides.

L'adolescente hocha la tête, tandis que Thaïs ajoutait:

— On a la journée devant nous, donc prends ton temps.

Clara se détourna, presque imperceptiblement. La danseuse eut la sensation qu'elle ne voulait pas l'entendre. Ils voguèrent ainsi plusieurs heures, s'approchèrent des côtes de Dumet, contournèrent l'île et repartirent en direction de la pointe ouest de Saint-Guirec. Puis Clara se leva doucement. Elle enjamba le petit banc, se plaça à côté d'Henry et se tourna vers Thaïs pour lui demander:

— Tu viens?

La danseuse s'approcha, tandis que la jeune fille soulevait la gerbe de fleurs blanches dont les pétales s'agitaient dans le vent. Elle la porta à bout de bras, prit une grande inspiration et la lança d'un coup. Le bouquet s'envola avant de retomber dans un bruit sourd, à quelques mètres du bateau. La jeune fille murmura alors d'une voix presque inaudible :

— Au revoir, Maman. Je ne t'oublierai jamais.

Le navire avançait à une allure rapide, et les fleurs s'éloignaient déjà. Elles flottaient, suivaient le mouvement ample et régulier des flots. Bientôt, on ne les distingua plus nettement.

Thaïs sentait son cœur se tordre dans sa poitrine. Elle avait l'impression d'un immense gâchis, d'une perte de temps où la peine avait fini par l'emporter. En contemplant ce bouquet disparaître au loin, elle repensait aux dernières semaines, au sentiment d'une famille reconstruite, d'une complicité retrouvée… Les fleurs emportaient tous ces espoirs, toutes ces promesses.

À côté d'elle, Clara restait droite, mais ses yeux s'étaient fermés et les larmes baignaient ses joues pâles. Intimidée par le courage de l'adolescente, Thaïs n'osait faire le moindre geste. Mais lorsque les fleurs ne furent plus qu'un point à la surface de l'eau, elle plaça son bras sous celui de sa nièce et l'attira à elle. Après quelques secondes de résistance, Clara abdiqua et posa sa tête sur l'épaule de Thaïs. Henry contempla les deux femmes, et luttant contre ses propres larmes, il posa sa main sur celle de la danseuse, dans le dos de l'adolescente et dit :

— Clara a raison, Susanne, nous ne t'oublierons jamais.

20

Clara

La Kea, 11 juillet

Par où commencer ?

Je n'ai jamais tenu de journal, ce n'est pas mon idée d'ailleurs, mais celle d'Henry. Il m'en a parlé après l'enterrement de Maman, le jour où nous avons jeté un bouquet de fleurs en mer, au large de Saint-Guirec. Il m'a dit que si je ne voulais pas parler à un psy, je pouvais tenter d'écrire ce que je ressentais. Au départ, j'ai pensé que c'était idiot. Si je ne veux pas parler, je ne vois pas pourquoi je voudrais écrire. Mais depuis, je me suis rappelé les propos de Maman : elle disait souvent qu'écrire, même pour elle, dans ses carnets, constituait l'une des activités qui lui procurait le plus de bonheur au monde (elle n'était pas prof de français pour rien). Je me suis souvenue d'elle dans l'atelier d'Oma, penchée sur le secrétaire, jetant parfois des regards à travers la grande baie vitrée, et j'ai eu envie de faire la même chose, de m'asseoir sur sa chaise et de l'imiter. D'essayer du moins.

Alors, me voilà. J'ai choisi l'un des plus beaux cahiers de sa collection, je pense qu'elle ne m'en voudrait pas. Ma mère était folle de papeterie, il ne se passait pas quinze jours sans qu'elle ne craque pour un carnet, un bloc de papier à lettres ou un cahier, qu'elle mettait généralement des années à utiliser. Elle les alignait sur l'une des planches des étagères de l'atelier et les feuilletait de temps en temps, le regard brillant. Parfois, elle en redécouvrait un, dont elle avait oublié l'existence. Elle poussait alors un petit cri de joie et caressait sa couverture avec un regard amoureux. Bref, me voilà, devant le secrétaire, à écrire comme elle le faisait souvent. Je pourrais me plonger dans son journal, mais je ne m'en sens pas le droit… et puis j'ai peur de pleurer en lisant ses mots, alors je vais me contenter des miens.

Par où commencer, donc ?

Je m'appelle Clara, j'habite Saint-Guirec, une petite île au large des côtes bretonnes, dans une immense maison baptisée La Kea. J'aurai quatorze ans en septembre, je passe en troisième. Jusqu'à cette année, j'allais au collège des Dunes, et il y a maintenant quinze jours, ma mère est morte. J'ai encore du mal à l'écrire sans trembler : c'est tellement difficile à croire.

Ma mère s'appelait Susanne. Elle était jeune, en pleine forme, jamais malade. Pourtant, un matin, elle n'est pas sortie de son lit. Henry (celui dont je parlais au début du journal et qui est médecin) et les pompiers ont tout fait pour la ranimer, mais c'était trop tard : elle est morte en pleine nuit, sans que personne ne s'en aperçoive, et je crois que c'est ce qui me fait le plus de peine. Je dors dans son lit depuis, entre ses draps où flotte encore son odeur. J'ai tellement peur de l'oublier, ce parfum, d'oublier la sensation de ses bras autour de mon cou, celle de ses baisers sur ma joue, lorsqu'elle venait m'embrasser le soir avant de se coucher, son sourire, la douceur de ses cheveux, sa peau couverte de taches de rousseur. Je me répète chaque matin que c'est impossible mais, déjà, il me semble que ses traits sont moins nets dans ma mémoire. Alors je dors dans ses draps, je porte son pull, et j'écris dans son carnet en imaginant que ça m'aide à garder son image intacte.

Depuis sa disparition, j'ai l'impression que le fil de mon existence s'est rompu, quoi que je choisisse, quoi que je fasse, je n'en maîtriserai plus jamais rien. Si tout peut s'arrêter de cette façon, en quelques secondes, à quoi bon se lever le matin ? À quoi bon grandir, choisir un métier, aimer ?

Parce qu'à vrai dire, même si je la critiquais avec mes copines, même si ses « t'as fait tes devoirs ? », « range ta chambre ! », « fais un effort, Clara ! » (sa phrase préférée, je crois…) me tapaient sur le système, ma mère était tout pour moi, et nous nous entendions bien. En fait – et ce n'est pas ce que je disais au collège évidemment –, je crois qu'elle me comprenait mieux que quiconque.

Je me suis arrêtée quelques minutes, car j'ai aperçu un rouge-gorge par la fenêtre, un des oiseaux préférés de Maman… Il est venu se poser sur le rebord de la baie vitrée et m'a regardée avec ses yeux noirs et ronds. J'ai eu l'impression qu'il était surpris de me voir, qu'il s'attendait plutôt à apercevoir ma mère. Il nous a peut-être confondues, on se ressemble beaucoup. Je suis restée immobile et j'ai attendu qu'il parte pour ne pas l'effrayer. Et me revoilà, avec le carnet de Maman, et son stylo-plume – elle n'utilisait qu'un stylo-plume.

J'écrivais donc qu'elle était tout pour moi. Je m'explique : c'est elle qui m'a élevée, avec l'aide de mes grands-parents qui sont morts (eux aussi) dans un accident de ferry, il y a cinq ans. Mon père est parti quand j'avais quelques mois. Maman m'a toujours dit qu'il ne fallait pas que je lui en veuille, qu'on était très bien toutes les deux, ce en quoi elle n'avait pas tort. Elle disait qu'il fallait le comprendre. Ils s'étaient connus très jeunes, à l'école de voile de la Plage Blanche, ici, à Saint-Guirec. Ils adoraient naviguer, mais Maman aimait encore mieux lire, raison pour laquelle elle a décidé de faire des études de lettres et de devenir professeure de français, tandis que mon père, Valentin, a choisi la course au large. Il est devenu l'un des meilleurs skippers du monde. Il a remporté des tas de compétitions, réalisé des records de vitesse, barré les plus grands voiliers qui soient. Apparemment, cette existence d'aventurier n'était pas compatible avec la vie de famille, alors il est parti. Il nous rend visite de temps en temps, me téléphone pour mon anniversaire, m'envoie des cadeaux par la Poste… Je l'aime bien, c'est vrai, mais il ne sait rien de moi, comme je ne sais rien de lui. Alors voilà, sans ma mère, je me sens seule au monde. J'ai mes amies, Henry, mon père, mais je me sens orpheline.

Il y a bien Thaïs aussi. Thaïs, c'est la sœur de ma mère, partie elle aussi, il y a plus de vingt ans pour intégrer le Conservatoire de danse de Paris. Thaïs a refait surface pendant l'hiver. Elle a débarqué un après-midi de février, et depuis, elle vit avec nous à la Kea. Je l'aime bien, car moi aussi, je suis passionnée de danse. Nous avons des points communs, mais je la connais mal – encore plus mal que mon père. Maman ne lui parlait plus depuis des années et lorsque enfin elles se sont réconciliées, c'était trop tard.

En attendant que mon père termine sa course, au large de l'Australie, c'est avec elle que je passe mes vacances ici, à la Kea. Nous dansons beaucoup toutes les deux. Elle me donne des conseils, je me défoule en tentant de l'imiter, et pendant quelques instants, je pense à autre chose qu'à la disparition de Maman. Au moment même où j'écris, je peux l'apercevoir dans le jardin. Elle taille un buisson, une casquette vissée sur la tête. Je crois qu'elle trouvait que Maman n'entretenait pas assez la maison. C'est vrai que ce n'était pas la reine du bricolage, mais elle a quand même fait refaire une partie du toit au printemps, pour éradiquer une vilaine fuite qui transformait l'escalier en cascade. Et puis, elle était là, tout simplement, contrairement à sa sœur.

L'autre jour, je lui ai demandé si elle pensait que nous devions vider les affaires de Maman de sa chambre. Je me souviens qu'on l'avait fait avec celles de mes grands-parents, après l'accident de ferry. Elle m'a regardée, étonnée, comme si l'idée ne l'avait même pas effleurée. Puis elle m'a demandé si j'avais envie de le faire, si je pensais que ce serait une bonne chose, si cela m'aiderait. J'ai secoué la tête, évidemment. Tant que ses affaires sont encore là, à côté de moi, j'ai l'impression que Maman ne m'a pas vraiment quittée. Elle m'a souri, et m'a dit que ça ne pressait pas. J'en ai ressenti un soulagement immense. J'aurais pu lui sauter au cou, mais je n'ai pas osé.

Je n'ai jamais habité ailleurs que sur cette île, dans cette maison. J'ai des souvenirs dans chacune de ses pièces, je connais le moindre de ses recoins : la Kea n'a aucun secret pour moi. Je sais que Thaïs va bientôt devoir rentrer à Paris pour reprendre sa carrière de danseuse étoile. Elle a déjà annoncé qu'elle ne pourrait pas poursuivre les cours de danse au studio de M. Boucher à la rentrée. Alors, je m'interroge : où vais-je aller ? Entre mon père et ses bateaux, et Thaïs et ses ballets, je me demande bien qui aura le temps et l'envie de s'occuper d'une ado comme moi.

Il faut croire qu'Henry avait raison. Écrire me fait du bien, j'ai l'impression d'y voir plus clair même s'il me semble qu'autour de moi, c'est encore la nuit.

Maman, Maman, pourquoi m'as-tu laissée ?

21

Thaïs

Lorsque Thaïs l'aperçut au loin, debout sur le pont du ferry, cramponné à la rambarde, une valise à ses pieds et d'énormes lunettes de soleil sur le nez, elle ne put s'empêcher de sauter sur place, comme un enfant, et de battre des deux bras pour attirer son regard en lui faisant signe. À côté d'elle, Clara lui jeta un regard interloqué, presque un peu gêné. « Qu'importe ! », songeait Thaïs qui ne voulait masquer la joie que lui provoquait la visite de Jing, après ces jours si tristes. Quel bonheur de retrouver cette silhouette, son sourire joyeux, ses yeux si doux et son tendre regard ! Quand il reconnut la silhouette de son amie, le danseur retira ses lunettes à son tour, et la salua par de grands gestes similaires.

Il était chanceux de découvrir Saint-Guirec par ce temps. Le soleil déjà haut de cette fin de matinée dardait ses rayons d'or sur l'île, et la mer arborait des teintes turquoise là où le granit laissait place au sable clair. Le ferry s'engagea dans le port, puis il s'aligna le long de la jetée dont la pierre blanche brillait dans la lumière estivale.

Thaïs se tourna vers sa nièce :

— Tu vas voir, Clara, Jing est quelqu'un de merveilleux… Mon meilleur ami depuis de longues années ! Je suis heureuse de te le présenter, tu sais, j'aurais beaucoup aimé que ta maman le connaisse aussi.

La jeune fille hocha la tête sous sa casquette, et Thaïs reprit :

— Ce qui serait bien, ce serait que nous lui fassions découvrir les plus beaux endroits de l'île ensemble. Je suis certaine que tu serais une excellente guide, bien plus au fait que moi d'ailleurs… Qu'en dis-tu ?

Clara haussa les épaules et détourna le regard. Thaïs soupira. Elle faisait ce qu'elle pouvait pour changer les idées de l'adolescente, mais rien n'y faisait, évidemment… La violence de ces derniers jours ne pourrait s'atténuer si rapidement. Thaïs imaginait que la situation s'améliorerait quand Valentin arriverait. Clara pourrait alors laisser libre cours à sa colère, décharger sa rancœur autrement que par le mutisme. Malheureusement, le navire de Valentin avait rencontré des vents défavorables qui l'avaient mis en retard sur les pronostics initiaux de la course. À ce jour, il n'avait pas encore regagné les côtes australiennes. Thaïs tentait de faire bonne figure pour préserver sa nièce, mais au fond d'elle, la désolation et la consternation se mêlaient en un étrange sentiment de tristesse teinté de lassitude. Le matin, il lui semblait de plus en plus difficile de se lever, aussi se réjouissait-elle particulièrement de l'arrivée de Jing et de son optimisme à toute épreuve.

Ces derniers jours, Thaïs avait effectué les tâches administratives qui nécessitaient son intervention de façon mécanique : elle avait pris rendez-vous avec le banquier de sa sœur, planifié une entrevue avec le notaire de la famille Lapie. Elle avait aussi échangé avec le proviseur des Dunes qu'elle était allée voir pour vider le casier de l'enseignante en salle des professeurs. Thaïs s'était rendue seule sur place, après avoir déposé Clara chez son ami Paul, un garçon de son âge dont l'adolescente aimait la compagnie. Ils avaient prévu de se baigner sur la plage Blanche. M. Blondeau, le directeur de l'établissement, avait accueilli Thaïs au pied de l'escalier principal de l'établissement scolaire, la mine défaite et le teint cireux. Il avait serré ses deux mains dans les siennes, et ses yeux s'étaient mis à briller avant qu'il n'explique :

— Vous savez, madame Lapie, je suis en fin de carrière. Des enseignants, j'en ai vu beaucoup, mais un professeur comme votre sœur, je n'en ai pas connu. Susanne sera irremplaçable. Ce qu'elle a accompli entre ces murs est tout simplement exemplaire… Je n'ai jamais vu tant d'implication, d'investissement, de créativité chez un enseignant, et tout cela dans la plus grande discrétion. Susanne ne faisait pas parler d'elle, mais ils sont nombreux à en parler aujourd'hui, croyez-moi. Sa mort est une tragédie pour cet établissement, et pour Saint-Guirec en général.

Thaïs avait écouté ce discours et pris conscience qu'elle ne s'était jamais vraiment interrogée sur le métier qu'avait choisi sa sœur. Dans son esprit, Susanne était professeur, et des professeurs, elle en avait croisé beaucoup, comme tout le monde. Elle ne s'était jamais questionnée quant au genre d'enseignante qu'elle pouvait incarner, jusqu'à cette fameuse représentation la veille de sa disparition. En voyant les élèves sur scène, elle avait compris la lumière que ce métier, s'il était exercé avec passion, pouvait faire jaillir chez les adolescents. Elle avait admiré cela, en saisissant soudain l'importance du lien entre l'enseignant et les élèves qui lui sont confiés. Elle s'était alors remémoré M. Boucher et la façon dont il avait su lui faire découvrir sa propre passion, cet art qui lui avait parlé, à elle, et lui avait permis de se révéler. Sans les cours, ici sur cette île isolée, dans le studio de M. Boucher, sans la personnalité de ce professeur et son enthousiasme, serait-elle devenue danseuse ? Serait-elle devenue étoile ? Certes, ses professeurs parisiens lui avaient appris la rigueur nécessaire au parcours qu'elle avait suivi, mais cette étincelle originelle, ne la devait-elle pas à M. Boucher ? Elle avait mené ses réflexions en vidant le casier de Susanne où elle avait trouvé ses classeurs de cours et ses boîtes de thé, ainsi qu'une multitude d'ouvrages lus et relus, aux pages cornées et annotées, qui témoignaient de l'amour que Susanne avait porté à la littérature. Elle avait retrouvé l'écriture de sa sœur, passé ses doigts sur les mots inscrits au crayon à papier, avant d'empiler religieusement le tout dans une boîte en plastique, qu'elle confierait à Clara le moment venu.

M. Blondeau l'avait ensuite conduite dans la salle de classe de Susanne, nichée au troisième étage, à l'angle ouest du bâtiment, cette salle que l'enseignante et ses élèves avaient aménagée et décorée avec passion au fil du temps. Thaïs n'avait pu s'empêcher de rester bouche bée en la découvrant. La vue, d'abord, coupait le souffle: les fenêtres ouvraient sur la mer immense et bleue, baignant la pièce de chaleur et de lumière. Les murs, ensuite, l'avaient laissée sans voix: affiches et citations illustrées de peintures, de dessins, d'aquarelles, de collages les recouvraient du sol au plafond en un immense patchwork bigarré. Enfin, dans l'un des deux angles du fond, un arbre en papier mâché déployait ses branches pour abriter un coin lecture où s'empilaient de multiples ouvrages pour adolescents, au milieu de confortables fauteuils. Thaïs n'avait jamais vu une telle salle de classe. Le proviseur expliqua:

— J'ignore encore comment procéder avec cette salle… Je ne peux la confier à aucun autre professeur, évidemment, mais je ne veux pas non plus la transformer en sanctuaire…

Thaïs avait hoché la tête, sans oser glisser un seul orteil dans la pièce.

— Je comprends.

Le proviseur avait repris:

— Peut-être une salle de lecture. Nous enlèverions les tables, disposerions quelques fauteuils en plus, éventuellement un canapé et accueillerions les élèves à l'heure du déjeuner…

Ils avaient refermé la porte et Thaïs était partie, les jambes légèrement chancelantes. En reprenant la route pour aller chercher Clara, elle avait ressenti une vague d'admiration profonde pour sa sœur… Elle se voyait soudain petite, presque insignifiante, elle qui avait pourtant dansé dans les salles plus prestigieuses du monde, face à Susanne qui avait œuvré dans son coin, seule, sur son bout de terre isolé, au rayonnement de sa propre passion et à l'épanouissement de ses élèves. Et paradoxalement, elle avait l'impression de se rapprocher d'elle, malgré sa disparition. Toutes deux nourrissaient cette soif de faire vibrer leurs prochains, de leur ouvrir les yeux sur un monde dont ils ne soupçonnaient pas la beauté.

Thaïs avait envie de raconter tout cela à Jing, de lui parler de Susanne, du chemin de réconciliation sur lequel elles s'étaient engagées, de Saint-Guirec, des cours qu'elle avait donnés au studio de M. Boucher. Elle voulait lui faire partager sa peine, sa frustration, ses regrets et ses doutes. Elle désirait aussi évoquer Clara, la sensibilité de la jeune fille qu'elle avait appris à connaître un petit peu au cours de ces quelques mois, le mutisme dans lequel elle s'enfermait depuis la disparition de Susanne. Et que dirait-elle d'Henry à son ami ?

Elle s'approcha du débarcadère encore fermé, et se retrouva à l'endroit où une plaque avait été apposée en souvenir de l'accident de ferry qui avait coûté la vie à leurs parents et à dix-huit autres innocents. Le cuivre brillait à côté d'une gerbe de fleurs qui séchaient au soleil. Elle passa la main sur le métal doux et chaud, ferma les yeux et songea, comme elle le faisait souvent depuis quelques jours, que Susanne avait retrouvé leur père et leur mère : peut-être même veillaient-ils sur eux de là où ils se trouvaient maintenant. Une légère brise s'engouffra dans les pans de sa robe, apportant le parfum salé des embruns.

Enfin, la sirène du ferry retentit, et les premières voitures ne tardèrent pas à débarquer par l'arrière, tandis qu'une foule de vacanciers se rassemblaient devant la passerelle qui permettait d'accéder au quai. Thaïs apercevait la tête de Jing, dépassant au-dessus des autres, du haut de son mètre quatre-vingt-cinq. Enfin, l'un des membres d'équipage escamota la rambarde métallique, et les premiers touristes quittèrent le bateau. Ils étaient nombreux pendant les vacances à vouloir retrouver leur résidence secondaire, ou découvrir les trésors de Saint-Guirec. Chapeau sur la tête, lunettes de soleil sur le nez, ils se bousculaient les uns les autres, heurtés par des enfants qui se couraient après, une épuisette à la main, un panier de pêche autour du cou… Riant aux éclats, ils souriaient à l'idée des longues vacances que leur ouvraient les portes de ce ferry, des courses-poursuites entre les rochers, des baignades sur la Plage Blanche et des glaces sur le quai. Thaïs les contemplait, rêveuse et attendrie par le spectacle d'une telle candeur. « Profitez », aurait-elle voulu leur dire. Enfin, Jing se rapprocha et bientôt, ils se trouvèrent face à face. Après quelques secondes d'incrédulité pendant lesquelles ils s'observèrent timidement, ils se jetèrent l'un sur l'autre ; Jing attrapa la danseuse par la taille et la souleva pour la faire tournoyer, aussi légère qu'une plume se posant sur l'onde d'un étang. Ils se serrèrent dans les bras, heureux de se revoir après cette longue séparation. Puis Thaïs conduisit Jing auprès de Clara qui les scrutait, un peu à l'écart :

— Je te présente ma nièce, Clara, qui va te faire découvrir Saint-Guirec mieux que quiconque.

Le danseur cessa de rire. Il se pencha en avant, ses mèches d'ébène tombèrent sur son front, il saisit les deux mains de la jeune fille dans les siennes, et les serra doucement :

— Clara, merci de m'accueillir ici, sur ton île. J'aurais beaucoup aimé connaître ta maman, et je te présente mes condoléances les plus sincères. Je sais ce que tu traverses, et même si chaque peine est différente, il me semble que je peux te comprendre. J'avais à peu près ton âge quand ma mère nous a quittés… Si tu le souhaites, nous pourrons en parler toi et moi.

L'adolescente leva les yeux pour l'observer attentivement. Elle perçut l'empathie sur son visage et le remercia tout bas, avant de retrouver le silence dans lequel elle semblait vouloir se murer. Thaïs les regardait. Elle admira son ami qui ne craignait jamais de dire ce qu'il avait sur le cœur. Il ne s'embarrassait pas des questions qui torturaient parfois la danseuse lorsqu'il s'agissait d'évoquer ses sentiments. Il parlait, simplement, délicatement, d'une voix douce et calme qui invitait au partage et à la compassion. Peut-être trouverait-il les mots pour aider Clara ?

La danseuse saisit le bras de l'adolescente d'un côté, celui de son ami de l'autre, et ils quittèrent ainsi le débarcadère pour rejoindre le quai tous les trois.

— Merci, Jing, de venir. Je suis tellement heureuse de ta visite… J'ai l'impression de ne pas t'avoir vu depuis des années ! Pas trop fatigué par ta tournée ?

— Je suis surtout en plein décalage horaire ! C'était bien, l'Asie, comme toujours. J'ai même pu voir mon père en faisant escale à Hong Kong, et nous avons été très bien accueillis à Tokyo, mais tu leur as manqué, Thaïs.

La danseuse sentit une pointe de satisfaction s'immiscer en elle.

— Quand repars-tu aux États-Unis ?

— Dans une semaine. Tu vois, cela nous laisse peu de temps, mais je voulais vraiment te voir avant de repartir. Et je voulais aussi découvrir le lieu où tu as grandi, et que tu as tenu secret pendant toutes ces années.

Ils marchèrent ainsi jusqu'à la Kea, déambulant à travers les ruelles du centre-ville, suivis par le grondement des roulettes de la valise de Jing sur les pavés. Arrivés sur la place du Marché, ils entrèrent dans la vieille maison en granit, où Thaïs proposa de préparer un pique-nique qu'ils pourraient savourer sur la Plage Blanche. Jing s'enthousiasma, Clara haussa les épaules. Puis la danseuse demanda à la jeune fille de faire visiter la maison à leur invité et de le conduire dans la chambre d'amis, où il allait dormir. Elle obéit sans un mot, lasse, comme épuisée. Thaïs espérait qu'un dialogue s'instaure entre l'adolescente et son ami, que sa nièce quitte la léthargie qui lui semblait plus dévastatrice encore que les larmes. Jing arpenta les pièces du rez-de-chaussée, admira l'atelier de la grand-mère de Clara, dont Susanne avait fait son bureau, les toiles, les bibliothèques et la vue sur le jardin. Il joua un air sur le piano à queue du salon, grimaça en constatant qu'il n'avait pas été accordé depuis un moment. En découvrant le studio de danse au sous-sol, il ne put cacher son enthousiasme et esquissa quelques pas devant le miroir. Clara le contemplait fixement, sans rien dire. Ils montèrent ensuite au premier étage, où l'adolescente lui montra sa chambre, celle de sa tante et la sienne. Jing s'exclama face aux montgolfières du papier peint, s'émerveilla de la vue sur l'océan par-delà les murs du jardin. Enfin, elle entrouvrit la porte de celle de sa mère, mais Jing resta sur le seuil et Clara la referma presque aussitôt. Quand ils eurent terminé la visite, le danseur déposa sa valise sur son lit, l'ouvrit pour en sortir deux petits paquets enveloppés dans un papier japonais aux motifs géométriques. Il tendit l'un des deux à la jeune fille, qui le saisit, bouche bée. Jing expliqua :

— Ce n'est rien du tout, juste une petite chose trouvée à l'aéroport de Tokyo… Je voulais te remercier de me recevoir ici, à la Kea, dans un moment si difficile pour toi.

Clara commença à déchirer le papier sous lequel elle découvrit un bracelet : une unique perle en porcelaine avait été passée sur un lien en soie bleue, dont les nœuds coulissaient pour s'adapter à toutes les morphologies. La jeune fille l'enfila immédiatement autour de son poignet, puis elle demanda, les yeux toujours baissés :

— Elle te manque encore ?

— Qui ? Ma mère ?

— Oui.

Jing soupira et s'assit sur le lit, à côté de la valise d'où il avait également tiré un maillot de bain et des espadrilles qu'il se dépêcha de chausser à la place de ses lourdes baskets de ville. Il attendit quelques secondes, posa ses yeux à travers la fenêtre et répondit en regardant Clara fixement :

— Pour être franc, pas un jour ne passe sans que je ne pense à elle. Alors oui, ma mère me manque encore terriblement, et je crois qu'elle me manquera toute ma vie. J'étais son fils unique, nous étions très liés tous les deux. Souvent, je me surprends encore à penser que j'aimerais lui raconter tel ou tel événement, et lorsque j'entre en scène, je m'imagine toujours qu'elle se cache dans un coin de la salle. Je la cherche même parfois des yeux à la fin du ballet, quand nous saluons. Je détaille attentivement chaque fauteuil, mais évidemment, je ne la trouve jamais… En fait, je crois que c'est pour elle que je danse, autant que pour moi. Mais tu verras, Clara, avec le temps, la peine se transforme : un jour viendra où tu pourras te remémorer ta maman sans pleurer. Il ne te restera que les moments doux.

Ils restèrent ainsi tous les deux, silencieux, quelques secondes, puis Jing se leva et ils rejoignirent Thaïs qui les attendait dans le jardin. Elle avait sorti les vélos de la remise, placé le sac à dos qui contenait le pique-nique sur son porte-bagage, solidement attaché par des tendeurs multicolores. Chacun enfourcha sa bicyclette et ils s'engouffrèrent à travers le portail ouvert, Clara en tête de peloton.

Sur le trajet qui les mena à la Plage Blanche, Jing ne cessa de s'émerveiller devant les paysages qui se déployaient sous ses yeux, la lande sauvage, parsemée d'ajoncs et de pins qui frémissaient dans le vent de l'été, les mille teintes de l'océan qui s'étendait loin devant lui, la silhouette du phare qui dominait la pointe ouest de l'île. Ses cheveux volaient, il riait en lâchant le guidon du vélo comme un enfant, s'esclaffait de ses prouesses, accélérait dans les descentes sans prendre garde aux recommandations de Thaïs qui ne voulait pas qu'il se blesse entre deux tournants. Il souriait à la vie, et ainsi, ramenait un peu de gaieté dans le cœur de Thaïs et Clara.

Les jours qui suivirent, ils explorèrent l'île tous les trois. Clara conduisit sa tante et son ami sur les pas de sa mère, là où elle aimait emmener les invités qui passaient quelques jours en leur compagnie. Elle parlait peu, mais Thaïs avait le sentiment que la visite de Jing l'apaisait. C'est elle qui proposa le parcours de la plupart de leurs promenades à vélo, elle demanda même à sa tante s'il était possible de dîner à la crêperie où elles allaient toujours pour son anniversaire, sur le port. Ils y passèrent une bonne soirée, dorlotés par les propriétaires qui connaissaient bien Clara.

De son côté, Thaïs se livra pleinement à Jing, comme elle le faisait à Paris. Elle lui parla longuement de Susanne, de leur enfance à Saint-Guirec, des années de bonheur qu'elles avaient vécues en compagnie de leurs parents à la Kea, cette maison qu'ils aimaient tant. Puis elle lui expliqua son éloignement, lui montra les lettres que Susanne avait conservées et une nuit, dans la chaleur du brasero, lui narra ce que ses parents faisaient ce soir-là, sur le ferry. Même à Jing, Thaïs avait tu la vérité. Le danseur l'écouta attentivement, l'encouragea et la consola, insistant sur la beauté de cette réconciliation vers laquelle elles s'étaient toutes deux engagées à l'aube du décès de Susanne. Il sécha ses larmes, lui exprima son soutien.

Lorsque Thaïs le questionna au sujet d'*Anna Karénine* et de la compagnie, il resta évasif. Jing avait des envies d'ailleurs, Alexis l'avait usé ces derniers mois… Revoir son père à Hong Kong l'avait bouleversé. Il lui expliqua qu'il avait également retrouvé par hasard une amie d'enfance, Chan, qui l'avait soutenu quand il était au collège et nourrissait l'espoir de danser en France. Elle avait repris contact avec lui via Facebook et depuis ils entretenaient une correspondance soutenue. Il n'était pas seul à ressentir cette lassitude profonde dans la compagnie, cet inquiétant manque d'enthousiasme qui plombait ses journées et son rôle. Il avait hâte que l'expérience aux côtés du grand Korniloff soit derrière lui, pour se recentrer sur l'essentiel, ses émotions… Et peut-être, s'ouvrir à d'autres perspectives. La danseuse osa aussi évoquer le plaisir qu'elle avait eu à enseigner aux élèves de M. Boucher, même s'ils n'étaient pas les petits rats qu'ils avaient l'habitude de côtoyer à l'Opéra. Loin du studio Zambelli, elle avait renoué avec les étincelles du début, la joie originelle qui fait naître les danseurs. Elle expliqua qu'elle avait aimé ses élèves et qu'en imaginant qu'ils n'auraient plus de professeur l'an prochain, elle ne pouvait réprimer un petit pincement dans le fond de son cœur. Jing l'écoutait attentivement. Il avait l'air de la comprendre.

Ils dansèrent aussi, au sous-sol de la Kea, ils effectuèrent leurs pas de deux préférés sous les yeux admiratifs de Clara qui les contemplait depuis les marches de l'escalier. Jing proposa un adage à la jeune fille. Thaïs filma leur duo sur son téléphone et l'envoya à sa nièce qui ne se reconnut pas en visionnant la séquence. Des étincelles apparurent dans son regard triste. Thaïs remercia Jing de ce moment de grâce pour elle, et pour Clara.

Enfin, la danseuse présenta Henry à son ami, autour d'un dîner dans le jardin de la Kea. Sans qu'il ne sache rien des sentiments qui s'étaient bousculés en elle, Jing comprit ce qui se jouait entre Thaïs et le médecin. Il saisit des regards, des gestes, et songea intérieurement que le départ de Saint-Guirec serait difficile à bien des égards pour Thaïs.

Les six jours que le danseur passa à la Kea filèrent à toute vitesse et lorsque Thaïs le raccompagna au ferry, elle sentit une masse se former au fond de sa gorge. Ils se reverraient à l'automne, à Paris où ils se retrouveraient sous les toits de Garnier. Jing serra Thaïs et Clara dans ses bras sur l'embarcadère, puis il sauta à bord du ferry. Il salua les deux femmes depuis le pont du navire, leur envoya des baisers et du courage. Puis la sirène retentit, et le bateau s'éloigna à l'horizon.

Sur le chemin qui la ramenait à la maison, Clara retrouva son silence. Thaïs voulut passer son bras sur son épaule, mais elle sentit le corps de la jeune fille se contracter. Elle laissa retomber sa main et s'éloigna d'elle de quelques centimètres. En passant le seuil de la Kea, Clara se réfugia dans la chambre de sa mère avec un livre. Thaïs la laissa faire. Elle avait reçu des nouvelles de Valentin dans le courant de la semaine. Son arrivée à Saint-Guirec, le lendemain, permettrait sans doute à la jeune fille de s'épancher davantage. Ensemble, ils pourraient aussi se poser les questions que Thaïs avait reléguées dans un coin de son esprit : où sa nièce irait-elle l'an prochain ? Valentin s'installerait-il à Saint-Guirec ou l'emmènerait-il à La Trinité ? Avait-il prévu de ralentir son rythme pour prendre soin de sa fille ? Serait-il possible d'envisager des vacances ensemble sur l'île ?

Quant à la danseuse, elle pourrait ainsi se recentrer sur son propre avenir et songer à programmer son retour à Paris de façon plus concrète.

22

CLARA

La Kea, 18 juillet

Ces derniers jours, nous avons eu un invité à la maison. Au départ, quand Thaïs m'a appris que nous allions recevoir quelqu'un, j'ai pensé qu'elle ne manquait pas de culot. Maman est enterrée depuis quelques jours à peine, et la voilà qui en profite pour faire venir du monde à la Kea. Et puis j'ai réfléchi. Cette maison lui appartient autant qu'elle appartenait à Maman, et dans le fond, je sais bien que sa mort lui fait beaucoup de peine à elle aussi. Alors je n'ai rien dit.

Avant, je serais tombée de ma chaise en apprenant qui était cet invité. Jing Mo est un autre danseur étoile, une véritable star, comme ma tante. Je n'en aurais pas dormi pendant des jours, j'aurais cru m'évanouir en l'attendant au débarcadère, mais là, cela ne m'a fait ni chaud ni froid… Jusqu'à ce que nous le voyions sur le pont du ferry et qu'il vienne nous retrouver sur le quai. J'ai su qu'il était bien plus qu'une star en lui disant bonjour. Bon, et puis il faut admettre que j'ai toujours été un peu amoureuse de Jing Mo. Je ne compte pas les heures passées sur Internet à l'admirer sur la chaîne YouTube de l'Opéra de Paris, j'ai toujours été fascinée par son regard noir et son allure princière, sans compter sa grâce et la façon si envoûtante dont il interprète ses rôles. Le voir en vrai ne m'a donc pas laissée totalement indifférente, même si bien sûr, je n'en ai rien montré (il ne faut pas exagérer, je n'allais pas tomber comme une mouche à ses pieds !). Je précise quand même, ici, à l'abri des regards, qu'il est encore plus beau dans la réalité que sur ses photos officielles.

Nous sommes rentrés à la Kea, et Thaïs m'a dit de lui montrer la maison. Il était si enthousiaste que je me suis demandé s'il n'en rajoutait pas un peu. Elle est belle, la Kea, je ne dirais jamais le contraire, mais ce n'est pas non plus un palace ! Au moment d'ouvrir sa valise, il m'a offert un cadeau, et là, je dois bien dire que je n'en revenais pas… J'ai imaginé qu'il avait pensé à moi, alors qu'il ne me connaissait même pas, à l'aéroport de Tokyo, et ça m'a donné des palpitations. Et puis, j'ai déchiré le papier aux motifs dorés, et découvert le plus beau bracelet que j'aie jamais vu, en soie japonaise, d'un bleu profond, doté d'une belle perle en porcelaine. Je l'ai tout de suite mis autour de mon poignet et j'ai décidé, dans la minute, que je ne le retirerais jamais. Là encore, je n'ai rien dit, évidemment. Je me suis contentée d'un merci un peu détaché, et c'est à ce moment-là que nous avons eu notre première vraie conversation. En effet, Jing (que j'appelle par son prénom !) a perdu sa maman quand il avait treize ans, comme moi. Les circonstances n'étaient pas les mêmes puisque sa mère était malade depuis longtemps, mais le résultat est identique et j'ai senti qu'il comprenait vraiment le fond de ma question quand je lui ai demandé si elle lui manquait encore. J'ai su qu'il était passé par les mêmes moments de terreur, et c'est sans doute égoïste, mais cela m'a réconfortée. Pire que ça, je m'en suis presque réjouie ! C'est injuste d'éprouver du plaisir à l'idée des malheurs d'un autre, mais je me suis sentie moins seule soudain.

En descendant les escaliers, j'ai imaginé que Maman était encore là, comme je le fais souvent, sans même m'en rendre compte. Je l'ai vue au milieu de nous trois, et j'ai compris qu'elle aurait voulu montrer les merveilles de Saint-Guirec à notre invité, comme elle le faisait avec ses amis de la fac, lorsqu'ils venaient nous rendre visite, l'été. Alors j'ai pris les choses en main, et j'ai joué le jeu. J'ai décidé de les emmener dans les coins préférés de Maman, la Plage Blanche évidemment, mais aussi la pointe du Boucanier, l'anse des Pins, et la crique aux Coques. Nous avons pêché le couteau, nous nous sommes baignés, et nous avons fait beaucoup de pique-niques. J'ai même demandé à Henry s'il accepterait de nous emmener faire un tour de bateau, mais il avait trop de patients cette semaine. Avec l'arrivée des touristes, il est débordé, le pauvre. Jing m'a remerciée de cette attention, et m'a dit « ce sera pour une prochaine fois ! ». J'en ai déduit qu'il appréciait son séjour, et j'ai pensé que Maman serait fière de moi.

Elle me répétait tout le temps que je ne mesurais pas ma chance de vivre à Saint-Guirec, sur cette île qui était pour elle le plus bel endroit de la terre. J'avoue qu'il m'arrivait de lever les yeux au ciel quand elle me disait un truc pareil. Je n'ai jamais mis les pieds à Paris, mais j'imagine que ce n'est pas sans raison qu'on la qualifie de Ville Lumière, et qu'elle a inspiré les plus grands artistes du monde. Alors que Saint-Guirec, personne n'en a jamais entendu parler. Elle me disait souvent qu'elle aurait aimé voyager davantage, mais qu'elle savait que même après avoir traversé l'Afrique ou l'Asie, ses pas la ramèneraient toujours ici, dans cette maison, sur cette île perdue.

Avant de m'avoir, elle avait fait ses études à Nantes. Elle m'a confié qu'elle avait adoré ces quelques années en ville, où elle avait profité d'une vie culturelle intense et noué des amitiés sincères. Elle passait son temps libre dans des salles de cinéma d'art et d'essai obscures, au théâtre, à lire sur les bords de Loire. Elle avait même envisagé d'y devenir professeur, au moment où elle s'était inscrite au concours du CAPES. Mais elle ajoutait aussi que sitôt qu'elle avait su qu'un autre cœur que le sien battait en elle, elle avait compris qu'il lui fallait revenir à Saint-Guirec. Elle voulait que je grandisse en voyant la mer chaque jour, que je respire son parfum, ses embruns, que je fasse mes premiers pas sur la Plage Blanche, que je découvre les joies de la navigation aux côtés de mes grands-parents. Elle avait donc pris ses cliques et ses claques, le ferry, et préparé son concours à la Kea, avec l'aide d'Oma et Papili. Elle disait souvent que c'était la meilleure décision qu'elle ait jamais prise, et dans ces moments-là, je ressentais beaucoup de fierté d'être sa fille.

J'ai encore du mal à comprendre cet attachement viscéral pour Saint-Guirec, mais maintenant qu'elle n'est plus là, les endroits qu'elle aimait tant m'apparaissent différemment, il me semble y déceler tout ce qu'elle y voyait, et qui m'était imperceptible jusqu'à maintenant.

Mais je m'égare et dois finir de raconter cette semaine en compagnie de Jing. En plus de ces longues promenades à vélo, nous avons beaucoup dansé tous les trois, au sous-sol de la Kea, dans le jardin et sur la terrasse. Et j'ai eu cette incroyable chance de danser avec lui. Il m'a montré un enchaînement, que j'ai beaucoup travaillé, et le dernier jour, nous l'avons fait ensemble. Thaïs nous a filmés avec son téléphone, pour que je puisse garder un souvenir de nos séances. J'ai cru que mon cœur allait exploser tant je me suis sentie heureuse, tout à coup ! Et puis dès que la musique s'est arrêtée, la réalité m'est revenue de plein fouet et je me suis rappelé que Maman était morte. Et la tristesse s'est abattue sur moi, comme un couvercle. Je me demande encore comment il est possible d'être si heureux et si malheureux à quelques secondes d'intervalle. Mais j'ai compris que si je voulais retrouver un semblant de bonheur, je devais continuer à danser. Avec ou sans professeur.

Jing et moi avons souvent parlé de la disparition de Maman. Nous ne nous disions pas grand-chose, mais comme Maman l'énonçait souvent à ses élèves en rédaction « ce n'est pas la quantité des mots qui compte, mais leur qualité ». Jing m'a raconté qu'il pensait chaque jour à sa mère, qu'il continuait à vouloir lui parler, et que parfois il le faisait tout bas. Ça m'a rassurée, ça aussi.

Je sais que Maman est morte ; je sais que son corps repose dans une horrible boîte à plusieurs mètres sous terre (c'est d'ailleurs ce cauchemar qui se répète toutes les nuits. Je l'imagine vouloir en sortir et crier, comme dans un mauvais film d'horreur), mais j'ai cette impression étrange qu'elle m'accompagne partout, qu'elle est encore là, avec moi, dans chacune des pièces de la Kea. Quand je pousse une porte, j'ai le sentiment que je vais la trouver derrière… Et parfois, je l'entends même me parler. J'ai demandé à Jing s'il pensait que j'allais devenir folle et finir comme Jeanne d'Arc : il a souri en m'expliquant que ça lui arrivait aussi. Il m'a conseillé de continuer à écrire dans ce carnet et de tenter d'en parler avec Thaïs. Peut-être éprouvait-elle des sentiments similaires ? Je lui ai promis d'essayer, quand il est parti, mais ce n'est pas facile. Évoquer Maman avec quelqu'un qui ne la connaissait pas me paraît beaucoup plus simple. Je n'ai jamais eu peur de faire de peine à Jing, alors qu'avec Thaïs et Henry, c'est différent… Je vois bien qu'ils essaient de camoufler leur tristesse par des rires (d'ailleurs, Thaïs ne pleure jamais), mais c'est comme la peinture des volets de la Kea, les sourires s'écaillent et je devine le bois abîmé en dessous.

Je me suis montrée courageuse en raccompagnant Jing au ferry et j'ai retenu mes larmes (je ne voulais pas qu'il garde l'image d'un visage rouge et poisseux à l'évocation de mon souvenir), car je n'avais pas pensé que sa visite puisse être d'un tel réconfort. Résultat, je suis encore plus amoureuse de lui qu'à son arrivée !

Thaïs s'imagine que ce sera plus facile pour moi, quand mon père arrivera, et elle me le répète souvent. Ça tombe bien, il sera là demain. Elle m'a aussi expliqué que c'est avec lui que je déciderai où je vais l'an prochain. À mon avis, je ne déciderai rien du tout. Je me demande parfois dans quel monde elle vit : à treize ans, on suit et puis c'est tout. En réalité, je n'ose pas le lui dire, mais j'ai peur de l'arrivée de mon père. Je ne le crains pas (il est doux comme un agneau) mais je suis terrorisée en pensant à ce qu'il va me dire. Il n'a pas voulu que nous abordions ces sujets par téléphone (il faut préciser qu'il était seul sur son bateau ces derniers jours, et que celui-ci ne se pilote pas comme le *Laouen*), si bien que je ne sais pas ce qu'il compte faire de moi l'an prochain.

J'ose l'écrire ici, comme un vœu : mon rêve serait évidemment qu'il vienne s'installer à Saint-Guirec (et pourquoi pas, à la Kea ?), que je reste aux Dunes, et que rien ne change.

Maman, Maman, toi qui me parles tout le temps dans ma tête, tu ne voudrais pas le lui souffler ?

23

Thaïs

Thaïs s'était installée face au port, sur la terrasse du Skipper, là où ils avaient pris leur premier verre ensemble. Elle avait chaussé ses lunettes de soleil et sirotait son café en attendant Henry à qui elle avait donné rendez-vous. Clara et son père étaient partis naviguer toute la journée. Valentin n'était arrivé que la veille, mais il ne pouvait passer plus de vingt-quatre heures à terre, comme l'avait interprété la jeune fille quand il lui avait proposé de partir pour la journée. Valentin connaissait bien le voilier de la famille Lapie. Avec Susanne, ils avaient sillonné les pourtours de l'île à son bord, quand ils étaient jeunes et vivaient tous deux à Saint-Guirec. Thaïs avait rencontré Valentin à quelques reprises. Ils se connaissaient peu mais en le voyant sur le pont du ferry où il bavardait avec des inconnus, Thaïs s'était rappelé pourquoi sa sœur en était tombée amoureuse. Dans son regard, on devinait une assurance qui n'avait rien de surjoué. Il parlait avec charisme, semblait prêt à vous faire traverser les mers les plus dangereuses qui soient. Sa passion et sa détermination envoûtaient son auditoire, sans même qu'il ne s'en rende compte, et c'est là que résidait son charme. Ses cheveux blonds et bouclés, dans lesquels on percevait maintenant des reflets d'argent, retombaient sur un front tanné par les rayons du soleil, et ses yeux d'un bleu limpide semblaient contenir toutes les teintes de l'océan. Un simple sac à dos de toile passé sur l'épaule, il posa le pied sur le débarcadère d'un pas assuré, mais en croisant son regard, Thaïs y lut une tristesse réelle. Elle devina que ses traits tirés n'étaient pas le seul fait de la course qu'il venait de remporter. Il avait aimé Susanne, profondément, et si sa passion avait pris le dessus voilà des années, elle n'enlevait rien à la douleur de sa perte.

Contrairement aux attentes de la danseuse, Clara ne s'était pas jetée sur son père. Elle s'était approchée de Valentin timidement, et c'est lui qui avait passé son bras autour de son cou. Elle s'était laissé faire, les bras ballants. Puis il avait salué Thaïs, l'avait remerciée d'avoir pris soin de sa fille, et ils avaient marché tous les trois jusqu'à la Kea. L'après-midi, pendant que la danseuse se rendait chez le notaire, ils avaient fait un tour au cimetière, Valentin souhaitait voir la tombe de Susanne pour y déposer des fleurs. Ils étaient rentrés les yeux rouges et le visage gonflé d'avoir pleuré, mais Clara restait mutique, comme si sa présence ne changeait rien à la situation.

Pendant le dîner, Valentin avait expliqué à sa fille qu'elle pouvait venir vivre avec lui, à La Trinité. Son appartement ne comportait que deux pièces, mais il lui céderait volontiers sa chambre en attendant de trouver autre chose, « pourquoi pas une maison avec un jardin, comme ici ». L'adolescente n'avait pas touché à son assiette, elle avait à peine regardé le marin et s'était contentée de demander :

— Sais-tu s'il y a une école de danse à La Trinité ?

Valentin avait promis de se renseigner au plus vite, puis ils avaient fini de dîner dans un silence pesant. Le marin avait imaginé que cette dernière question signifiait l'adhésion de Clara, mais Thaïs avait vu le visage de l'adolescente pâlir et ses yeux se gorger de larmes lorsqu'il avait dit « une maison, comme ici ». Elle avait décidé d'en reparler avec lui quand ils seraient seuls, mais ils n'en avaient pas encore eu l'opportunité. Comme il avait prévu de passer quinze jours avec sa fille à Saint-Guirec, le temps qu'elle boucle une valise et un carton pour La Trinité et fasse ses adieux à ses camarades de classe, l'occasion se présenterait. En débarrassant, il avait expliqué qu'ils ne pouvaient passer l'été sur l'île car le bateau sur lequel il naviguerait au cours de la prochaine saison quittait le chantier vers le 15 août, et Valentin devait effectuer ses premiers essais à bord à la fin du mois. Clara l'avait écouté dérouler son programme sans un mot, puis elle était montée se coucher. Il l'avait suivie, terrassé par le décalage horaire et Thaïs s'était retrouvée seule dans la cuisine de la Kea, circonspecte. Elle s'était posé mille questions, et ses conclusions restaient les mêmes : c'est avec son père que Clara serait le mieux.

Elle avait tenté de dormir mais le sommeil n'était jamais venu, si bien qu'après s'être retournée pendant des heures entre les draps, elle avait fini par se lever pour fumer une cigarette à la fenêtre, face à la lune, immense cette nuit-là. En contemplant le jardin faiblement éclairé, elle avait pris conscience que pour la première fois depuis des dizaines d'années, la Kea fermerait ses portes pour une durée indéterminée. Dans sa poitrine, les battements de son cœur s'étaient soudain accélérés et dès l'aurore, elle avait écrit un texto à Henry pour lui fixer ce rendez-vous.

Elle le vit arriver au loin, il marchait d'un pas pressé, le visage penché en avant, jetant des regards furtifs autour de lui dans l'espoir de ne pas être reconnu. Il lui avait expliqué que ses patients adoraient lui raconter leur vie à l'extérieur des murs de son cabinet, et que comme il était trop poli pour les interrompre, cela pouvait durer des heures. Il avait donc adopté cette allure rapide, doublée d'un regard absorbé pour contrer toute velléité d'échanges intempestifs. Il arriva finalement face à Thaïs qu'il embrassa sur la joue avant de s'asseoir. Il portait une chemise en lin à rayures bleu clair et un pantalon de toile beige. Il lui sembla que sa barbe était plus dense qu'à l'ordinaire. Comme elle, il avait l'air fatigué. Il commanda un Perrier après avoir fait signe à Mireille, et demanda à Thaïs :

— Ça va ? Clara n'est pas avec toi ?

— Non, elle est en mer avec son père. Ça pourrait aller mieux… Et toi ?

Il haussa les épaules et avala une gorgée de Perrier :

— Pas vraiment. J'ai du mal à me concentrer, je pense à Susanne, à Clara, à toi… Je voudrais pouvoir vous aider davantage, je me fais du souci pour vous… Et tous ces patients qui défilent dans mon cabinet ! C'est vraiment la cohue pendant les vacances.

— Ne t'inquiète pas Henry, tu fais déjà beaucoup pour nous, ne serait-ce que par ta présence et ton attention.

Chaque matin, Henry écrivait à Thaïs pour prendre des nouvelles de la maisonnée. Ses messages n'appelaient pas forcément de réponse, mais la danseuse aimait ces textos qui témoignaient d'une attention protectrice à leur égard.

— Et ça se passe bien avec Valentin ?

Thaïs termina son café avant d'en commander un autre puis elle reprit :

— Oui, il est très attristé de la disparition de Susanne et j'ai l'impression qu'il a envie de bien faire avec Clara, même si ce n'est pas simple, ni pour elle, ni pour lui.

Après quelques secondes de silence, elle ajouta :

— Il va l'emmener à La Trinité.

Henry soupira :

— Je m'y attendais, je ne vois pas comment il pourrait poursuivre sa carrière ici.

— Oui, et c'est à ce sujet que je t'ai demandé de venir.

— Je t'écoute.

Thaïs inspira profondément avant de poser un trousseau de clés sur la table, entre eux deux. Elle expliqua :

— Ils partiront dans une quinzaine de jours. Quant à moi, j'ai décidé de quitter la Kea à la fin de l'été pour reprendre mes entraînements à l'Opéra début septembre. J'étais chez le notaire hier après-midi. Clara hérite de tous les biens de sa mère, y compris de la maison qui nous appartient désormais à toutes les deux.

La danseuse se tut quelques secondes. Elle semblait chercher ses mots. Henry l'encouragea d'un regard bienveillant :

— Elle est notre propriété mais je ne sais pas quand nous y reviendrons et je ne voudrais pas qu'elle se détériore en notre absence. J'ai pensé que je devais désigner une personne spéciale à qui confier ses clés, et à qui je demanderais de prendre soin d'elle. C'est immédiatement à toi que j'ai songé, Henry.

Du bout des doigts, elle poussa les clés vers lui, puis elle ajouta :

— J'ai également glissé les clés du *Laouen* sur le trousseau. C'est absurde, mais ce bateau nous revient également à parts égales, alors que nous sommes incapables de le faire naviguer, seules ! Toi, en revanche, tu pourras sortir en mer, si le cœur t'en dit, et t'assurer qu'il ne croupit pas au fond du port. J'ai conscience que je te demande beaucoup, Henry, et que tes patients t'occupent déjà énormément, mais je ne voyais personne d'autre vers qui me tourner. Il s'agirait de faire un tour à la maison, une fois par mois environ, pour vérifier que la réparation du toit tient le coup, qu'il n'y a pas d'autres fuites. Bien sûr, tu me diras combien je te dois, s'il te faut engager des frais… Et je vais aussi prendre attache auprès d'un jardinier pour que tu n'aies pas à t'occuper du jardin.

Henry resta silencieux quelques secondes au bout desquelles Thaïs ajouta :

— C'est ce qu'aurait voulu Susanne, je crois…

Le médecin baissa les yeux, puis il posa la main sur le trousseau, le saisit et l'enfonça dans sa poche :

— Tu peux compter sur moi.

Thaïs soupira, soulagée. Elle refusait que la Kea tombe en ruine, cette maison que ses parents et sa sœur avaient tant aimée. Elle ignorait encore quand il lui serait possible de revenir mais elle voulait que la demeure reste en bon état jusqu'à la majorité de Clara. À ce moment-là seulement, elles pourraient envisager ensemble son avenir. La jeune fille désirerait-elle revenir sur l'île un jour et s'installer à la Kea comme Susanne l'avait fait avant elle ? Souhaiterait-elle pouvoir s'y rendre pendant les vacances ? Ou penserait-elle qu'il est temps de la vendre ?

Henry interrompit le fil de ses pensées en posant une main sur la sienne. Sans la regarder, il lui demanda :

— Alors, c'est sûr ? Tu rentres à Paris ?

Il releva les yeux, un sourire triste sur les lèvres. Elle aimait le contact de sa peau légèrement rugueuse sur ses doigts. Thaïs avaient envie de le serrer dans ses bras, mais elle resta immobile et lui laissa sa main. Elle finit par répondre :

— Ma vie est à Paris, je ne te l'ai jamais caché. On m'attend, à l'Opéra, les autres danseurs comptent sur moi. Je ne peux pas les laisser tomber.

— Ici aussi, on compte sur toi… Je ne veux pas te culpabiliser, mais j'aimerais que tu en prennes conscience. J'ai vu la petite Sarah en consultation hier, que tu avais en cours le lundi soir. Sa mère m'a parlé de toi, de la joie qu'avait éprouvée sa fille à reprendre les leçons de danse avec toi, de sa déception en découvrant que tu ne serais plus là à la rentrée. Je ne sais pas si tu l'as remarqué, mais Sarah est une petite fille fragile, timide, pour qui la danse était un moment d'expression intense, très aidant. Je sais que les élèves de Saint-Guirec ne sont pas les petits rats de l'Opéra de Paris, je sais que la Plage Blanche n'est pas la place de la Concorde, mais j'ai pensé que tu devais le savoir, car ces enfants comptent, eux aussi.

Thaïs ferma les yeux. Elle n'avait pas besoin d'entendre le discours d'Henry, elle s'était fait ces mêmes réflexions en refermant définitivement la porte du studio de M. Boucher fin juin. Mais que pouvait-elle faire ? Envoyer balader Tatiana, la compagnie, Bastille et Garnier ? Assumer de ne plus jamais danser le *Lac des cygnes*, *Le Parc* et *Giselle* ? Abandonner ces rôles pour lesquels elle avait tout sacrifié ? Que serait sa vie ici ? Certes, elle avait aimé enseigner à ces enfants, mais ne s'ennuierait-elle pas, tôt ou tard ? Ne se lasserait-elle pas de l'île, de ses habitants, de son granit et de sa lande déserte ?

C'était trop lui demander. Elle entendait l'appel qui semblait résonner entre les murs de la Kea, comme une voix venue du passé qui la guidait vers un séduisant horizon, lui découvrant une page blanche sur laquelle elle pourrait écrire une autre histoire. Mais elle n'était pas prête à laisser derrière elle cette carrière dont elle avait rêvé et qui lui prodiguait le sentiment de l'accomplissement, au-delà du sacrifice.

Elle proposa à Henry de le raccompagner. Il passa une main dans ses cheveux, soupira, paya l'addition et ils quittèrent le Skipper, côte à côte. Ils marchèrent sur le quai en direction du cabinet du médecin, s'engouffrèrent dans les ruelles encombrées de touristes qui mangeaient des crêpes en se prenant en photo, sans imaginer une seconde les pensées contradictoires qui traversaient l'esprit de ces deux inconnus. Discrètement, Henry saisit à nouveau la main de Thaïs. Leurs doigts s'entremêlèrent spontanément, et la danseuse prit conscience qu'en lui confiant les clés de sa maison, elle avait, d'une certaine façon, scellé leur affection croissante. Devant la porte du cabinet, elle voulut reculer, mais Henry l'attira contre lui. Ses prochains patients n'étaient pas encore arrivés. Il la poussa à l'intérieur, ferma à double tour, et avant qu'elle ait le temps de prononcer la moindre parole, il la prit dans ses bras et l'embrassa. Thaïs aurait voulu se dégager de cette étreinte, car elle avait pris sa décision, mais qu'est-ce que la raison face au sentiment ? Elle songea que ses lèvres avaient le goût du sel et de la mer, et que ce parfum ressemblait furieusement à celui de la liberté.

24
Clara

Le bout du monde, 21 juillet

Je dois vraiment faire un effort pour écrire ce matin, car je n'en ai pas envie. En fait, une seule chose me ferait envie : j'aimerais devenir invisible, disparaître du regard de tous, me mettre au fond d'un trou et me faire oublier. Je voudrais qu'on me laisse tranquille, qu'on me laisse vivre à la Kea, à Saint-Guirec. Ici, tout me rappelle Maman et tout me rappelle également qu'elle n'est plus là, mais je ne veux pas partir, car en quittant notre île, en laissant ces lieux et leurs souvenirs derrière moi, j'aurais le sentiment de la perdre une nouvelle fois, définitivement. En dormant dans son lit et en écrivant sur son secrétaire, j'ai l'impression qu'un lien nous relie encore elle et moi, et je ne veux pas le rompre. Ce n'est sans doute pas très sain, du moins c'est ce que mon père disait à Thaïs hier soir, mais je ne parviens pas à agir autrement.

Un temps viendra, je rangerai ses affaires, je les mettrai dans des malles que nous entreposerons dans le grenier, à côté des valises d'Oma et Papili, mais ce moment n'est pas encore là.

Papa est arrivé il y a quelques jours. Nous ne nous étions pas vus depuis un an. En l'observant descendre du ferry, j'ai pensé que douze mois, c'était long. Il a beaucoup plus de cheveux blancs que dans mon souvenir, et j'ai tout de suite remarqué les rides sur son front… À croire que ses courses et ses bateaux lui causent plus de souci que je ne le pensais. Il m'a prise dans ses bras, m'a serrée contre lui comme si nous étions très proches, lui et moi, ce qui n'est pourtant pas le cas. Puis il a salué Thaïs comme si c'était une vieille amie alors que je le sais, moi, qu'ils se connaissent à peine. Je me demande si mon père n'est pas le spécialiste des « comme si » en fait… Je ne supporte pas cette assurance qu'il exhibe partout où il va, quelles que soient les circonstances et le contexte dans lequel il se trouve. Aux yeux des autres, c'est ce qui fait son charme, mais aux miens, c'est tout le contraire.

Sur le chemin de la Kea, il a beaucoup insisté pour que nous allions ensemble au cimetière. Je ne me suis pas laissé prier. Même si je déteste l'idée du cimetière, l'endroit me plaît car j'ai le sentiment d'y retrouver Maman. On peut s'y rendre à pied, depuis la côte, à la pointe ouest de l'île. On laisse les vélos le long de la route et on traverse les dunes par un étroit sentier balisé à l'aide de piquets en bois.

Quand j'étais petite, Maman m'emmenait souvent sur ces dunes. On pouvait se jeter du haut de la pente et rouler dans le sable en poussant des hurlements. Ce sont des souvenirs heureux, mais c'est désormais interdit, la dune doit être protégée, on l'a d'ailleurs appris en SVT, et c'est la raison pour laquelle on a bordé le chemin avec ces piquets qui ressemblent à des pieux. Il faut marcher quelques minutes avant d'atteindre le portail du cimetière, qui reste toujours entrouvert. Là, à l'abri des pins, protégées par un muret de pierres bringuebalantes, les stèles à moitié recouvertes de lichen se dressent les unes à côté des autres, paisibles sur leur carré de pelouse. Hormis le souffle du vent venant de la mer, on n'entend pas un bruit. C'est là que Maman a rejoint ses parents, et c'est là que j'ai guidé mon père, à travers les petites allées sinueuses, jonchées d'épines et de pommes de pin.

J'avais cueilli un hortensia dans le jardin de la Kea avant de partir, je l'ai posé sur la terre que l'herbe n'a pas encore recouverte, et j'ai fermé les yeux pour réciter la prière qu'Oma m'avait apprise quand elle était encore en vie. Lorsque j'ai soulevé les paupières, Papa s'était agenouillé à côté de moi. Il avait déposé la belle gerbe de fleurs achetée chez le fleuriste en quittant le centre-ville, et il fermait les yeux, lui aussi. Il cherchait à faire le balèze, mais j'ai bien vu que deux énormes larmes coulaient le long de ses joues. J'ai sorti un mouchoir de ma poche, je le lui ai tendu. Je ne comprends pas pourquoi tout le monde cherche à s'empêcher de pleurer, pourquoi ne pas s'avouer qu'on est triste que Maman ne soit plus là ?

Après s'être mouché bruyamment, il m'a répété à quel point il l'avait aimée. Elle était d'ailleurs la seule femme qu'il ait jamais aimée apparemment. Je n'ai pas répondu, mais intérieurement, je ne pouvais pas m'empêcher de me demander pourquoi il était parti s'il l'aimait tant que ça, pourquoi il ne nous téléphonait jamais. Je me suis mordu la langue et j'ai attendu en observant un rouge-gorge qui s'était posé tout près de la tombe de Maman.

On est restés là assez longtemps, puis mon père s'est finalement relevé et on est repartis en sens inverse, en silence. Il a fini par m'avouer qu'il était désolé de ne pas avoir été présent le jour de l'enterrement. Il espérait que je comprenais qu'il lui avait été impossible de traverser le globe à temps. J'ai haussé les épaules. Franchement, s'il imagine que je lui en veux, il se met le doigt dans l'œil et l'enfonce jusqu'au cerveau. Je suis tellement habituée à son absence que ça n'a pas changé grand-chose pour moi.

Nous avons récupéré les vélos, et nous sommes rentrés à la Kea par la route de la côte. En passant devant les Dunes, j'ai eu un petit pincement au cœur. Papa s'est arrêté quelques secondes devant le portail, pour observer la façade de loin : les volets fermés, le parking désert donnaient au bâtiment l'allure d'un château à l'abandon.

C'est le soir, à table avec Thaïs, que mon père m'a expliqué que je ne pourrais pas rester à Saint-Guirec.

Je m'y attendais, mais l'entendre de vive voix m'a presque coupé le souffle. J'ai préféré jouer la carte de l'indifférence (je deviens imbattable à ce petit jeu) et j'ai posé la seule question qui vaille le coup : pourrai-je continuer la danse à La Trinité ? Bien sûr, il ne s'est pas encore renseigné à ce sujet. Il le sait pourtant que c'est ma passion, mais excepté ses bateaux, ses foils, ses traversées et ses courses, rien ne l'intéresse vraiment. Ni ma danse, ni moi. C'est d'ailleurs en mer que nous avons passé les jours suivants. Nous avons navigué sur le *Laouen*, il m'a raconté plein de souvenirs qu'il avait à bord avec Maman. J'aurais dû l'écouter mais je ne parviens pas à m'intéresser à ce qu'il dit. Il fait des efforts, il aimerait que nous soyons plus proches, mais j'ai grandi si longtemps sans lui qu'il me paraît impossible de rattraper le temps perdu.

Et puis l'intérêt qu'il semble vouloir me porter depuis son arrivée n'a rien de vrai, je le sais maintenant, je l'ai découvert hier soir.

Je m'étais couchée une heure plus tôt, mais je ne parvenais pas à trouver le sommeil et comme j'entendais les voix de Thaïs et de mon père bavarder sur la terrasse, j'ai décidé d'aller les retrouver quelques minutes, le temps de boire une tisane en leur compagnie avant de remonter. Avec Thaïs, nous avalons souvent un bol de camomille ensemble le soir avant de nous coucher, et je sens que ça me fait du bien. Même si les cauchemars finissent toujours par revenir au milieu de la nuit, je m'endors plus sereinement.

J'ai donc descendu l'escalier, traversé l'entrée et la cuisine sans un bruit, et aperçu leur silhouette à travers la porte entrouverte. Ils étaient tous les deux assis à côté du brasero dont les flammes brillaient dans la nuit, et ils semblaient avoir une discussion animée. J'allais les rejoindre quand j'ai compris qu'ils parlaient de moi. Je me suis figée et j'ai tendu l'oreille. Thaïs s'est levée, elle fumait une cigarette et n'avait pas l'air contente. Comme je n'entendais pas distinctement leurs paroles, je me suis approchée à pas de loup et j'ai écouté attentivement.

Au début, je ne comprenais rien, mais soudain, la vérité a éclaté. J'ai cru que j'allais tomber à la renverse. Je me suis sentie sonnée, comme si je m'étais pris un coup de poing en pleine figure. J'ai reculé en faisant attention à ne pas faire de bruit, et je suis remontée dans la chambre de Maman en quatrième vitesse. J'avais envie de crier, de pleurer, de jeter tout ce qui me tombait sous la main contre les murs de la maison, mais j'ai fini par me calmer en m'allongeant sur le lit et en observant le plafond.

J'ai réfléchi à ce que je venais d'entendre, à la signification des mots de mon père, à leurs conséquences et j'ai très vite compris qu'il me fallait agir.

Dans le jardin, les voix ont fini par s'éteindre, en même temps que le brasero, et j'ai entendu leurs pas dans l'escalier. Quand ma tante a poussé la porte de la chambre pour vérifier que je dormais, comme elle le fait chaque soir, j'ai fermé les yeux et suis restée plus immobile qu'une statue.

Je n'avais plus qu'une solution, c'était très clair maintenant. Alors j'ai attendu quelques minutes encore afin que toutes les lumières s'éteignent et que les portes se ferment, et j'ai quitté la chambre de Maman en emportant avec moi une photo de nous, posée sur sa table de nuit. Je suis allée dans ma chambre, je me suis habillée, puis j'ai sorti mon sac à dos de voyage dans lequel j'ai enfoncé quelques vêtements de rechange et ma trousse de toilette, ainsi qu'une tenue pour danser et une paire de chaussons. J'ai pris ma lampe de poche, mon sac de couchage, deux livres et ce carnet sur lequel j'écris tout ce qui me passe par la tête, ainsi que des crayons. Puis je suis descendue sur la pointe des pieds. Dans la cuisine, j'ai choisi quelques boîtes de conserve, pris deux bouteilles d'eau, des paquets de gâteaux, des céréales et des couverts en plastique. Ensuite, je suis sortie dans le jardin pour récupérer mon vélo dans la remise et j'ai franchi le portail.

Il faut croire que je sais être silencieuse car aucune des fenêtres de la maison ne s'est allumée. J'ai jeté un dernier regard derrière moi vers la Kea, et j'ai pédalé à tout rompre, tandis que le clocher de Notre-Dame-du-Pardon, l'église de Saint-Guirec, sonnait 4 heures.

Au départ, comme j'ignorais où me rendre, j'ai attendu l'aurore à la Plage Blanche. Heureusement que j'ai pris le pull marin de Maman car la nuit a été fraîche. Dans l'obscurité, j'ai vu les étoiles disparaître, balayées par d'immenses nuages d'un gris anthracite, conduits par le vent qui se levait. Dans ma tête, les idées fusaient et soudain, j'ai su où je devais aller. Dès les premiers rayons du soleil, j'ai enfourché ma bicyclette et je suis repartie sans croiser âme qui vive. Les premières gouttes n'ont pas tardé à tomber et, bientôt, des éclairs se sont abattus sur la lande tandis qu'au-dessus de ma tête le tonnerre grondait.

J'ai eu la peur de ma vie, mais j'ai continué à pédaler, même après m'être étalée de tout mon long dans une flaque que je n'avais pas vue, sur le bord de la route. J'ai un peu de mal à plier le genou maintenant, mais j'ai fini par arriver à destination.

Ici, je me sens protégée et à l'abri.

Personne ne songera à me chercher dans ce coin de l'île, je suis tranquille et si je parviens à rester cachée suffisamment longtemps, peut-être Thaïs et mon père finiront-ils par m'oublier ?

Mon vélo est resté dehors, bien camouflé dans les buissons. J'ai retiré mes vêtements pour les faire sécher dans un coin de la pièce, j'ai enfilé ma tenue de danse et effectué quelques exercices d'étirement pour me réchauffer. Mon genou saigne encore un peu, mais ça n'a pas l'air trop grave. Dehors, la pluie tombe toujours, dense et drue, fouettée par un vent violent qui fait trembler les murs. La tempête dont on parlait depuis quelques jours s'est enfin abattue sur Saint-Guirec. J'ai sorti mon carnet pour clarifier mes idées et je me dis que finalement, je l'ai peut-être trouvé, ce trou dans lequel je voulais m'enfoncer pour disparaître, en commençant à écrire ces lignes…

Maman, Maman, rends-moi invisible pour me permettre de rester ici, à Saint-Guirec, avec toi.

25

Thaïs

Thaïs ouvrit les yeux. Le souffle du vent du nord et la pluie qui s'abattait sur les carreaux de sa fenêtre l'avaient tirée du sommeil. Un instant, elle retrouva le sentiment de paix qui l'avait habitée quelques jours après la promenade en mer ayant marqué le début de sa réconciliation avec Susanne, mais le répit fut de courte durée et la triste réalité l'assaillit de nouveau. En un fragment de seconde, tout lui revint en tête. La fête de fin d'année dans le jardin de la Kea, le cidre, les lampions et les fanions, le corps sans vie de Susanne dans sa robe verte, la foule dans l'église, le cimetière sous les pins, le rendez-vous chez le notaire, la détresse de Clara, le baiser d'Henry, la conversation qu'elle avait eue avec Valentin, tard dans la nuit.

Un violent mal de tête lui tenaillait les tempes. Elle se leva péniblement, regarda à travers la fenêtre. La brume s'était abattue sur l'île en même temps que la tempête. Elle l'enveloppait d'un voile nuageux et gris qui lui donnait une triste allure. Par-delà les murs du jardin, elle distinguait à peine les mâts des navires restés au port. Après les semaines de soleil, le mauvais temps s'était emparé de Saint-Guirec pendant la nuit sous la forme d'une violente bourrasque. Thaïs resta ainsi quelques minutes et songea qu'aujourd'hui Valentin ne sortirait vraisemblablement pas en mer. Elle avala un doliprane et se recoucha pour tenter d'atténuer son mal de tête, puis elle saisit son téléphone sur la table de nuit, et relut le mail que Tatiana lui avait envoyé la veille :

Chère Thaïs,
Nous avons finalisé la programmation de cette saison hier, et je t'informe qu'ainsi que nous l'avions évoqué lors de notre dernier coup de téléphone, j'ai inscrit ton nom pour Joyaux *en janvier, et pour* Giselle, *au printemps. Je n'ai aucun doute sur ta capacité à te remettre au niveau dans les délais : après tout, tu n'auras pas été absente plus d'un congé maternité ! Je t'attends donc de pied ferme le 2 septembre au studio pour reprendre le travail et t'embrasse bien affectueusement.*
Tatiana

Les deux rôles évoqués dans le mail faisaient vibrer Thaïs, Tatiana ne les avait pas choisis sans raison. Elle jouait sur la corde sensible de son étoile, savait se montrer habile et séduisante vis-à-vis de la danseuse. Thaïs éprouvait pourtant un étrange malaise en lisant ce message. Alors qu'une telle programmation l'aurait galvanisée deux ans plus tôt, les mots de sa directrice éveillaient en elle une forme de doute, les prémices d'une angoisse profonde qui ébranlait ses certitudes. Elle avait le sentiment de ne plus reconnaître le chemin qu'elle avait choisi, comme si ses pas auparavant si confiants se faisaient soudain hésitants. Troublée par cet inconfort, elle n'avait pas encore répondu à Tatiana. Elle ferma sa boîte mail, écrivit à Jing pour prendre des nouvelles de la tournée, avant de parcourir l'autre message qu'elle avait reçu la veille au soir, un texto écrit par Henry vers minuit.

Ils ne s'étaient pas revus depuis leur baiser dans le cabinet du médecin et Thaïs avait préféré ne pas lui donner signe de vie, mais il avait brisé ce silence :

Thaïs, pardon pour mes mots et mes gestes maladroits en cette période douloureuse pour toi. Te voir partir est plus difficile que je ne l'avais imaginé et j'ai cette impression sans doute un peu idiote que je dois te retenir. Quoi qu'il en soit, je chérirai le souvenir de nos baisers et ne les oublierai pas. Je passerai dire au revoir à Clara avant son départ. À bientôt, donc ; prends bien soin d'elle et de toi.

Henry

Elle aussi se souviendrait de leurs baisers, de leur tendresse et leur simplicité. Elle les emporterait avec elle à Paris, sur les planches de l'Opéra, dans les studios de répétitions, entre les quatre murs de son petit appartement, et se les remémorerait lorsque la solitude serait trop pesante. Elle laissa le texto sans réponse et vérifia sa montre : 9 h 20. La Kea somnolait encore, comme si la brume l'avait engourdie. La danseuse se leva pour prendre une douche et s'habiller. Elle laissa longtemps le jet d'eau chaude marteler son cou, ses vertèbres, ses omoplates et s'octroya quelques secondes de détente dans les vapeurs de la cabine.

Elle s'était endormie tard, après avoir longtemps ressassé ses échanges avec Valentin. Elle avait fumé cigarette sur cigarette pour tenter de contenir sa fureur mais en vérité, elle avait été sur le point d'exploser à plusieurs reprises. La situation lui semblait totalement inextricable. D'un côté, elle ne pouvait tolérer l'injustice qui s'abattait sur Clara et n'envisageait pas l'avenir tel que Valentin le lui décrivait ; mais d'un autre, elle ne disposait d'aucune solution tangible pour rendre les faits plus acceptables. Elle se sentait dos au mur, prise au piège. Autrefois, elle aurait fui sans remords. *Joyaux* et *Giselle* seraient passés devant le reste, mais avec la mort de Susanne, tout ce qu'elles s'étaient dit et tout ce qu'elles n'avaient pas eu le temps de se dire, Thaïs comprenait qu'elle avait changé. Elle avait franchi une étape supplémentaire sur le parcours semé d'embûches auquel ressemblait sa vie.

Leur conversation avait pourtant bien commencé. Dehors, sur la terrasse, devant le brasero qui leur réchauffait les joues, Valentin avait interrogé Thaïs au sujet de sa visite à Saint-Guirec. Il lui avait demandé, très spontanément, si elle avait pu se réconcilier avec Susanne. Devant la moue légèrement surprise de la danseuse, il avait souri et expliqué que si Susanne donnait l'impression de l'avoir rayée de sa vie, ce n'était qu'en apparence. Valentin avait quitté Susanne treize ans plus tôt, au moment de la naissance de leur fille mais cela ne l'avait pas empêché de rester proche de l'enseignante. Elle lui téléphonait, lui demandait des conseils et lui racontait les difficultés qu'elle rencontrait. Ainsi, Thaïs avait toujours tenu une place particulière dans ces confidences et Valentin savait à quel point leur éloignement avait meurtri Susanne. Il se montra heureux que les deux sœurs aient enfin pu s'expliquer car Susanne avait besoin de clarté. Elle ne supportait pas que les tenants et les aboutissants d'une situation lui échappent, elle voulait comprendre pour avancer.

Puis ils avaient évoqué Clara et la danseuse avait jugé que c'était le moment de dire à Valentin ce qu'elle pensait au sujet de l'emménagement de la jeune fille à La Trinité. Elle comprenait que le marin choisisse de l'emmener avec lui, mais elle ne voulait pas qu'il croie que cette dernière acceptait volontiers de le suivre. Elle ne cherchait pas à le culpabiliser, il s'agissait uniquement de lui faire partager son ressenti et de lui conseiller de ne pas considérer ce déménagement trop légèrement.

Elle demanda donc spontanément :

— As-tu imaginé une minute de venir vivre ici, à Saint-Guirec ?

Valentin manqua d'avaler de travers. Il reposa son verre avant de secouer la tête, la mine stupéfaite :

— Voyons, Thaïs, tu sais bien que c'est impossible pour moi.

Thaïs feignit de ne pas comprendre :

— Je ne vois pas pourquoi tu dis ça… Après tout, c'est bien à Saint-Guirec que tu as appris à naviguer.

— Et toi, à danser ! Arrête un peu, Thaïs… Quand je pars en mer pour une régate, il ne faut pas imaginer que je suis seul à prendre des décisions : nous sommes nombreux à préparer le départ d'une course, j'ai toute une équipe derrière moi, des gens qui croient en moi, en mon bateau. Je ne vais pas les faire déménager à Saint-Guirec !

Rejetant la tête en arrière, il acheva son verre et se leva pour alimenter les flammes dans le brasero avant de poursuivre :

— Skipper est une passion à laquelle j'ai tout donné, je pense que tu comprends particulièrement l'idée de sacrifice, car tu as dû en faire, toi aussi. Je suis au sommet de ma carrière, mais il me manque encore quelques courses et je ne veux pas m'arrêter en si bon chemin. Piloter des bateaux comme ceux que l'on me confie est une chance inouïe, un privilège, je dois être entièrement disponible, entièrement tourné vers eux. Je ne veux pas décevoir l'équipe qui travaille d'arrache-pied à l'accomplissement de mes rêves, je ne veux pas les laisser tomber.

— Tu t'es déjà posé la question au moins ?

Valentin se rassit. Il ricana, un sourire triste sur les lèvres :

— Mais qu'est-ce que tu crois ? Bien sûr que je me la suis posée, cette question… Si tu savais comme je me la suis posée ! Laisser Susanne et Clara derrière moi n'a pas été une décision prise à la légère. J'aurais voulu voir ma fille grandir, aider Susanne, l'aimer chaque jour, mais l'appel de la mer était plus fort. J'ai demandé à ta sœur de me suivre, mais elle n'a jamais été du genre à suivre, Susanne. Elle avait bien compris qu'en étant à La Trinité, elle ne me verrait pas plus, que son rapprochement physique n'aurait servi à rien. Il faut que tu me comprennes, Thaïs, j'ai un don pour la voile, je suis doué pour ce sport, très doué même, bien plus doué que pour prendre soin de ceux que j'aime. Et surtout, j'ai cette envie qui m'anime, cette soif de mer en permanence… Je ne suis jamais aussi bien que sur le pont d'un bateau, en pleine bourrasque. Je ne vis que pour ces moments d'absolu, ces levers de soleil avant la tempête, ces instants de grâce où dans la solitude de l'océan, je crois toucher à l'essence même de ce que je suis. Devrais-je passer à côté de cela ?

— Si c'était pour ta fille ? Tu pourrais t'arrêter une année ou deux peut-être, prendre une pause, la laisser grandir et faire son deuil, du moins en partie…

— J'y ai réfléchi, mais c'est impossible. En novembre, j'embarque pour le Vendée Globe, Thaïs. Nous nous préparons depuis quatre ans, je dois être sur la ligne de départ, quoi qu'il arrive.

Thaïs fronça les sourcils. Le Vendée Globe durait plus de trois mois dans son souvenir. Qui s'occuperait de Clara pendant ce temps ? Elle interrogea Valentin qui se leva une nouvelle fois et raviva les flammes du brasero :

— J'ai trouvé une solution à La Trinité. Je ne lui en ai pas parlé parce que j'ai pensé que je devais me montrer plus doux, mais en arrivant la semaine prochaine, nous irons visiter un internat dont on m'a dit le plus grand bien.

Thaïs crut qu'elle avait mal entendu, mal compris. Elle resta bouche bée quelques secondes pendant lesquelles Valentin reprit :

— Ne me regarde pas de cette façon, Thaïs ! Que croyais-tu ? Je ne vais pas me métamorphoser en père modèle du jour au lendemain ! En étant pensionnaire, Clara se fera des amis, elle sera bien moins seule qu'à la maison. Et puis le week-end, elle pourra venir chez moi, enfin chez elle… sauf quand je serai en course. Là, il faudra qu'elle reste à l'internat, mais j'ai vérifié auprès du directeur : elle ne sera jamais seule. Ce qui m'ennuie, c'est Noël. J'ai pensé l'envoyer chez mes parents, mais ils seront en trek au Maroc… Ah, tu sais, les retraités ont souvent des programmes chargés !

Il afficha un sourire gêné. Thaïs n'en revenait pas, il parlait le plus sérieusement du monde !

Clara venait de perdre sa mère et il songeait à l'envoyer en pension à peine un mois plus tard, après l'avoir arrachée à sa maison, ses amis, son île, le seul endroit qu'elle ait jamais connu, sans même l'interroger. Sidérée, elle déglutit difficilement et demanda :

— Et la danse ? Tu sais que Clara adore danser, n'est-ce pas ? Elle est assez douée, en plus.

Valentin baissa les yeux :

— Il n'y a pas de cours de danse à l'internat, et pas de possibilité d'en faire ailleurs. Les divers studios de La Trinité sont trop éloignés. De toute façon, ici non plus, elle n'aurait pas pu continuer la danse, alors je ne vois pas ce que ça change.

Valentin s'interrompit avant de reprendre en affichant un sourire narquois :

— À moins que tu ne songes à rester, toi ?

C'est à ce moment-là que Thaïs avait allumé sa première cigarette et que la conversation s'était envenimée. Elle ne voulait pas jouer les moralistes – elle était vraiment mal placée pour le faire – mais elle avait à cœur de défendre Clara, cette jeune fille qui n'avait rien demandé à personne. En une seconde, sa vie avait basculé et Thaïs ne pouvait s'y résoudre. Valentin avançait des arguments solides, qu'elle comprenait. Elle aussi avait tout laissé derrière elle pour vivre de sa passion, après tout. Mais à ses yeux, Valentin ne pouvait se déresponsabiliser de sa fille comme il le faisait. Le marin avait conscience de l'imperfection de sa solution, mais il n'en voyait pas d'autres… Ils avaient parlé tard dans la nuit, Thaïs cherchant par tous les moyens à le convaincre de faire autrement. Mais il avait bien rodé son discours et la danseuse ne trouvait pas de contre-argument valable.

Thaïs monta se coucher, accablée et honteuse. Elle imaginait le désespoir de l'adolescente en apprenant la nouvelle, voyait déjà les larmes poindre dans ses yeux si clairs, et son cœur se tordait dans sa poitrine à cette idée. Voilà pourquoi elle avait dormi d'un sommeil saccadé, se réveillant en sursaut à plusieurs reprises. Dans la pénombre, il lui avait semblé entendre des voix lui murmurer de prendre soin de Clara, de ne pas la laisser quitter la Kea. Elle s'était débattue, entre les draps, avait lutté contre ces voix et ses cauchemars.

Elle s'habilla rapidement après avoir séché ses cheveux, enfila un legging et un t-shirt ample, puis elle sortit de sa chambre, et descendit pour prendre son petit déjeuner. Valentin, déjà debout, avait fait couler du café, et déposé des croissants aux amandes et des crêpes sur la table. Il salua Thaïs, lui proposa une tasse, mais elle préférait le thé.

S'ils ne s'étaient pas vraiment quittés fâchés la veille, la tension de leur conversation demeurait et ils n'échangèrent pas plus de quelques paroles, laissant s'installer entre eux le tintement de la pluie martelant la terrasse. Puis Thaïs annonça finalement :

— Tu ne vas pas pouvoir sortir avec le *Laouen*, aujourd'hui.

Le marin secoua la tête :

— Non, tu as raison… Je vais être contraint de trouver une autre occupation. Tu crois que Clara serait contente d'aller au cinéma ? Je n'ai pas mis les pieds dans une salle depuis des lustres… Et toi ? Tu voudrais nous accompagner ?

Thaïs répondit par un « pourquoi pas » laconique, mais intérieurement, elle ne pouvait s'empêcher de trouver la situation absurde. Ils avaient enterré Susanne trois semaines plus tôt, et s'efforçaient déjà de vivre comme si rien n'avait changé, en évoquant le cinéma dès le petit déjeuner… Elle savait bien qu'il fallait aider la vie à reprendre ses droits, mais certains moments semblaient plus durs que d'autres. Elle posa les yeux à travers les carreaux de la porte-fenêtre. Dehors, le vent avait forci, dans le jardin les branches des arbres s'agitaient furieusement. Les minutes s'égrenèrent ainsi. Puis Thaïs songea qu'elle n'allait pas tarder à faire ses exercices d'étirement, au studio. Aidée de Valentin, elle débarrassa la table du petit déjeuner, et consulta sa montre : 10 h 30, et toujours pas de Clara.

En voyant les aiguilles sur le cadran, elle crut que son cœur allait s'arrêter. Elle se remémora soudain Susanne allongée sur son lit, dans sa robe verte, inerte, et se précipita hors de la cuisine, saisie d'une crainte incontrôlable.

Pourquoi l'adolescente n'était-elle toujours pas debout, elle qui se levait généralement aux aurores ?

Valentin s'élança à sa suite, en se demandant ce qui lui prenait. En quelques enjambées, elle traversa le vestibule, monta les escaliers quatre à quatre en criant le prénom de sa nièce. Devant la chambre de Susanne, dont la porte était close, elle se retint un quart de seconde, pria intérieurement et tourna la poignée d'un coup en poussant le battant de toutes ses forces. Ses mains et ses jambes tremblaient.

Comme personne ne répondait, elle se précipita vers le lit et s'arrêta, saisie de stupeur. Les battements de son cœur résonnaient dans ses tempes. Elle repoussa les draps, jeta les oreillers par terre, tira les rideaux d'un coup et dut se rendre à l'évidence : le lit était vide. Avant de céder à la panique, elle tenta de se raisonner et songea que la jeune fille prenait sans doute sa douche... Ou bien peut-être répétait-elle au studio ?

Elle hurla le prénom de sa nièce à travers les étages de la maison, parcourut toutes les pièces de la Kea, du sous-sol au grenier, tira tous les rideaux, ouvrit tous les placards. « Clara ? Où es-tu ? Clara ! »

Valentin tenta de garder son calme. Il sortit son téléphone de sa poche, composa le numéro de la jeune fille : le portable vibra sur la cheminée de la chambre de Susanne. Prise d'une intuition, Thaïs retourna dans la cuisine. Elle ouvrit la porte-fenêtre, traversa la terrasse sans prendre garde à la pluie qui s'abattait sur ses cheveux et se répandait dans ses yeux, descendit dans le jardin puis se dirigea vers la remise dont elle tira la porte d'un coup sec. Elle inspecta les lieux d'un regard, repoussa son vélo, celui de sa sœur, vérifia partout et ne vit nulle part la bicyclette de l'adolescente. Elle ressortit à toute vitesse, courut jusqu'au portail. Le verrou était tiré, le battant entrouvert.

Valentin la rejoignit à grandes enjambées. Elle se tourna vers lui, hagarde et hurla dans le vent et la pluie, pour qu'il puisse l'entendre autant que pour extérioriser son angoisse :

— Elle est partie ! Clara est partie !

26

Clara

Le bout du monde, 22 juillet

Je me suis réveillée il y a deux heures, blottie dans mon sac de couchage bien chaud. C'est étrange mais c'est la première fois que je dors aussi profondément depuis la mort de Maman. Pourtant, ce n'est pas le calme plat dehors. Par l'étroite fenêtre, j'ai observé la mer. Les éclairs tailladent le ciel, et des nuages d'un noir d'encre recouvrent l'horizon. J'ai rarement vu un paysage aussi sombre. En arrivant ce matin, je pensais que la pluie allait cesser mais pas du tout, et comme j'ai laissé mon téléphone à la Kea, je ne peux pas vérifier la météo. Maman disait souvent qu'il était rare que le mauvais temps s'abatte durablement sur Saint-Guirec. Selon elle, même lorsque le ciel se bouchait et que la pluie tombait, le soleil parvenait à percer à travers les nuages pour nous éclairer d'un rayon doré. À croire qu'elle se trompait, parfois.

Après mes exercices d'étirement ce matin, j'ai décidé de m'installer dans ce nouveau « chez-moi » :

je ne compte pas rester plus de quelques jours ici, mais j'aime me sentir à l'aise lorsque j'arrive quelque part. J'ai épousseté les carreaux de la fenêtre à l'aide d'un mouchoir en papier, déroulé mon sac de couchage que j'ai déposé de l'autre côté de la pièce, à même le sol, installé la photo de Maman et moi juste à côté afin de la voir en me couchant et en me réveillant. Ensuite, j'ai sorti mes boîtes de conserve et mes gâteaux, et les ai fourrés dans une caisse en bois qui traînait là, mais j'ai préféré laisser mes vêtements dans le sac à dos. Il y a beaucoup de poussière, je ne voudrais pas que tout soit sale en quelques heures.

J'ai trouvé refuge dans une vieille tour abandonnée, située à la pointe ouest de l'île, au-delà de l'anse des Pins où Maman adorait se baigner. J'ignore à quoi servait cette tour, mais je peux vous dire que compte tenu de l'épaisseur de la poussière qui recouvrait la fenêtre, on n'a pas dû l'occuper depuis des années. Construite sur un pic rocheux qui se trouve en contrebas de la côte, on y accède par un étroit sentier perché sur la falaise, dont les garde-corps ont disparu depuis longtemps. Seuls quelques piquets rouillés et tordus subsistent, mais ils ne protègent pas vraiment du vide. Il faut éviter de regarder en bas quand on traverse, car même si le promontoire n'est pas très élevé, la vision des vagues qui se fracassent sur les rochers donne le vertige.

L'année dernière, à peu près à la même période, Maman m'avait emmenée au pied de cette tour et m'avait fait promettre de taire le secret qu'elle allait me montrer. Je me souviens que j'étais follement excitée à l'idée de découvrir un lieu mystérieux… Un trésor, peut-être ! Je n'y étais jamais venue encore.

Nous avions emprunté le petit chemin en nous tenant la main, puis nous avions contourné le bâtiment en ruine, dont la porte en bois demeure invisible depuis la route, puisqu'elle a été construite face à l'océan. Là, Maman avait tourné la poignée dans le sens inverse des aiguilles d'une montre et comme par magie le vieux battant défraîchi avait cédé pour s'ouvrir sur une pièce unique et sombre, abritée du vent et des embruns. Cette salle mesure à peine quinze mètres carrés, elle est éclairée par une seule fenêtre, qui a été percée à droite de la porte, et dont les carreaux sont tous à moitié fendus. Au plafond, une trappe ouvre sur une autre pièce, mais l'état des poutres et du plancher ne permet pas qu'on y jette un œil. Et puis, il faudrait une échelle pour se hisser là-haut.

Nous avions rapidement fait le tour de la pièce toutes les deux, nous nous étions assises sur la caisse en bois, avions regardé à travers la porte ouverte l'océan s'étendant à perte de vue. Maman m'avait alors expliqué qu'elle venait souvent ici, petite, que c'était un lieu où elle se sentait à l'abri du monde, de ses déceptions, de ses chagrins. Nous étions restées là quelques minutes avant de repartir en fermant la porte derrière nous.

Après avoir parcouru le sentier en sens inverse, Maman m'avait fait jurer de ne jamais refaire ce chemin toute seule. Elle m'avait fait lever la main et promettre solennellement en m'expliquant qu'il fallait se méfier des marées dans ce coin de l'île. Elle avait précisé qu'elle-même n'était jamais venue seule, enfant. Sur le moment, je ne me suis pas demandé qui avait pu l'y accompagner, mais maintenant, je devine que ce devait être Thaïs… Je culpabilise un peu d'avoir trahi cette promesse, mais c'est pour la bonne cause. Je ne sais pas pourquoi j'avais oublié notre promenade. Le souvenir de la tour ne m'est revenu que cette nuit, sur la Plage Blanche, quand je me demandais où j'allais bien pouvoir me réfugier.

Après avoir installé mes affaires, j'ai décidé de dormir un peu et me suis glissée dans mon sac de couchage. Ma nuit blanche commençait à se faire sentir, sans parler de mon genou dont la plaie s'est rouverte après les étirements. J'ai essayé de me confectionner un pansement à l'aide d'un mouchoir en papier, mais mon bricolage n'est pas très efficace. Depuis, j'ai lu quelques pages d'un livre que j'ai emporté, mangé des gâteaux et écrit ces mots. Je pense à mon père, à Thaïs, à Henry et Iceberg aussi. J'imagine qu'ils ont remarqué mon absence maintenant, j'aimerais qu'ils ne se fassent pas trop de souci pour moi.

***

La pluie tombe toujours à verse et je dois avouer que je ne me sens pas très rassurée. Cette tour n'a plus du tout l'allure du refuge que j'imaginais. Pendant quelques minutes, dans l'après-midi, j'ai cru que la tempête allait se calmer. Les bourrasques semblaient moins fortes, les éclairs plus rares par la fenêtre. Mais un énorme coup de tonnerre m'a fait sursauter. Il a résonné si fort que j'ai pensé qu'il s'était abattu sur le toit de la tour et qu'elle allait s'écrouler. Je n'ai pas pu m'empêcher de crier, puis j'ai fermé les yeux, crispée, dans l'attente que les poutres me tombent dessus. Mais rien ne s'est produit. C'est là que j'ai pensé qu'il valait mieux que je m'en aille alors je me suis levée, j'ai tout laissé en plan, excepté mon sac de couchage que j'ai enfoncé dans mon sac à dos à toute vitesse et j'ai ouvert la porte d'un coup. Le vent s'est engouffré dans la pièce, et je me suis crue sur une autre planète. De monstrueuses déferlantes s'écrasaient sur la falaise, et même sur la tour par moments.

J'ai voulu marcher jusqu'au sentier, cramponnée au mur de la tour, luttant contre le vent pour ne pas tomber, mais lorsque j'y suis parvenue, je me suis rendu compte que le chemin était entièrement recouvert d'eau ! Je comprends mieux pourquoi Maman m'avait dit de me méfier des marées dans ce coin de l'île… Me voilà prise au piège ! J'ai imaginé regagner la route à la nage mais c'est impossible : les vagues me fracasseraient contre les rochers… Je me demande ce qui m'a pris de vouloir m'isoler comme ça, sans prévenir personne, sans prendre mon téléphone ! Quelle idée ! J'aurais dû parler à Thaïs, elle m'aurait peut-être comprise… Et mon vélo ? Je l'avais bien caché dans les buissons à côté de l'escalier qui permet d'accéder à l'anse des Pins… J'espère qu'il y est encore.

Je suis revenue en arrière, j'ai refermé la porte en poussant le battant de toutes mes forces, et je me suis écroulée : je n'arrive plus à m'arrêter de pleurer depuis. C'est idiot, mais j'ai peur de mourir tout à coup. Je n'ai jamais vu la mer aussi déchaînée. Je sais qu'il faut patienter, que la marée va finir par baisser, le vent par retomber… Mais d'ici là, il me semble que je vais être engloutie. Je pense à Oma et Papili. Ils ont dû avoir tellement peur quand le bateau s'est retourné… Je pense à mon père, à Thaïs aussi, je voudrais qu'ils viennent me chercher et me ramènent dans la chaleur de la Kea où je serais en sécurité, comme toujours.

Maman, Maman, viens m'aider, je t'en supplie !

27

Thaïs

— Vous n'avez vraiment aucune idée de l'endroit où elle a pu se rendre ? Réfléchissez bien, madame Lapie.

Thaïs ferma les yeux et prit sa tête entre les mains. Elle ne faisait que ça, réfléchir, depuis qu'ils s'étaient rendu compte de la disparition de Clara. Elle s'interrogeait, explorait sa mémoire, ses souvenirs, tâchait de se rappeler leurs dernières conversations, les échanges qu'elle avait eus avec Jing, les lieux où Clara les avait conduits. Elle se posait tant de questions qu'elle avait l'impression d'avoir basculé dans une sorte de folie, un état frénétique qu'elle ne quitterait qu'après avoir retrouvé la jeune fille.

Lorsqu'ils avaient compris qu'elle avait disparu, après avoir téléphoné à ses amis des Dunes et à Henry, Valentin et Thaïs avaient décidé de prévenir le commissariat de police. Les conditions météorologiques les inquiétaient et ils avaient estimé plus prudent de mettre toutes les chances de leur côté pour retrouver Clara le plus rapidement possible.

Deux policiers, un homme et une femme âgés d'une quarantaine d'années, s'étaient immédiatement présentés à la Kea. Ils avaient pris en photo un portrait de l'adolescente et l'avait transmis à leurs collègues qui sillonnaient Saint-Guirec en voiture. Sous cette pluie battante et par ce vent, les conditions de recherche n'étaient pas faciles. Ils avaient commencé par interroger les commerçants du port, les restaurateurs qui se levaient aux aurores, mais personne ne semblait avoir croisé Clara ce matin-là. Elle s'était tout simplement volatilisée.

Après avoir reçu l'appel affolé de Thaïs, Henry avait décidé de fermer le cabinet pour la journée. Il s'était précipité à la Kea en laissant un mot sur sa porte, précisant de lui téléphoner en cas d'urgence. Depuis, il se tenait aux côtés de la danseuse, et tentait de se rappeler, lui aussi, les lieux préférés de la jeune fille. Il connaissait assez bien Clara et ne manquait pas d'idées mais elles s'étaient malheureusement révélées infructueuses pour le moment.

Les deux policiers avaient fouillé la maison, s'attardant plus particulièrement dans la chambre de Clara et celle de Susanne. Compte tenu de la situation personnelle de l'adolescente, du fait qu'elle ait enterré sa mère trois semaines plus tôt, et de la disparition de son vélo, ils avaient rapidement conclu qu'elle avait vraisemblablement fugué. Ils avaient tenté de rassurer Thaïs et Valentin en leur rappelant que Saint-Guirec était une île, elle n'avait pas pu aller bien loin, puisque les ferrys n'avaient plus quitté le port depuis la veille à cause de la tempête. Le marin et la danseuse s'étaient soudain regardés droit dans les yeux, frappés par la même idée. Suivi d'un des deux enquêteurs, Valentin avait couru comme un dératé jusqu'au port, tandis que Thaïs sentait son estomac se nouer en attendant leur retour. Ils étaient revenus soulagés à la Kea : le *Laouen* n'avait pas quitté son emplacement.

En répondant aux questions des enquêteurs, Valentin et Thaïs avaient évoqué la conversation de la veille, au cours de laquelle ils avaient parlé de l'avenir de Clara. Ils avaient précisé que l'adolescente serait sans doute contrainte d'intégrer un internat l'année suivante, malgré leur désaccord sur ce sujet. Thaïs avait ajouté qu'ils avaient débattu devant le brasero, sur la terrasse, jusque tard dans la nuit. Les policiers avaient échangé un regard de connivence et demandé s'il était possible que Clara les ait entendus. Thaïs s'était tue quelques secondes, Valentin s'était levé d'un bond, passant une main dans son épaisse tignasse. La chambre de Susanne se trouvait au-dessus de la terrasse. Ils ne s'étaient pas méfiés, ils avaient parlé fort. Thaïs se rappela même avoir entendu un léger bruit provenant de la cuisine à un moment auquel elle n'avait pas pris garde tant sa conversation l'occupait. Ils en conclurent spontanément qu'il était tout à fait possible que Clara les ait entendus.

Thaïs, dont les larmes n'avaient pas coulé depuis la mort de Susanne, les sentit poindre sous ses paupières. S'il arrivait le moindre malheur à Clara, elle ne se le pardonnerait jamais. Elle laissa sa tête rouler sur l'épaule d'Henry tandis que Valentin pestait dans son coin, arpentant la pièce comme un lion en cage.

L'un des policiers reprit :

— Je pense que vous avez identifié le motif de la fugue de Clara. Maintenant, je vais vous poser une question douloureuse, mais nécessaire. Croyez-vous qu'elle ait pu attenter à ses jours ?

Cette fois, Thaïs craqua. Comment répondre à pareille question ? Que savait-elle de la jeune fille ? Que savait-elle hormis qu'elle l'aimait ? Car la danseuse le comprenait maintenant, elle avait appris à aimer sa nièce durant ces quelques mois, à l'aimer comme on peut aimer l'enfant de sa sœur ou celui de son frère, c'est-à-dire autant que son propre enfant. Elle fondit en larmes. Valentin, quant à lui, abasourdi, se laissa tomber sur un fauteuil. L'enquêteur reprit doucement :

— Clara a-t-elle traversé des périodes de dépression récemment ? Aurait-elle été harcelée au collège ?

Valentin secoua la tête :

— Pas que je sache. Si cela avait été le cas, Susanne m'en aurait parlé.

Les deux policiers décidèrent de doubler les patrouilles de recherche.

Thaïs avait l'impression que tout s'écroulait progressivement autour d'elle, elle attendait presque que les pierres de la Kea s'effondrent à leur tour, une à une, emportées par la tempête, et la laissent seule au milieu de l'ouragan.

Elle avait failli ; elle avait abandonné sa famille, une nouvelle fois. Elle aurait dû comprendre qu'on lui offrait une chance de se racheter, de répondre à l'appel qu'on lui lançait, de s'oublier un peu pour aider sa nièce à trouver la paix, si ce n'est le bonheur, afin de recevoir, à son tour, un bonheur décuplé.

Elle avait mis des œillères, accepté de se plier à sa propre ambition et aux exigences de Tatiana qui l'avait pourtant déjà trahie à plusieurs reprises. Elle s'était montrée lâche en refusant de se pencher elle-même sur l'avenir de la jeune fille, alors qu'elle savait pertinemment que Valentin n'assumerait pas plus sa charge qu'il ne l'avait fait du vivant de Susanne.

Elle n'avait pas su admettre que ces quelques semaines à Saint-Guirec avaient constitué un retour aux sources, une redécouverte de ses origines qui ouvrait un nouveau chapitre de son existence. Elle avait refusé de voir qu'il lui serait impossible de rentrer à Paris et de reprendre sa vie comme elle l'avait laissée quelques mois plus tôt.

Et Clara allait payer le prix de cette lâcheté.

Henry passait sa main dans ses cheveux, murmurait des paroles réconfortantes, mais dans le silence de la Kea, l'attente se révélait insupportable.

Soudain, le téléphone de la femme sonna. Elle jeta un coup d'œil à l'écran de son portable et décrocha immédiatement. Le dos tourné à Thaïs et Valentin, elle observait fixement la place du Marché, à travers la fenêtre. Après avoir écouté attentivement son interlocuteur, elle répondit brièvement :

— Envoie-moi la photo tout de suite, je te rappellerai.

Elle attendit ensuite quelques secondes, sans prendre garde aux regards implorants que lui lançaient Thaïs, Valentin et Henry, et elle finit par s'approcher doucement. Elle s'assit face à eux, fixa ses yeux dans les leurs. D'une maigreur presque effrayante, elle portait un pull marin à rayures bleu et écru, un jean dans lequel elle flottait et de grosses chaussures en cuir, identiques à celles d'Henry. Son visage anguleux, aux traits fins, renvoyait une impression de calme et de sérieux, soulignée par une coupe au carré stricte et impeccable. Ses yeux, comme ses cheveux, étaient noirs comme l'ébène. Ils reflétaient une attitude franche et autoritaire, et des deux policiers, on comprenait très vite qui donnait les ordres à l'autre. Elle tendit son téléphone devant elle et expliqua :

— Mes collègues ont trouvé un vélo du côté de l'anse des Pins, en inspectant le littoral. Ils n'ont pas encore pu le remonter car les vagues sont trop fortes, mais il ressemble à celui de Clara, d'après la description que vous en avez faite, madame. Ils m'ont envoyé une photo que je vais vous montrer, vous allez me dire si vous pensez que c'est le sien.

Valentin rappela d'une voix hachée qu'il ne pourrait s'avancer de son côté. Il avait bien aperçu le vélo de Clara ces derniers jours, mais il n'y avait pas suffisamment prêté attention pour être en mesure de se prononcer. La policière reprit :

— Vous êtes prêts ? Dites-vous bien que ça n'est qu'un vélo. Tant qu'on n'a pas retrouvé Clara, on ne doit faire aucune supposition hâtive, d'accord ?

Thaïs et Henry se penchèrent au-dessus du téléphone. Lorsque l'image s'afficha sur l'écran, ils hochèrent la tête simultanément. La photo avait été prise en plongée, depuis la falaise de l'anse des Pins, envahie par la marée très haute ce jour-là. En contrebas, malmené par les vagues, à moitié recouvert d'écume, on devinait le châssis d'une bicyclette dont les roues et le guidon étaient à moitié tordus. La couleur du métal, orange fluo, identique à celle du vélo de l'adolescente, laissait peu de place au doute.

La femme se leva et rappela son interlocuteur :

— C'est le vélo de la petite, redoublez de vigilance et rappelez-moi immédiatement s'il y a du neuf.

Thaïs ne pouvait plus empêcher ses larmes de couler. Elle se sentait sonnée, comme étrangère au monde qui se déployait autour d'elle, toute tournée vers sa peine et la douleur qui irradiait dans sa poitrine. Elle ne cessait de murmurer « pardon, Susanne, pardon », en se balançant d'avant en arrière. Henry tentait de l'apaiser en lui répétant les mots de la policière, mais elle ne l'écoutait pas... Elle imaginait déjà le corps disloqué de Clara, en bas de la falaise, à côté du vélo, fouetté par les vagues. Elle voyait son visage pâle à travers l'écume, ses taches de rousseur, ses cheveux roux emmêlés, et dans son esprit, les traits de la jeune fille se confondaient avec ceux de Susanne. L'intuition d'être la seule rescapée de la famille Lapie s'immisçait dans son âme, et elle se vit sombrer, soudain, dans une obscurité profonde.

Cependant, tout à coup, au fond d'elle, alors que le vertige l'emportait loin de la raison, une petite voix murmura, une voix de son enfance, la sienne peut-être, ou celle de sa sœur ? Elle l'entendait mal et dut lui prêter toute son attention. Cette voix évoquait un lieu oublié, un endroit qu'elle connaissait par cœur autrefois, dont les sonorités se brouillaient pourtant confusément dans sa mémoire. La voix s'affirma, des images apparurent : elle distinguait le rire de Susanne, son pas sur un sentier perché au-dessus du vide, une porte grise face à l'océan immense, des pierres graniteuses.

Et tout s'éclaira soudain.

Elle murmura d'abord, comme la voix dans sa tête, avant de s'exclamer dans le salon de la Kea, sous le regard surpris des policiers, de Valentin et d'Henry :

— La tour abandonnée ! Avez-vous fouillé la vieille tour abandonnée ?

La policière la scruta, les sourcils froncés :

— De quelle tour parlez-vous ?

Thaïs se leva d'un bond :

— Mais oui, j'en suis sûre, maintenant ! Elle est dans la tour, celle qui est au nord de l'anse des Pins ! Nous y allions souvent avec ma sœur… je suis sûre que Susanne lui a montré cet endroit !

— Cela expliquerait qu'on ait trouvé le vélo par là-bas… sembla acquiescer l'agent de police. Mais cette tour est inaccessible par forte marée et sa porte ne s'ouvre plus depuis bien longtemps ! J'imagine mal votre nièce l'enfoncer…

— C'est ce que vous croyez mais à l'époque on avait découvert une technique pour l'ouvrir ! Quant à la marée, le petit chemin est praticable lorsque la mer est basse… Au moment où Clara a quitté la maison, ce devait être le cas !

— Mais nous l'aurions vue depuis la côte !

— Pas si elle s'est réfugiée à l'intérieur de la tour ! La seule fenêtre du bâtiment donne sur le large, comme la porte d'ailleurs !

Les traits de son interlocutrice se détendirent soudain ; elle sortit son téléphone de sa poche pendant que Thaïs saisissait ses clés de voiture dans son sac. Elle enfila un imperméable, se précipita dehors, sur la place, Valentin et Henry sur les talons. La policière tenta de la retenir en lui expliquant qu'il était préférable qu'elle reste à la Kea, mais Thaïs ne prit même pas la peine de l'écouter. En quelques secondes, elle était au volant de sa Fiat jaune. Ses larmes avaient séché et dans son cœur, l'espoir renaissait comme une force indestructible.

Valentin et Henry s'engouffrèrent dans la voiture qui démarra avec fracas. Une énergie soudaine s'était emparée de Thaïs. Elle accéléra à travers les rues de Saint-Guirec de manière à rejoindre la côte le plus rapidement possible. Elle avait maintenant acquis la certitude que Clara se trouvait dans la tour, et qu'elle les y attendait.

Lorsqu'ils atteignirent le littoral, la violence du spectacle auquel ils furent confrontés les saisit, les éléments déchaînés se menaient une lutte acharnée. Les vagues éclataient contre la roche avec une telle force qu'elles balayaient la route, couverte d'écume. Les nuages sombres s'agglutinaient à l'horizon et se mêlaient à la noirceur d'un océan qui semblait agité de tourbillons terribles. Valentin, habitué aux paysages apocalyptiques de la mer en folie, reconnut que cette tempête n'avait rien d'ordinaire. Les essuie-glaces luttaient contre les torrents d'eau qui s'abattaient sur le pare-brise, tandis qu'à chaque rafale, la voiture s'écartait de sa trajectoire, poussée par la démence du vent.

Les trois passagers demeurèrent muets pendant tout le trajet. Pied au plancher, Thaïs accélérait dans chaque ligne droite, les mains crispées sur le volant. Derrière la Fiat, la voiture de la policière s'était engagée sur la route de la côte, elle aussi, et faisait résonner le hurlement de sa sirène dans la tempête.

Bientôt, ils distinguèrent le phare sur leur gauche, qu'ils dépassèrent pour remonter vers le nord, en direction de l'anse des Pins. À côté de la route, ils aperçurent la voiture de la patrouille qui avait découvert le vélo, dont le gyrophare brillait dans la brume. Thaïs poursuivit son chemin sans ralentir.

Enfin, la silhouette de la tour se découpa, en contrebas de la route, battue par les flots.

Thaïs freina d'un coup. Elle gara la voiture dans l'herbe, à côté du bitume et se précipita dehors. Henry la suivit en lui demandant d'être prudente, mais la danseuse n'avait qu'une idée en tête : retrouver Clara. Elle s'approcha du bord de la falaise, là où débutait le sentier qui menait au bâtiment, et constata qu'il n'était pas seulement recouvert par la marée : là où il rejoignait la tour, le vent l'avait emporté, en même temps qu'une partie du promontoire la supportant. C'est tout l'édifice qui menaçait de s'écrouler désormais. Si la jeune fille se trouvait à l'intérieur, il devenait urgent de l'évacuer. Thaïs cria en direction d'Henry et des policiers qui les avaient rejoints :

— Je suis certaine qu'elle est à l'intérieur !

Valentin se tenait sur le côté, il criait lui aussi, à travers un porte-voix que lui avait donné un agent, mais les sons se perdaient dans le fracas des vagues et la tour demeurait désespérément muette.

La policière eut alors l'idée d'approcher l'une des voitures de police. Si Clara n'entendait pas leur voix, peut-être le hurlement de la sirène lui parviendrait-il ? Thaïs attendait, et elle qui n'avait jamais cru en Dieu se surprit à prier : « Mon Dieu, faites que Clara nous revienne saine et sauve. » À cet instant, l'étoile aurait tout donné pour l'adolescente. Son titre, sa carrière, sa passion, son succès, elle aurait tout troqué contre la certitude que la jeune fille se trouvait en sécurité, car rien ne comptait plus à ses yeux.

Enfin, alors qu'elle commençait à douter, une silhouette fluette se dessina sur le côté gauche de la tour, cramponnée aux pierres sur lesquelles s'abattaient les vagues. Thaïs aurait sauté dans l'eau pour la rejoindre, et se serait probablement brisé la colonne vertébrale sur la falaise, si Henry ne l'en avait empêchée. Valentin exultait, lui aussi, à côté d'eux. Il poussait des hourras de victoire et tendait les bras vers sa fille. L'un des agents dégaina son téléphone pour prévenir le bateau des Sauveteurs en mer qui patrouillait à proximité. Le navire orange et vert apparut soudain, chevauchant les vagues dans d'énormes gerbes d'écume.

La manœuvre s'annonçait périlleuse, mais les sauveteurs connaissent les notions de risque et de sacrifice. Thaïs avait les yeux rivés sur sa nièce. Elle ne criait plus, et tentait de lui envoyer toute la force et le courage dont elle aurait besoin pour quitter le promontoire. Sa main tremblait dans celle d'Henry qui se tenait contre elle, et son cœur débordait de cette crainte qui se confond parfois avec l'amour.

La navette s'approcha de la tour. Depuis le pont, un marin s'élança dans les vagues mugissantes, un homme-grenouille harnaché d'une combinaison fluo. En quelques minutes, il avait atteint Clara, accroupie au pied de l'édifice, fouettée par les vagues incessantes. Ils se mirent à l'abri, à l'intérieur du bâtiment, le temps que la jeune fille soit équipée, puis ils s'approchèrent à nouveau du bord et entrèrent dans l'eau malgré la puissance des vagues. Clara flottait à côté du sauveteur auquel elle était liée. Ce dernier tentait de nager contre le courant et les embruns qui cherchaient à les ramener sur la falaise. Enfin, le câble qui reliait l'homme au navire sembla se tendre et la navette s'éloigna dans un bruit de moteur décuplé, emportant derrière elle le marin et Clara.

Lorsqu'ils virent que la jeune fille était hissée à bord du bateau, Henry et Valentin se jetèrent sur Thaïs tombée à genoux dans l'herbe. Puis ils se relevèrent tous les trois, et repartirent en direction du port de Saint-Guirec où Clara serait conduite, le visage baigné de pluie et de larmes.

Lorsque la jeune fille posa le pied à terre, elle se précipita vers Thaïs qui courut à sa rencontre. La danseuse serra l'adolescente contre sa poitrine. Au milieu des pleurs, elle lui demanda pardon pour tout ce qu'elle n'avait pas su lui dire, tout ce qu'elle n'avait pas su voir, tout ce qu'elle n'avait pas su faire. À côté d'elles, Henry et Valentin n'osaient s'approcher. Ils souriaient un peu bêtement, soulagés et reconnaissants.

Clara pleurait elle aussi.

Elle ne comprenait pas tout ce que disait Thaïs, mais elle comprenait ses gestes, son étreinte, ses baisers dans ses cheveux.

Elle comprenait que tout compte fait, sa mère ne l'avait pas laissée seule.

28

Clara

La Kea, quinze ans plus tard

Je ne me rappelais pas ce carnet japonais qui a pourtant revêtu une importance majeure au moment de la mort de Maman, dont c'était l'anniversaire hier. Étrange coïncidence ou caprice du temps, c'est justement ce matin qu'il est tombé dans mes mains, alors que je tirais un livre de la bibliothèque, lui que j'avais oublié pendant si longtemps.

J'ai immédiatement reconnu la couverture colorée, et l'ai feuilleté avec émotion. En relisant les mots couchés sur le papier soyeux, de mon écriture encore enfantine, j'ai eu l'impression de voyager dans le temps. En quelques secondes, tout m'est revenu… J'ai revu Thaïs, telle qu'elle m'apparaissait à l'époque, Jing, Papa, Henry, la Kea, le *Laouen*, et cette tour aujourd'hui démolie, où s'est scellé mon avenir. Et j'ai eu l'envie de reprendre la plume, une dernière fois, pour rapporter ici ce qui nous est advenu, depuis ce triste été où Maman nous a quittés, il y a quinze ans.

Après m'avoir retrouvée, la SNSM m'a ramenée au port de Saint-Guirec. Je me souviens des vagues immenses, de cette impression à la fois grisante et terrifiante que la navette allait se retourner dans chacun des creux qu'elle bravait. Sur le quai, m'attendaient Thaïs, Papa et Henry. En croisant le regard de ma tante, j'ai compris à quel point elle avait eu peur pour moi. Je ne la connaissais pas depuis longtemps, mais j'avais déjà vu cet éclat dans les yeux de Maman, un jour où, petite, j'avais failli me faire renverser par une voiture. Elle m'a serrée contre elle, je l'ai laissée faire. À côté de nous, Papa observait la scène. Je le voyais soulagé et heureux de me savoir en vie, lui aussi, mais il gardait les mains enfoncées dans ses poches, incapable de s'approcher de moi. Il n'a jamais occupé que cette place dans ma vie, celle de spectateur. Je ne dois pas lui en vouloir. Maman n'a pas su le changer, je ne vois pas pourquoi j'y serais parvenue. Cette année-là, il s'est embarqué dans le Vendée Globe, comme il l'avait prévu depuis quatre ans. S'il n'a pas remporté la course, il s'est toutefois illustré en secourant l'un de ses concurrents dont le bateau avait chaviré. Dans une mer démontée, il est parvenu à le récupérer, faisant preuve d'un héroïsme qui restera légendaire. Quatre ans plus tard, en revanche, il a remonté le chenal des Sables-d'Olonne en vainqueur.

Le soir de ma fugue, Thaïs est venue me trouver dans la chambre de Maman pour me proposer de rester avec moi à la Kea, au moins pour l'année scolaire qui allait débuter. Je me souviens parfaitement de notre conversation : nous étions toutes les deux assises sur le lit de Maman et nous regardions par la fenêtre sans oser nous observer mutuellement. Je me souviens également de l'immense soulagement qu'elle a fait naître en moi. J'avais conscience des conséquences de ce sacrifice pour elle et sa carrière d'étoile, je crois, mais comme j'imaginais que nous quitterions Saint-Guirec l'année suivante, je préférai les occulter, et j'acceptai sa proposition en hochant la tête silencieusement.

Thaïs s'était ensuite absentée quelques jours, me laissant seule avec Papa avec qui j'avais navigué autour des îles environnantes. Dans mon souvenir, nous étions intimement tous les deux rassurés de savoir que nous n'aurions pas à nous soucier l'un de l'autre, l'année suivante. En lisant des articles de presse spécialisée, j'ai appris que Thaïs avait demandé une année sabbatique à sa directrice, pour se consacrer à son nouveau projet, l'enseignement, auquel elle comptait se vouer progressivement. Dans les articles en question, on s'étonnait d'une telle décision, tout en s'attristant de l'absence de l'étoile dans les programmations à venir. Pour beaucoup de passionnés, le talent de Thaïs demeurerait inégalé pendant de longues années. Ma tante ne m'a jamais parlé des échanges qu'elle avait eus avec sa directrice et ses collègues lorsqu'elle leur a annoncé son départ ; en revanche, elle m'a toujours dit que quitter l'Opéra pour s'installer à Saint-Guirec avait été à la fois un déchirement et une merveilleuse opportunité. Ce n'est pas sans peine qu'elle avait abandonné ses rôles phares, son public, les scènes les plus mythiques du monde, ses amis et ses partenaires. Mais en renouant avec ses origines, en retrouvant les lieux d'où elle venait, elle avait aussi eu le sentiment de se retrouver elle-même pour écrire un nouveau chapitre de sa vie. Lors de la saison pendant laquelle elle fit ses adieux à la scène, l'année de ses quarante-deux ans, cinq ans après avoir quitté Paris, elle dansa *La Dame aux camélias* comme on ne l'avait jamais vue danser. Lorsque les journalistes l'avaient interrogée, elle avait expliqué de manière énigmatique que pour la première fois sans doute, on avait vu Thaïs Lapie sur scène, et non Thaïs Loiseau.

Dès la rentrée suivant la mort de Maman, le studio Boucher a ainsi repris du service. En parallèle, Thaïs se formait à l'enseignement auprès du vieux professeur qui passait de nombreux séjours en notre compagnie, à la Kea.

Je mentirais en affirmant que notre cohabitation, avec Thaïs, s'est faite spontanément, sans heurts. Ma tante avait longtemps vécu seule, elle ne savait rien des adolescents et je ne lui rendais sans doute pas les choses faciles. Mais nous avons fini par trouver notre rythme, et même si elle ne remplacera jamais Maman, je n'aurais pu trouver meilleure mère adoptive.

Puis, la Kea a accueilli un nouveau pensionnaire. Henry est venu s'y installer l'été suivant, lorsque Thaïs a pris la décision de rester définitivement à Saint-Guirec. J'en ai été très heureuse, d'autant qu'il apportait Iceberg dans ses bagages, le plus merveilleux chien que la terre ait jamais porté. Deux ans plus tard, Thaïs et Henry se sont mariés dans l'intimité, entourés de quelques amis et de la famille d'Henry. Ma tante portait une robe blanche, fluide et simple, des ballerines dorées et des fleurs dans les cheveux. Jing et moi étions ses témoins et je dois avouer que nous avons versé notre petite larme au moment de l'échange des consentements. Après la célébration, nous avons reçu tout le monde à la Kea. Nous avions ressorti les lampions, les guirlandes de fanions et les photophores, pour décorer le jardin, et lorsque ma lanterne chinoise s'est envolée, dans la nuit qui tombait sur l'île, je l'ai confiée à Maman qui nous manquait cruellement ce soir-là. Elle aurait été si heureuse de ce moment, ici, dans cette maison, comme ses parents avant elle.

Quelque temps plus tard, l'été où j'ai obtenu mon bac, un jeune homme à la chevelure épaisse et au regard franc s'est présenté à la porte de la Kea où j'étais seule cet après-midi-là. Plus âgé que moi de sept ou huit ans, il tenait un livre dans une main, un bouquet de fleurs dans l'autre en m'observant stupéfait pendant quelques secondes.

Je compris sa réaction lorsqu'il m'indiqua qu'il cherchait Susanne Lapie. Avec le temps, on dit que je lui ressemble de plus en plus. Lorsque je lui ai appris sa disparition, il a paru si bouleversé que je l'ai invité à prendre un verre d'eau dans le jardin. Il m'a alors expliqué qu'il s'appelait Matis, que ma mère avait été sa professeure de français des années plus tôt et que c'était en partie grâce à elle qu'il était devenu dramaturge. Elle avait transformé sa façon de lire, de voir le monde, de le comprendre. Il souhaitait lui offrir un exemplaire de sa nouvelle pièce (la précédente s'étant apparemment jouée pendant des mois dans un célèbre théâtre nantais), et lui faire une proposition. Ils ne s'étaient pas revus depuis longtemps, mais il aurait aimé qu'elle l'aide à la mettre en scène. Il ne comprenait pas comment il avait pu ne rien apprendre de sa disparition et s'en voulait terriblement. Il resta ainsi un moment, évoquant les souvenirs de ma mère et la passion qu'elle mettait dans son travail, jusqu'à ce que Thaïs arrive et lui propose de dîner en notre compagnie.

C'est Matis qui nous a inspiré l'idée de la résidence pour artistes que Thaïs a mis en œuvre durant mes années d'absence. La remise a été agrandie et transformée pour devenir une salle de répétition immense, entièrement vitrée, donnant sur le jardin. Dans l'ancien cabinet de Papili, qui se trouvait dans une partie de la maison où nous n'allions plus très souvent, elle a fait aménager des chambres à destination des comédiens, des metteurs en scène, des musiciens, des danseurs, des chorégraphes qui souhaitaient monter leur spectacle loin de la cohue urbaine. La résidence est ouverte toute l'année mais c'est surtout l'été qu'elle attire. Les artistes aiment se retrouver ici, à Saint-Guirec, sur cette île aux airs de bout du monde, pour créer. Maman qui aimait tant le théâtre aurait été heureuse de voir naître un tel lieu. Sur la façade de la remise, nous avons fait poser une plaque en sa mémoire. C'est grâce à elle, à sa passion, que cette résidence existe maintenant.

Quant à moi, j'ai fini par comprendre que je ne deviendrais pas danseuse étoile. Je continue de pratiquer au moins trois fois par semaine, mais j'ai finalement choisi une orientation plus classique. J'ai passé l'internat de médecine il y a deux ans maintenant, et je m'apprête à devenir généraliste, ici, à Saint-Guirec, aux côtés d'Henry qui ne cache pas sa fierté à l'idée de me voir un jour prendre la relève. En attendant, nous travaillerons ensemble. J'ai passé quelques années loin de cette île, mais j'ai toujours su que j'y reviendrais, comme Maman. J'ai aimé la ville, son agitation, ses cafés, ses théâtres et ses musées, mais j'aime encore mieux la mer, la lande et le vent dans mes cheveux.

C'est sans doute grâce à Maman que j'ai choisi ce métier. Je ne saurai jamais pourquoi son cœur s'est arrêté de battre cette nuit-là, je ne saurai jamais s'il aurait été possible de prévenir cet accident, mais je sais que j'aimerai accompagner les gens dans leur souffrance quotidienne, les écouter et déceler les maux les plus retors, avant qu'il ne soit trop tard.

Et puis, ce n'est pas tout. Après sa première visite à la Kea, Matis est revenu, à plusieurs reprises. Il a même inauguré la résidence artistique l'été suivant. J'étais à la Kea moi aussi, après une première année de médecine dense et éprouvante. J'aimais sa compagnie. Nous nous retrouvions souvent le soir sur la Plage Blanche où nous allions à vélo. Nous nous baignions et nous pique-niquions en regardant le soleil se coucher à l'horizon. Nous sommes tombés amoureux sans nous en rendre compte. Je pensais que notre différence d'âge serait un problème à ses yeux, lui dont les pièces se montaient partout en France, lui dont les textes étaient lus à la radio, alors que mon parcours m'assurait un statut d'étudiante pendant de longues années encore. Il a su me protéger et nous avons tenu notre histoire secrète quelques années. Nous avons vécu séparément, lui à Paris où il engrangeait expériences et succès, moi à Nantes où je travaillais comme une damnée. Nous nous voyions peu mais nous savions que rien ne nous séparerait vraiment et que nous étions appelés à nous retrouver.

J'aime son calme, la passion qu'il met dans l'écriture de ses pièces et leur retranscription sur les planches. J'aime la façon dont il me regarde, comme s'il cherchait toujours à savoir ce que je pense, comme s'il ne voulait rien de plus que mon bonheur. J'aime ses baisers, ses caresses, qui sont toujours d'une infinie tendresse, la manière dont il pose sa main contre ma nuque et m'attire contre lui.

Lorsque je lui ai annoncé mon intention d'emménager à Saint-Guirec par téléphone, il s'est tu quelques secondes avant de répondre « j'arrive », et nous avons fait la traversée ensemble.

Nous nous sommes installés au rez-de-chaussée de la Kea, Thaïs et Henry ont investi le premier étage. La maison est suffisamment grande pour nous tous. Je sais que nous serons heureux, ici.

Et dans quelques mois, les murs résonneront d'un nouveau rire… Personne ne le sait encore, pas même Matis.

C'est à toi, Maman, que je veux le confier en premier, sur ces pages satinées qui ont traversé les années, ce petit être fragile qui grandit au fond de moi.

La lune est haute ce soir, et ronde. Elle jette ses rayons blancs dans l'obscurité de la nuit, jouant avec les étoiles cette même scène depuis toujours. Au loin, par-delà la ville et son port, dont les mâts se dressent, noirs et fiers, comme une forêt déshabillée de sa parure de feuilles, l'astre contemple son reflet dans une mer qu'il colore d'argent. Le vent s'est tu, et la nature entière s'est endormie dans la douceur, un peu humide et encore salée des embruns de l'océan.

Je suis là depuis de longues années: les saisons passent, se ressemblent autant qu'elles diffèrent.

J'ai cru disparaître tant de fois; mais je suis là, encore, debout et fière dans la nuit. Le silence et la peur m'avaient envahie, le lierre couvrait mes pierres et mes fenêtres. L'eau s'infiltrait entre les ardoises de mon toit, imbibant ma charpente d'eau et de salpêtre.

J'ai entendu des rires, écouté des confidences, pleuré des morts. J'ai aimé les enfants qui se sont succédé entre mes murs pour écrire leur histoire et ancrer leurs souvenirs dans ma pierre.

Et voilà qu'aujourd'hui, une nouvelle jeunesse s'offre à moi. Je vois défiler des danseurs, des comédiens, des artistes dont la créativité apporte un vent de fraîcheur à mon granit brun, et me donne l'impression de renaître.

Et là, au rez-de-chaussée, dans ce couffin doublé d'un tissu délicat, trésor exhumé du grenier qui a vu dormir sa mère et sa grand-mère, un enfant me regarde. Ses yeux d'émeraude contemplent les poutres du plafond, les livres dans la bibliothèque, le rouge-gorge par la fenêtre. Il agite ses poings serrés, sourit aux anges, à ses parents qui se penchent sur lui, tendres et heureux, à cette famille malmenée et finalement unie autour de lui.

Avec ses rires, il vient apaiser les peines et ouvre un nouveau chapitre de notre histoire, dont je serai encore pour quelque temps, le fidèle écrin.

Remerciements

À toi, Raphaël, évidemment, qui crois en mes histoires, m'encourages et me défies : sans toi, rien de tout cela ne serait possible.

Merci, Solène, mon soleil, ma beauté, ma sérieuse, mon adorable petite fille au sourire de fée ; merci, Camille, mon soyeux, mon petit prince aux cheveux d'or, mon ouragan, mon bricoleur, mon merveilleux petit garçon au regard océan ; sans vous, la lumière du matin dont je cherche à abreuver mes pages n'aurait pas le même éclat.

Merci à vous, Maman, Papa : merci de croire en moi depuis toujours, de m'avoir offert un foyer semblable à la Kea, une enfance heureuse, emplie d'amour et de respect.

Merci, Aude, d'être une sœur exceptionnelle, sur laquelle je m'appuie toujours à trente-cinq ans. Merci, Matthieu et Thomas, d'être toujours là, toujours partants, toujours présents. Merci à vos familles de m'encourager, à vos enfants de me soutenir.

Merci, Ghislaine. Tu n'es plus là pour le lire, mais tu m'as à nouveau beaucoup inspirée dans l'écriture de ce roman. J'aurais aimé que tu puisses le tenir entre tes mains.

Merci à mes amis, pour leur indéfectible soutien, leur enthousiasme et leur chaleur.

Merci, Virginie, d'avoir su me guider, d'avoir éclairé ma lanterne pour m'aider à tracer la route de Thaïs, Susanne et Clara.

Enfin merci à vous, lecteurs, qui avez lu ces pages jusqu'au bout. Puissiez-vous emporter quelques souvenirs de la Kea…

Cet ouvrage a été composé
par Atlant'Communication

Impression réalisée par
CPI France
en mars 2024
pour le compte des Éditions Archipoche

Pour plus d'information :
www.lisez.com
Imprimé sur du papier issu de forêts gérées durablement.

Imprimé en France
N° d'édition : 21
N° d'impression : 3056845
Dépôt légal : avril 2024